Cläre Jung
PARADIESVÖGEL
Erinnerungen

Publiziert bei
Nautilus / Nemo Press

Editorische Notiz: Cläre Jung (1892 – 1981) schloß die Niederschrift ihrer Autobiographie bereits 1955 ab. Das Manuskript hat ca. 750 Schreibmaschinenseiten und umfaßt auch den Zeitraum 1945 – 55. Es enthält eine Vielzahl von Auszügen aus Werken verschiedener befreundeter Autoren, mit denen Cläre Jung gemeinsam gelebt und gearbeitet hat. Im Laufe der Entstehungsgeschichte hatte das Manuskript verschiedene Titel, so „Ein Rechenschaftsbericht", „Chronik eines Lebens", „Leuchtet die Zukunft", später „Die Kameradin". Nach dem Zweiten Weltkrieg war Cläre Jung im Kultursektor der DDR tätig, war insbesondere am Aufbau des Rundfunks in Berlin beteiligt. Neben verstreuten Arbeiten in Zeitschriften und Zeitungen erschien 1946 im Aufbau-Verlag Berlin/DDR: „Aus der Tiefe rufe ich", Cläre Jungs Chronik jüdischer Schicksale aus der Nazi-Zeit.
Die Anmerkungen im Anhang wurden im wesentlichen von Sieglinde Mierau erarbeitet. Wir danken Sieglinde und Fritz Mierau.

Originalveröffentlichung
Nautilus / Nemo Press verlegt von Hanna Mittelstädt
Hassestr. 22 – D-2050 Hamburg 80

ISBN: 3-922513-40-9 – Printed in W.-Germany

Cläre Jung 1955, zur Zeit der Niederschrift ihrer Autobiographie

DIE VORLÄUFER

Straßen treiben uns umher
Heimatlos sind wir und sehr allein.
Gütig nimmt ein Park uns auf
Und der Bäume kahle Äste
Gittern einen roten Winterhimmel ein.

Wir sind ausgespannt gleich großen Flügeln
Keiner Welten Ende zu verneinen.
Aller Menschen Wünsche bluten uns im Herzen
Und wir wollen tausend Hände fassen,
Sie geschwisterlich zu einen.

Tief verstrickt in jedes Tages Sorgen
Sind wir dennoch ewig ohne Heute
Kennen nicht das Glück der Gegenwart,
Werden zwischen Gestern und dem Morgen
Stets nur einer besseren Zukunft Beute.

Cläre Jung, 1914

Die Zeit teilt sich

Etwas anderes ist es, ein Leben zu führen, als darüber zu schreiben. Das eine erfordert die ganze Kraft des Gefühls, den starken Willen zur Tat, die volle Arbeit des Herzens. Das andere aber verlangt Kritik an der eigenen Sache, das Urteil über das selbst gelebte Leben. Verstand wird gebraucht und statt der Taten Worte. Worte, die nachgestalten können, wieder lebendig machen sollen und Lehren ziehen aus Erlebnissen und Erfahrungen, die Kräfte sehen lassen, die in der Zeit sind und in allem wirken. Ordnen müssen sie können und schöpferisch das eigene Leben noch einmal formen, damit es seinen Sinn erhält.

Für die am Ende des neunzehnten Jahrhunderts Geborenen teilt sich das Leben in zwei Teile, deren jeder die Grenze verschiedener Zeitalter darstellt. Der Schnitt geht durch das Jahr 1914, die Zeit davor erscheint als eine der Ruhe und des Überflusses, während die Jahre danach bis hin zur Gegenwart Jahre von Kämpfen, Unruhen und Umwälzungen sind. Die Generation der Jahrhundertwende stellt eine Brücke dar zwischen dem Gestern und dem Morgen. Ihre Entwicklung ist durch die des vergangenen halben Jahrhunderts gekennzeichnet: letzte Blüte des Bürgertums, Erwachen und Mächtigwerden des Sozialismus und die Wandlung zu einem neuen positiven Lebensgefühl. Alles, was durch die geistigen Strömungen nach der Französischen Revolution, der Aufklärung und des Naturalismus angebahnt wurde, durch die verschiedenen Kunstrichtungen geprägt worden ist und in der Hinwendung zu den Naturwissenschaften seinen Ausdruck fand, ist in die Herzen dieser Generation als ein Same gefallen, darin aufgegangen und zur Reife und Frucht gebracht worden. Die Forderungen nach einer größeren und reineren Menschlichkeit, die dem beginnenden zwanzigsten Jahrhundert aufgegeben sind, wurden von ihr verwirklicht.

Mutig und gläubig haben wir uns daran gemacht, die Sehnsüchte und Programme, die uns die Vorkriegszeit hinterlassen hat, die uns weitergegeben worden sind, in der Gegenwart zu erfüllen und zum Leben zu bringen. Und es ist dann auch unser Weg gleichsam der Weg von Ideen, die von den geistigen Kräften des vorigen Jahrhunderts in die Zukunft geschickt worden sind.

Im Sommer 1911 – ich war damals 19 Jahre alt – hatte ich die für mein ganzes weiteres Leben wichtigste Begegnung: ich lernte in Berlin den literarischen Kreis um die „Aktion" kennen. Diese Zeitschrift für Literatur und Politik war von Franz Pfemfert im selben Jahr gegründet worden und in ihr sammelte sich die damalige junge Literatur. Für viele der jungen Schriftsteller war diese Zeitschrift das erste Sprungbrett in die Öffentlichkeit. Gedichte von Gottfried Benn, Johannes R. Becher, Max Herrmann-Neiße, Georg Heym, Else Lasker-Schüler, Jakob van Hoddis, Wolfenstein, Ernst Stadler, Lichtenstein, Kanehl, Oehring, Blass erschienen dort, ebenso wie Prosaarbeiten von Franz Jung, Ludwig Rubiner, Franz Blei, Iwan Goll, Walther Rilla, Heinrich Schaefer, Piscator und anderen. Viele junge Graphiker der damaligen Zeit wurden erstmals in der „Aktion" gedruckt. Politische Kommentare schrieb regelmäßig Franz Pfemfert selbst. Zu den Mitarbeitern der „Aktion" gehörten aber auch Karl Liebknecht und Rosa Luxemburg.

Meine erste Bekanntschaft mit dem Aktionskreis kam durch Georg Heym zustande. Meine Freundin Hildegard Krohn hatte Heym kennengelernt, eine tiefe Liebe verband die beiden jungen Menschen, sehr gegen den Widerstand ihrer Familie. So mußte ich als beste Freundin Hildes diese Freundschaft schützen. Das geschah, indem ich täglich Hilde abholte und sie nach Stunden ebenso wieder nach Hause brachte, um den Eindruck zu erwecken, daß sie den ganzen Tag über nur mit mir zusammen war.

In dieser Zeit fanden in Berlin in den Kunstsalons von Paul Cassirer oder in der „Sezession" auf dem Kurfürstendamm und im Hinterzimmer des alten Café „Austria" in der Potsdamer Straße die literarischen Veranstaltungen der „Aktion" und des „Sturm" von Herwarth Walden statt, in denen die neuesten Werke junger und meist noch unbekannter Dichter zum ersten Mal vor einem größeren Publikum gelesen wurden. Dieses Publikum, zu dem Hilde Krohn und ich nun als treueste Besucher zählten, saß hier in den meist kleinen, von Zigarettenrauch erfüllten Räumen, begierig lauschend. Wenn ihnen auch vieles an dieser Lyrik befremdlich und nicht immer ganz verständlich war, so fühlten sie doch, daß in dem Pathos der Verse oder Prosa, die zwischen den Bildern von Kokoschka und Kandinsky, Max Pechstein und Franz Marc oder Paul Klee hier vorgetragen wurden, der Ausdruck eines neuen Lebensgefühls sich darstellte, das in die Zukunft wies und geistige Kräfte aktivieren sollte.

Ich erinnere mich noch des ersten Abends dieser neuen Lyriker, die sich „Neo-Pathetiker“ nannten und zu dem wir auf den Rat von Georg Heym gingen. Der Abend war Else Lasker-Schüler gewidmet, die ich hier zum ersten Mal sah. Für sie hatte Bedeutung, was Thomas Mann einmal vom Dichter sagte: Er sei nicht der, der Dinge erfindet, sondern der andere, der sich „etwas aus den Dingen mache“. Sie selbst hat später einmal, als sie mich auf der Straße traf, traurig und verwirrt über einen Konflikt, den ich hatte, den Sinn ihres Schaffens so ausgedrückt: „Mein liebes Kind, schreiben Sie ein schönes Gedicht. Aus jedem Leid muß ein Gedicht erblühn, das dazu da ist, eines anderen Leid zu mildern.“

In dieser Dichterin lebte etwas von der Welt des Morgenlandes, von dessen Farbenglanz so viele ihrer Verse und ihrer kleinen Bilder zeugten. Sie wollte die Welt mit dem Zauber ihrer Phantasie verschönern, sie licht und heiter machen. „In sich muß man den Himmel suchen“, schrieb sie in einem ihrer Bücher, das den bezeichnenden Titel „Mein Herz“ hatte. „Er blüht am liebsten im Menschen. Und wer ihn gefunden hat, der sollte seine Blüte Himmel pflegen.“

Von unserer unruhigen, umwälzenden Zeit aus erscheinen die Jahre vor dem ersten Weltkrieg als ein Zeitalter tiefsten Friedens und größter Harmonie. Aber die Älteren der Vorkriegsgeneration, denen diese Jahrzehnte eigenes Erleben waren, sind anderer Auffassung. In der Kunst, Ausdruck dieser Epoche, zeigte sich schon die Auflösung der Form. In ihnen wird der Zusammenbruch der alten Gesellschaftsbindungen, das Versinken eines bisher gültigen, alles umschließenden Glaubens bereits deutlich, aber auch das Suchen nach einem Neuen, einer wiederverbindenden Gesetzmäßigkeit.

Schon stiegen am Horizont die Vorzeichen einer kommenden Auseinandersetzung auf, mischten sich in die volle und satte Lebensmelodie drohend die ersten disharmonischen Trompetenstöße, Kampfansage eines verschütteten, zu kurz gekommenen natürlichen Lebensgefühls.

Denn wie alles Lebendige ist auch die Seele des Menschen Ergebnis einer organischen Entwicklung, unterliegt auch sie einer Naturgesetzlichkeit. Sie spürt vielleicht als erste das Kommen einer neuen Epoche. So geht auch klar aus allem Kunstschaffen der damaligen Zeit das Überbewußtsein hervor, das in die Zukunft gerichtete Wissen alles Schöpferischen um den heraufziehenden Umbruch, die Neugestaltung der Kultur und den Kampf um eine andere Form des Lebens schlechthin und der Beziehungen der Menschen untereinander.

Nach der resignierenden Lyrik des Impressionismus, deren schönste Dichtungen die Verse tiefster Melancholie eines Hugo von Hofmannsthal waren oder die Strophen müden Verzichtes, wie sie sich oft bei Rainer Maria Rilke finden, versuchte sich eine neue Kunstform durchzusetzen. Es sollte aber nicht nur eine Wandlung der künstlerischen Form erreicht werden, sondern der Expressionismus wollte eine Revolution des Lebensgefühls hervorrufen. Als eine der größten Hoffnungen des jungen Expressionismus erschien in der deutschen Literatur der Vorkriegszeit der Dichter Georg Heym.

Aus einer alten schlesischen Beamten- und Pastorenfamilie stammend, war Georg Heym früh nach Berlin gekommen. Eigentlich sollte er Jurist werden, doch seinem freien Geist war die Laufbahn des Rechtsgelehrten nicht angepaßt, obgleich er es bis zum Dr. jur. gebracht hatte. In einem Brief an Hildegard Krohn schrieb er einmal: „Wenn ich in so ein Gerichtsgebäude trete, habe ich immer ein schreckliches Gefühl meiner menschlichen Niedrigkeit und Unwürdigkeit, daß ich mir immer schrecklich deklassiert vorkomme. Die Leute, die da rumlaufen, in Talaren, sehen immer aus wie wandelnde Paragraphen." Heym wandte sich der Literatur zu. Seine ersten Gedichte erschienen in der „Aktion". In der Zeit vom März 1910 bis Januar 1911 entstand sein Gedichtband „Der ewige Tag", den Ernst Rowohlt in Leipzig herausbrachte, der auch die zweite Sammlung von Heyms nachgelassenen Gedichten „Umbra vitae" verlegte. Die Herausgabe dieses Werkes hat der Vierundzwanzigjährige nicht mehr erlebt. Freunde übergaben seine nachgelassenen Gedichte im Mai 1912 der Öffentlichkeit. Georg Heym war am 16. Januar 1912 beim Eislaufen auf der Havel mit seinem Freund, dem Lyriker Ernst Balcke, bei Schwanenwerder ertrunken. Augenzeugen, die das Unglück vom Ufer aus beobachteten, aber nicht frühzeitig genug zu Hilfe eilen konnten, schilderten den Vorfall so, als ob Ernst Balcke in selbstmörderischer Absicht in ein Eisloch im Wasser gesprungen und Heym bei dem Versuch, ihn zu retten, mit ertrunken sei.

Ein tragischer Umstand bei diesem Unglück war, daß Hildegard Krohn an dieser Schlittschuhpartie nicht teilnehmen konnte, wie von Heym gewollt. Um den Konflikten mit ihren Eltern aus dem Weg zu gehen, ließ sie sich Heyms Briefe postlagernd schicken. Die Karte mit der

Aufforderung zur Teilnahme an dem Schlittschuhlauf bekam sie einen Tag zu spät in die Hände, da sie einige Tage wegen Krankheit nicht ausgehen konnte. Wie immer hatte ich sie abgeholt, und wir gingen gemeinsam zur Post, wo Hilde die Karte Heyms vorfand. In der Abendzeitung dieses selben Tages stand schon die Nachricht vom Unglück auf dem Wannsee. Hilde war vollkommen verzweifelt, denn sie hatte das Gefühl, daß, wenn sie dabei gewesen wäre, wahrscheinlich eine so depressive Stimmung und Unterhaltung zwischen den beiden Freunden, wie sie die Ursache von Balckes Selbstmord gewesen sein mochte, nicht aufgekommen wäre. Obwohl Georg Heym von einer jungenhaften Fröhlichkeit und einem kraftvollem Übermut sein konnte, lagen doch über allen seinen Dichtungen jene Schatten des Lebens, von denen man sagt, daß kommende Ereignisse sie vorauswerfen. Die Seele des Dichters Heym war erfüllt von einer verzehrenden steten Unruhe. Seine Sehnsucht war an die Zeit der großen Französischen Revolution gebunden, die er als eine Wende der Menschheitsgeschichte empfand. In einem Brief drückte er das so aus: „... ein paar Tage war ich klotzig deprimiert – so eine allgemeine Erschlaffung hatte mich überfallen. Ich kenne jetzt meine Krankheit: Mangel an Emotion, keine große Tätigkeit. Wäre ich doch in der Französischen Revolution geboren. Heute gibt es nichts, für das man sich begeistern könnte, nichts, das man zu seiner Lebensaufgabe machen möchte."

Vorbilder für seine Gedichte waren Heym die geliebten Franzosen: Verlaine, Rimbaud, Baudelaire und Flammarion.

Das letzte seiner Gedichte, einen Tag vor seinem Tod geschrieben, trägt den Titel „Die Masse" und ist erfüllt von der Ahnung des Sterbens.

Georg Heym war der erste, der Hilde Krohn und mich in das „Café des Westens" brachte. Viel ist geschrieben worden über dieses berühmte Café „Größenwahn" auf dem Kurfürstendamm, Ecke Joachimsthalerstraße, wo die Berliner Bohème verkehrte. Einige der kleinen Marmortische trugen Zeichnungen und Skizzen irgendwelcher Maler und eine Glasplatte, darüber gelegt, schützte die kleinen Kunstwerke. Vielleicht war der große Raum nicht einmal besonders schön, aber er hatte etwas von der Atmosphäre geistiger Auseinandersetzungen, die heute vergeblich zu suchen ist. Als das „Café des Westens" geschlossen wurde, übernahm das „Romanische Café" an der Gedächtniskirche seine Rolle und seine

Gäste. Aber das alte Café „Größenwahn", wo man zu jeder Tages- und Nachtzeit die Menschen treffen konnte, die man sprechen wollte, mit denen man gemeinsam eine Zeitung gründete, ein Studio aufmachte, eine Gruppe bildete – das „Café Größenwahn" gab es nicht mehr.

Im „Café des Westens" lernte ich auch einmal Ernst Rowohlt kennen, den kühnen Verleger der jungen Dichter. Heym sprach mit größter Verehrung von dem Mann, der auch sein drittes Buch „Der Dieb", einen Novellenband, herausgebracht hatte. Er nannte ihn seinen literarischen Vater und Förderer, das „Väterchen".

Nach dem Tod Georg Heyms blieben Hildegard Krohn und ich der „Aktion" treu. Zunächst hatten es einige Freunde Heyms übernommen, den Nachlaßband seiner Gedichte herauszubringen, David Baumgardt, Golo Gangi, W. S. Ghuttmann, Jakob van Hoddis und Robert Jentzsch, die sich mit Hildegard Krohn in Verbindung gesetzt hatten. Franz Pfemfert veranstaltete auch einen Gedenkabend für Heym, auf dem seine Gedichte gelesen wurden.

Meine eigene geistige Entwicklung, meine literarischen Arbeiten hat diese Zeit entscheidend beeinflußt. Ich schrieb natürlich auch Gedichte, naiv und etwas romantisch, beeinflußt von Cäsar Flaischlen, meine angestrebten Vorbilder waren Hofmannsthal und Rilke, Ricarda Huch und Richard Dehmel.

Revolutionsball der „Aktion"

In dieser Zeit kam in einer Abwandlung des Schillerschen Zitates, „Schnell fertig ist die Jugend mit dem Wort" die Version auf, „pfemfertig ist die Jugend mit dem Wort."

Bald lernten wir auch Franz Pfemfert näher kennen. Er war ein kleiner, sehr gütiger, höchst lebendiger Mensch, der, wenn ich mich nicht irre, aus dem Buchdruckergewerbe kam. Jedenfalls fehlten ihm an der linken Hand am Zeige- und Mittelfinger die ersten Glieder, die ihm von einer Maschine abgerissen worden waren. Er war verheiratet mit Alexandra Ramm, einer Russin, die selbst schriftstellerisch tätig war und besonders durch Übersetzungen aus dem Russischen hervortrat, ebenso wie ihre Schwester Maria, die mit Carl Einstein verheiratet war.

Viele Nachmittage und Abende habe ich bei Pfemferts verbracht. In dem kleinen, mit Büchern und Zeitschriften gefüllten Zimmer saß Pfemfert und stopfte unentwegt Zigaretten. Es wurden Papirossi geraucht und nach russischer Weise unentwegt Tee getrunken. Ständig klingelte das Telefon und ständig kamen und gingen Besucher. So traf ich einmal auf dem dunklen Korridor, als ich gerade gehen wollte, Rosa Luxemburg. Pfemfert stellte mich ihr vor. Sie reichte mir ihre Hand und sah mich einen Augenblick an. Ich war überrascht, wie klein und zart diese Frau war, von deren Reden und Schriften ich so viel gehört hatte, ohne allerdings damals ihre politische Bedeutung auch nur im Entferntesten erfassen zu können. Es muß irgendeine wichtige Sache gewesen sein, denn sie sprach lebhaft auf Pfemfert ein und ich erinnere mich noch der Worte: „Wir müssen sofort etwas unternehmen."

Es muß im Januar 1913 gewesen sein, als die „Aktion" ein großes Künstlerfest veranstaltete, einen Ball, der der Französischen Revolution gewidmet war. Von dem Maler Max Oppenheimer, genannt Mopp, war in der Mitte des Saales eine große Guillotine aufgebaut, an der sich ein Mechanismus befand, der ein Pappmesser herunterfallen ließ. Acht junge Freunde der „Aktion", vier Mädchen und vier junge Männer, waren als Jakobiner mit phrygischen Mützen verkleidet. Sie hatten die Aufgabe, um die Guillotine zu tanzen und die Marseillaise zu singen. Wenn eine bekannte Persönlichkeit aus dem Kunstleben Berlins erschien, spielte die Kapelle einen Tusch. Die Jakobinergruppe, zu der Hilde und ich auch gehörten, stürzte sich auf den bekannten Kritiker oder Schriftsteller und schleppte ihn unter dem Jubel des ganzen Saales zur Guillotine.

Zu dieser Jakobiner-Gruppe gehörte auch der Schriftsteller Richard Oehring. Er war ein schöner, großer, etwas düsterer Mensch, dessen Gedichte in der „Aktion" mir sehr gefielen und mit dem ich zuweilen auf Leseabenden der „Aktion" gesprochen hatte. Das Fest war auf dem Höhepunkt, als Alfred Kerr am Eingang des Saales erschien. Alles klatschte begeistert Beifall, als wir Kerr in unsere Mitte nahmen und den sich Sträubenden zur Guillotine zerrten. Plötzlich ließ Oehring, der im Kreis mir am nächsten stand, meine Hand los und sagte: „Da ist Jung!"

An einem Tisch, völlig unbeteiligt an dem ganzen Trubel des Festes, saß einsam, in sich gekehrt und bleich Franz Jung, der gerade aus München gekommen war. Oehring kam aufgeregt zu mir. „Ich bleibe nicht länger hier. Jung ist gekommen, wir gehen fort von hier. Ich muß ihn sofort sprechen."

Ich versuchte, ihn zurückzuhalten, er aber zog mich zu dem Tisch, an dem Jung saß. „Sie müssen ihn kennenlernen", sagte Oehring, „er ist ein großartiger Mensch." Ich hatte einige Sachen von Franz Jung in der „Aktion" gelesen und wußte, daß man ihn für eine große literarische Hoffnung hielt. An diesem Abend sprach Jung allerings kein Wort, sondern gab mir nur stumm die Hand. Danach verließen Oehring und Jung das Fest.

Pfemfert hatte auf diesem Fest auch eine Buch-Tombola veranstaltet, und unsere kleine Gruppe verkaufte bei den Gästen die Lose. Als ich mit meinen Losen an einen der Tische kam, ergriff mich jemand und sagte: „Setz dich zu uns und trink einen Whisky". Das war Edmund Edel, der damals bekannte Schriftsteller und Karikaturist. Wie immer nahm ich die Aufgabe, die ich übernommen hatte, sehr ernst und sagte: „Das kann ich nicht, ich muß erst meine Lose verkaufen." Edel lachte laut, nahm mir den ganzen Packen aus der Hand und bezahlte ihn, und ich versprach, an seinen Tisch zurückzukommen, nachdem ich das Geld abgeliefert hätte.

Zum ersten Mal in meinem Leben probierte ich dann einen Whisky, der mir gar nicht schmeckte. Aber ich blieb an Edmund Edels Tisch sitzen, nicht berauscht vom Alkohol, wohl aber von seinem sprühenden Witz. Mir schien, ich lernte an diesem Abend mehr als in meinem ganzen Leben zuvor. Edmund Edel ging dann noch mit mir ins „Café des Westens", wo wir wegen meines Jakobiner-Kostüms mit großem Hallo begrüßt wurden. Jemand rief: „Da kommt Edmund Edel mit Charlotte Corday!"

Ich wußte, daß Edel eine Reihe von satirischen Büchern geschrieben hatte. Er schenkte mir mit einer Widmung versehen sein Buch „Poker", worin er die Spielwut der Berliner Kreise glossierte. Zuweilen nahm er mich in eine Premiere mit, und ich erinnere mich, daß wir einmal in der Pause nach dem zweiten Akt zu meinem Entsetzen das Theater verließen, ohne den Schluß abzuwarten. „Oh weh", sagte jemand, als wir hinausgingen, „Edmund Edel geht schon, das gibt sicher einen Reinfall." Ich war ganz unglücklich und hatte das Gefühl, mit Schuld daran zu sein, wenn das Stück keinen Erfolg hatte, aber Edel lachte.

Edmund Edel war damals 50 Jahre alt, er schrieb, malte und

interessierte sich für die zu dieser Zeit neue Kunst des Films. Er hatte einen Film „Tango“ gedreht, bei dem er zugleich Autor, Regisseur und Schauspieler war.

Einmal hatte ich Edmund Edel erzählt, daß es mein größter Wunsch wäre, Tänzerin zu werden. Mehr noch als das Schreiben war mir der Tanz künstlerischer Ausdruck. Ich habe in dieser Zeit niemals das Auftreten irgendeines Tänzers oder einer Tänzerin versäumt. Ich sah Anna Pawlowa und ihren Partner Nishinski. Ich hatte die Karsawina und das russische Ballett erlebt, Rita Sacchetto, Niddy Impekoven, ebenso wie die Wiesenthals, Clotilde Derp, Anita Berber und viele andere. Ich dichtete mir selbst kleine Tanzgedichte wie „Die roten Schuhe“, „Das Mädchen und der Tod“, „Fakir und Schlange“ und tanzte sie. Meine größte Verehrung galt Grete Wiesenthal. Edmund Edel war sofort bereit, mir zu helfen. „Ich nehme dich mit zum Tanztournier nach Baden-Baden“, sagte er, „und entwerfe dir Kostüme. Ich laß dich ausbilden.“

Nur zu gut wußte ich, daß dies den Bruch mit meiner Familie bedeutet hätte. Mein Vater hatte mir die Erlaubnis verweigert, zur Bühne zu gehen. Ich war noch minderjährig und meinte, daß ich erst in der Lage sein müßte, mein Leben selbst zu gestalten, bevor ich von zu Hause wegging.

Mir ist dieser Entschluß nicht leicht geworden, er hat mich viele schlaflose Nächte gekostet und tränenreiche Auseinandersetzungen mit der Familie. Man gestatte mir, noch eine kleine Episode zu erzählen, die für die damalige Situation so typisch war. In den zwei Jahren meiner Bekanntschaft mit den Mitarbeitern und Künstlern des „Aktionskreises“ hatte ich Menschen kennengelernt, die für ihre Überzeugung kämpften und hungerten.

Eines Tages waren Hilde und ich mit Freunden in einem der kleinen Malerateliers in Charlottenburg bei einem der expressionistischen Maler dieser Zeit. Hier bestanden die meisten Möbel aus Kisten oder Brettern, auf denen wir vergnügt herumsaßen und diskutierten. Da klingelte es, und zwei Packer erschienen mit großen Paketen, anscheinend Leinwand zum Malen oder dergleichen. Sie forderten fünf Mark als Bezahlung. Und nun stellte es sich heraus, daß weder der Maler noch seine anderen Freunde die fünf Mark besaßen. Ein wildes Palaver begann. Die Männer sahen mit besonderer Verachtung auf Hilde und mich, die wir, elegant angezogen, dabei saßen, und machten hämische Bemerkungen. Schließlich konnte ich es nicht mehr ertragen, und kurz bevor die beiden Männer mit ihren Paketen schimpfend wieder abziehen wollten, erklärte ich, die fünf Mark zu bezahlen. Nach den ziemlich groben Worten, die gefallen waren, löste sich alles nun in Lachen auf. Mir ging dieses Erlebnis lange nach und ich hatte das Gefühl, kein Recht zu haben, so sorglos weiterzuleben.

Fouragegeschäft Gormannstraße

Ich stamme aus einem guten Bürgerhaus. Mein Vater war Kaufmann, und auch meine Mutter stammte aus einer Kaufmannsfamilie.

Die Konflikte zwischen den Generationen waren zu dieser Zeit völlig anders als etwa heute. Die Elterngeneration hatte der Jugend gegenüber eine besondere Machtstellung, die Söhne und Töchter von der Familie abhängig machte. Die Autorität des Vaters, gestützt auf sein Vermögen, war ohne weiteres, d.h. ohne Kampf oder ohne selbständige Leistung nicht zu überwinden. Und gerade an dieser eigenen Leistung wurde man gehindert, wenn man nicht den absoluten Bruch mit der Familie vollzog.

Ich habe versucht, in einem großen Generationsroman „Baumann Erben" eine solche Familiengeschichte zu schildern. Dieses Buch umfaßt die Zeit von 1900 bis in die Gegenwart und ist in drei Teile gegliedert, denen ich die Titel gab: „Das verlorene Paradies" oder „Idyllika", „Gefallene Engel" oder „Intermezzo" und „Eine Welt entsteht" oder „Eroica". Im ersten Teil des Buches wird der Großvater geschildert, der reiche Mann, der Bürger, der für alle seine Kinder sorgt und in den Kreis seiner Betreuung auch noch all die Menschen einbezieht, die zu seinem Haushalt gehören. Ein Mann mit großer Autorität, dessen Wille ein für allemal gilt. Der zweite Teil des Buches zeigt die Söhne-Generation nach dem Tode ihres Vaters, erzogen in stetem Gehorsam und Abhängigkeit vom Vater. Es ist nur logisch, daß diese Menschen nie richtig mit dem Leben fertig werden konnten und notwendigerweise an der aufziehenden Weltkrise scheitern mußten. Der dritte Teil zeigt die Enkel, die außer einer guten Substanz und den Trümmern des Zusammenbruchs nichts geerbt haben und aus eigener Kraft das Leben von neuem beginnen müssen.

Das Gute, das die Nachforschung nach den Ahnen mit sich gebracht hat, ist die Tatsache, daß auch über die Kreise etwa von alten Adels- oder Bauernfamilien hinaus, die eine Tradition haben, wieder das Gefühl für Abstammung und Wissen um die Vorfahren lebendig geworden ist. Allgemein machte doch sonst die Kenntnis der eigenen Familiengeschichte bereits bei den Großeltern halt. Die davorliegenden Generationen waren bereits meist unbekannt und über ihr Schicksal und Wesen breitete sich tiefe Dunkelheit. So war mir z.B. von den Vorfahren meines Vaters nichts weiter bekannt, als daß mein Großvater Ratszimmermeister in einer kleinen Stadt an der Elbe gewesen ist. Erst die Nachforschungen nach weiteren Vorfahren ergaben, daß mein Urgroßvater, wie es in den Urkunden heißt, Bauernaltsitzer und Kirchenvorsteher gewesen ist. Das ist aber auch alles, was ich erfahren habe. Nichts ist bekannt, wer diesen Hof später übernommen oder geerbt hat, ob mein Großvater der einzige Sohn gewesen ist oder noch weitere Brüder hatte. Sind auch die Einzelheiten nicht von so großer Wichtigkeit, so ist doch erklärt, daß eine gewisse Kargheit, eine Zurückhaltung des Wesens in allen Dingen aus dieser märkischen Ecke stammt.

Als Sohn eines Ratszimmermeisters wollte mein Vater gern Baumeister werden und war bereits mit zwölf Jahren auf dem Perleberger Gymnasium angemeldet, um nach dessen Absolvierung studieren zu können, als mein Großvater starb und meine Großmutter mit ihren beiden Zwillingskindern nach Berlin übersiedelte. Mein Vater wurde in eine kaufmännische Lehre gegeben. In späteren Jahren bedauerte er lebhaft, daß er nicht doch Baumeister geworden war, er hätte das Zeug dazu gehabt. In einer Mappe bewahrte er Zeichnungen und Berechnungen, eine stattliche Reihe kühner Pläne. Anscheinend hatten die weiten Bögen großer Brücken, das Verbindende von Land zu Land ihn angezogen, die Konstruktionen von technischen Gebäuden in seinen Ideen Spielraum gefunden. Niemand wußte auch, daß er als junger Mann für einen Teil des kleinen Gehalts, das er bezog, Bücher kaufte, in Einzellieferungen die berühmten Werke der Weltliteratur zusammentragend. Zu niemandem hatte er davon gesprochen, daß er Russisch lernte und Spanisch und gleichzeitig seine Kenntnisse des Englischen und Französischen auffrischte und erweiterte. Vielleicht hat er einmal von großen Reisen geträumt.

In der mütterlichen Generationsfolge geht mein Wissen zurück bis auf den Ur-Urgroßvater, der 1753 in Berlin geboren wurde. Von ihm gibt es in einer Art von „Ahnengalerie" ein Bild, das sein Gesicht als sehr energisch und klug erscheinen läßt. Auch ein Bild meiner Ur-Urgroßmutter blieb erhalten und zeigt ein schmales zartes Gesicht unter gefältelter Haube. Bis zu diesen Ahnen läßt sich unsere Berliner Abstammung verfolgen. Mein Urgroßvater war in den Urkunden als „Bürger und Fabrikant" bezeichnet. Mein Großvater hat zunächst zusammen mit seinem Bruder im Zentrum Berlins ein Manufakturwarengeschäft geführt, das er nach dem Tode des Bruders verkaufte. Dann wurde er Mitbegründer der ersten Berliner Pferdeomnibusgesellschaft. Hartnäckig hielt sich in der mütterlichen Familie die Mär von einer italienischen Abstammung. Nachforschungen ergaben, daß es sich um einen französischen Einschlag handelte, der bei den großen Hugenottensiedlungen in Berlin auch sehr verständlich war. Daraus erklärt sich bei meiner Mutter und ihren Schwestern die dunkle Farbe der Haare und der Augen, die besondere Lebhaftigkeit der Gesten und der Reden. Bei meiner Großmutter erhielten sich diese Rudimente des Französischen in ihrer Sprechweise. Vielleicht habe ich es ihr zu verdanken, daß ich als Kind sehr leicht Französisch lernte und viele Jahrzehnte später, als ich in der Sowjetunion war, das Russische so aussprach, daß man mir französisch antwortete, weil man behauptete, ich spräche es mit einem französischen Akzent.

In meinem Vaterhaus war gleichzeitig das Fourage-Geschäft meines Vaters, und die ersten Kinderjahre verbrachte ich zwischen Pferden und Tauben, Hunden und Katzen, auf unserm Hof waren große Heu- und Strohlager.

Zwei Dinge verdanke ich meiner Familie: einmal das Gefühl für Kollektivität und ein starkes soziales Empfinden. Es wäre für uns als Kinder – wir waren vier – undenkbar gewesen, irgendeine Sache für uns allein zu haben. Wir waren von klein auf daran gewöhnt, alles miteinander zu teilen. Dazu eine kleine Erinnerung: ich erhielt eines Tages, als ich irgendwo zum Besuch war, ein Stück Schokolade geschenkt. Es war Sommer. Ich brachte dieses Stückchen Schokolade getreu nach Hause, um es mit meinen Geschwistern zu teilen. Der

Erfolg war, daß ich völlig beschmiert zu Hause ankam und meine Mutter mich schalt, bis ich gekränkt erklärte, daß ich doch auf keinen Fall die Schokolade hätte alleine essen können. Meine Mutter beschenkte zuweilen, so etwa zu Feiertagen, eine Reihe von alten oder kranken Menschen, und sie gewöhnte uns sehr früh daran, sie zu begleiten oder, als wir etwas älter waren, selbst mit den Geschenken diese Besuche zu machen. Nie gingen wir an einem Bettler auf der Straße vorüber, ohne daß meine Mutter uns einen Groschen in die Hand gegeben hätte, um ihn dem Bettler zu geben.

Auf meine geistige Entwicklung jedoch wurde von der Familie kein großer Einfluß ausgeübt, es war nur so, daß eine gewisse Freizügigkeit bestand und wir überall hingehen konnten. Das erste Buch, das ich selbständig las, waren Andersens Märchen, für die ich auch noch heute ein große Vorliebe habe. Ich konnte stundenlang über Büchern sitzen und las unendlich viel. Da in der damaligen Zeit in einer Mädchenschule keine Bibliothek bestand, las ich alle Bücher, die in der Schulbibliothek meines Bruders vorrätig waren: den ganzen Karl May und alle Jungengeschichten von Karl Scharnhorst bis Sigismund Rüstig und den „Guten Kameraden“.

Als ich das erste Mal ein Theater besuchte, muß ich etwa sechs Jahre alt gewesen sein. Meine Mutter ging mit mir und meinem Bruder in eine Weihnachtsvorstellung, und wir sahen „Wie Klein-Elschen das Christkind suchen ging“. Ich war fasziniert. Das Stück erzählte die Geschichte einer armen Holzfällerfamilie. Den größten Eindruck machte die Bühneneinrichtung der Köhlerwohnung auf mich. Ich konnte mich absolut nicht darüber beruhigen, daß es Menschen geben sollte, die in einer Wohnung ohne Teppiche und ohne Polstermöbel wohnten und die keine Schuhe und Strümpfe hatten. Das konnte ich nicht fassen.

Wir hatten natürlich auch ein Puppentheater. Und darauf spielten wir zunächst mit geklebten Pappfiguren Märchen und Stücke, die für Kinder bearbeitet waren. Bald aber war uns dieses Spiel zu leblos, und wir begannen, selbst zu spielen. Nach ein paar kleinen Gedichten, die ich verfaßt hatte und bei denen ich mich freute, wenn sich die Worte reimten, dachte ich mir ein Stück aus.. Wir nannten es „Die Raubritter“.

Ich war damals 13 oder 14 Jahre alt. Ich wußte zwar nichts von dramaturgischen Gesetzen, aber es muß gesagt werden, wir hatten mit unserem Stück bei den erwachsenen Zuschauern einen großen Erfolg. Der Text zu meinem „Drama in 3 Akten“ war zwar nicht aufgeschrieben, sondern wurde nach der Art des Stegreifspiels vorgetragen. Schauspieler waren ausschließlich wir Kinder.

Mein Bruder war der Ritter von Hohenstein und meine Schwester der Ritter Flamberg. Meine jüngere Schwester war ein Rittersknapp, dessen Aufgabe es war, auf die Landstraße hinunterzuspähen. Ich hatte als Autor und Regisseur mir selbstverständlich die Rolle des „positiven Helden“ zudiktiert, des Edelfräuleins Elisabeth von Hohenstein, Tochter des Raubritters. Elisabeth beschwor im 1. Akt den Ritter, der sie liebte, die Raubzüge aufzugeben. Sie erklärte ihm, niemals seine Frau werden zu können, weil sie sein Räuberhandwerk verachtete. Der Raubzug fand statt. Ein Bauer wurde gefangengesetzt. Elisabeth befreite den Bauern und erschoß ihren räuberischen Vater. Mit dem Auftreten des befreiten Bauern endete der zweite Akt.

Der dritte Akt spielte im Burgverließ. Ein Priester trat auf, der Elisabeth Trost zusprach, denn sie sollte den Tod erleiden. Er sprach sie von der Sünde des Vatermordes frei, da der Raubritter ein böser Mensch gewesen sei. Dann erschien ihr Freier, Ritter Flamberg, der sie (frei nach Schillers Lord Leicester aus „Maria Stuart“) zum Schafott führen sollte. Freundlicherweise machte er ihr noch einmal das Angebot, seine Frau zu werden, dann würde er sie retten. Es gab eine erregte Auseinandersetzung, in deren Verlauf Elisabeth einen Dolch zog und sich den Tod gab. Hierzu muß ich sagen: wir hatten einen Zauberkasten, in dem sich ein Dolch befand, dessen Spitze in den Griff zurückfederte, wenn man damit zustieß. Die Wirkung eines solches Requisites konnte ich mir unmöglich entgehen lassen. Dem armen Ritter Flamberg blieb nichts weiter übrig, als die sterbende Elisabeth aufzufangen, und nachdem er triumphierend die Worte gesprochen hatte: „Nun halte ich Dich doch in meinen Armen“, war das Drama aus.

Zu dieser Zeit hatte ich natürlich bereits eine Reihe klassischer Theateraufführungen gesehen, so „Die Jungfrau von Orleans“, „Wilhelm Tell“ und „Maria Stuart“. Meine Eltern hatten damals ein Abonnement im alten Schillertheater N im Norden Berlins, das – alternierend mit dem Schillertheater O im Osten Berlins – ein reichhaltiges Repertoire hatte. Das Programm umfaßte, ähnlich wie bei größeren Provinztheatern, Klassikeraufführungen, Lustspiele und Gegenwartsdramatik. Da mein Vater kein sehr leidenschaftlicher Theaterbesucher war, sondern meist müde von seiner Arbeit einen ruhigeren Abend vorzog, durfte ich meist ins Theater mitgehen. Und so sah ich dann alle Stücke, angefangen von „Egmont“ über Sudermanns „Johannisfeuer“ bis zur „Blauen Maus“. Zu meinem 16. Geburtstag bekam ich ein eigenes Theaterabonnement. Aber nicht genug damit, habe ich jeden Pfennig meines Taschengeldes für Theaterbesuche angelegt. Es gab damals die schöne Einrichtung des Stehparketts, das will besagen, man bekam für drei Mark einen Stehplatz im Parkett und konnte ganz aus der Nähe dem Spiel folgen.

In der damaligen Zeit war für mich das größte Theatererlebnis eine Aufführung von Ibsens „Stützen der Gesellschaft“. Mich erschütterte, daß die Figuren des Stückes nicht in irgendeinem fernen Land lebten, nicht aus einem fernen Mittelalter stammten, sondern Menschen waren, wie ich sie selber kannte – wie etwa mein Vater war und meine Mutter, mein Großvater oder deren Freunde. Hier wurden diese Menschen, die für mich die größte Autorität bedeuteten, als Menschen gezeigt, die Fehler machten, sogar Verbrechen begingen. Am Tage nach diesem Theaterbesuch nahm ich all mein Taschengeld zusammen und kaufte mir Ibsens Werke. Damit öffnete sich für mich eine neue Welt. Von nun an war ich eine regelmäßige Besucherin des Lessingtheaters und der Reinhardt-Bühne. Meist gemeinsam mit Hildegard Krohn und meinem Bruder sah ich „Peer Gynt“, „Baumeister Solneß“, „Gespenster“, „Nora“ und „Hedda Gabler“ mit Irene Triesch in der Hauptrolle. Ich lernte das Spiel von Bassermann und Wegener, von Oskar Sauer, Biensfeldt, Diegelmann und Moissi kennen.

So erzogen durch das naturalistische Theater, sahen wir eines Tages im damaligen Königlichen Schauspielhaus Grillparzers „Sappho“. Es spielten Rosa Bertens und Hermann Stegemann. Gleich als sich der Vorhang hob, waren wir enttäuscht über das romantisch-kitschige Bühnenbild. Als dann die Schauspieler zu sprechen begannen, war es um unsere Fassung geschehen, wir lachten und tuschelten so heftig, daß ein Logenschließer erschien und drohte, uns hinauszuweisen.

Nur mit äußerster Anstrengung gelang es uns, der Vorstellung bis zum Ende zu folgen.

Neben den Schauspielaufführungen besuchten wir, wenn auch nicht ganz so oft, die Oper. Auch hier verließ ich häufig enttäuscht das Theater. Ich hatte mir zum Beispiel „Tristan und Isolde" viel großartiger vorgestellt. Von Wagners Opern machte den größten Eindruck auf mich „Der Fliegende Holländer". Hingerissen war ich von Richard Strauss' „Rosenkavalier".

Bald entdeckten wir Gerhart Hauptmann für uns. Jeden Tag gingen mein Bruder und ich in eine Leihbibliothek und holten uns einen Band seiner Dramen. Auf diese Weise verschlangen wir täglich zwei Hauptmann-Dramen, anders kann man es nicht nennen. Mit der Leidenschaft junger Menschen haben wir uns auf diese Art den ganzen Hauptmann „einverleibt".

Mein Bruder hatte längst entdeckt, daß zum Bücherschrank meiner Eltern auch der Schlüssel eines anderen Schrankes paßte. So machten wir uns also über dessen Inhalt her. Ich habe schon erzählt, daß mein Vater sich alle berühmten Werke der Weltliteratur, die vom Bibliographischen Institut in Leipzig herausgegeben worden waren, gekauft hatte. Die Bücher waren broschiert und wurden später in braunes Leder eingebunden. So standen sie dann in unserm Bücherschrank. Zunächst hatten die Werke in ihrem broschierten Zustand aber ein etwas trauriges Leben. In einer riesigen Kiste im Keller des Mehlspeichers von meines Vaters Geschäft waren sie zum Teil ein Raub der Mäuse geworden. Einzelne Bände hatten entschieden gelitten und wiesen große Lücken auf. Was aber davon übrig geblieben war, die Werke Shakespeares und des Dänen Holberg, Cervantes „Don Quichotte", E.T.A. Hoffmanns „Erzählungen", Jean Jacques Rousseaus „Bekenntnisse", Dantes „Göttliche Komödie" – eine großartige Sammlung. Mein Bruder und ich, wir lasen sie, damals etwa sechzehnjährig, von Anfang bis zu Ende durch. Später entdeckte ich in der alten Kiste noch einige Broschüren, die den besonderen Geschmack der Mäuse gefunden hatten. Dazu gehörten Jonathan Swift und Sternes „Tristram Shandy". Mein Lieblingsbuch war „Don Quichotte". Ich liebte den Ritter von der traurigen Gestalt, der stets das Gute wollte und dafür meist geschlagen wurde.

Eine große Vorliebe hatten wir Kinder auch für die Museen, und ich bin meiner Vaterstadt Berlin immer unendlich dankbar dafür gewesen, daß sie mir mit ihren tausend Möglichkeiten ein so guter Lehrmeister gewesen ist. Wir ließen keinen Sonntag vergehen, ohne ein Museum zu besuchen. Ich kannte die Nationalgalerie genauso wie das Alte Museum oder das Kaiser-Friedrich-Museum, das Naturkunde-Museum genauso wie das Verkehrs- oder Post-Museum und ebenso die Sammlungen des Pergamon-Museums. Meine Geschwister und ich hatten keinerlei Anleitung und gingen ganz allein hinein, meist zum Ärger der Aufseher. Einmal fielen wir dabei auch unliebsam auf: Wir waren in die Ägyptische Abteilung des Alten Museums gekommen, und ich erklärte meinen kleinen Schwestern, acht und neun Jahre alt, daß alle diese Mumien tote Menschen seien, Könige und Königinnen, die man aus ihren Gräbern geholt hatte und die nun hier, einbalsamiert in ihren Särgen, weiterschliefen. Ich muß es recht anschaulich geschildert haben, denn schließlich begannen meine Schwestern sich zu fürchten. Sie weinten und wollten nach Hause gehen. Allmählich wurde mir selber Angst und wir suchten einen Ausgang. Aber das war nicht ganz einfach. Manche Türen waren verschlossen. Kurz und gut, die Kleinen fingen an zu schreien, mein Bruder und ich, schließlich auch verwirrt und ängstlich, stimmten darein. Die hinzulaufenden Museumswärter warfen uns schleunigst raus und verbaten uns, jemals wiederzukommen.

Was mich veranlaßte, von der schönen Literatur und den Künsten zur Naturwissenschaft überzugehen, kann ich heute nicht mehr sagen. Jedenfalls hatte ich plötzlich das Interesse für die Zusammenhänge aller Dinge, für den Ursprung allen Lebens entdeckt. Es gab damals den Verlag J.F. Schreiber in Eßlingen und Stuttgart, bei dem eine Reihe von Bildwerken zur Naturgeschichte der Tiere, Pflanzen und des Mineralreichs herausgegeben wurde. Diese Werke waren von Wissenschaftlern erarbeitet und mit künstlerischen Darstellungen des jeweiligen wissenschaftlichen Gebietes versehen. Sie müssen in der zweiten Hälfte des neunzehnten Jahrhundert erschienen sein. Ich besaß bald alle diese Bücher. Mein größtes Interesse aber galt dem „Bilder-Atlas der Sternenwelt", herausgegeben von dem Direktor der Wiener Sternwarte, Prof. Dr. Edmund Weiß. Das Geheimnis der Sternenwelt, der wilden, steinigen Landschaft des Mondes und der gewaltigen Kräfte der Sonnenenergie zogen mich in ihren Bann. In der Nähe unserer Wohnung war die kleine Sternwarte der Urania, die ich nun besuchte. Monatelang ging ich regelmäßig zu Vorträgen über Astronomie und saß, ein fünfzehnjähriges Mädchen mit langen Zöpfen, zwischen würdigen älteren Herrn mit Bärten, begierig den Vorträgen lauschend. Man riet mir damals von verschiedenen Seiten, Astronomie zu studieren. Aber die Sache hatte einen Haken. Als es mit den Berechnungen über die Schiefe der Ekliptik losging und sich alles in mathematische Formeln verlor, konnte ich einfach nicht mehr folgen und blieb weg.

In Berlin gab es damals die Einrichtung der Humboldt-Akademie, der Freien Hochschule und der Lessing-Hochschule, die alle etwa der Einrichtung einer Volkshochschule entsprachen. Für einen geringen Beitrag konnte jeder an diesen Vorträgen teilnehmen. Zum ersten Mal begann ich nun, mich etwas systematischer zu bilden. Ich hörte Vorträge über Literatur und Kunstgeschichte. Ich legte mir Bücher an und war fleißig wie eine Biene – allerdings zum Schaden meiner Schularbeiten. Aber an dieser Stelle kann ich nur bestätigen, was viele Menschen der älteren Generation gegen die damalige Schule anführten: die Schule war langweilig und unlebendig. Natürlich muß man gerecht sein, es bestand damals ein festgelegter Plan, der nicht erlaubte, auf einzelne Interessen begabter Schüler einzugehen. Die Schule war ja nicht allein zum Lernen da, sie sollte Fähigkeiten ausbilden und disziplinieren und vorbereiten für ein Leben in Gemeinsamkeit. Sie mußte sogar gewisse Einzelbestrebungen zurückhalten. Aber das alles ist noch keine Erklärung dafür, daß sie vielfach die geistigen Interessen junger Menschen abstumpfte und veröden ließ. Ich jedenfalls schrieb zu Hause ganze Bücher voll mit kunstwissenschaftlichen, literarischen und naturwissenschaftlichen Aufsätzen und machte keine Schularbeiten. Ich las mit Feuereifer Bölsche und die Reisebeschreibungen der Brüder von Humboldt, von Sven Hedin und sonstige Erzählungen über Expeditionen in den Polarkreis und an den Äquator. Irgend jemand hatte mich auf die Bibliothek des Kunstgewerbe-Museums aufmerksam gemacht. Dort verbrachte ich von nun an einen Teil meiner Nachmittage. Ich erinnere mich mit Vergnügen meines ersten Besuchs. Man stelle sich das vor: Ein Mädchen mit langen Zöpfen, ängstlich und schüchtern, fragt den Bibliothekar: „Haben Sie etwas von Rembrandt?“ Der alte Mann mit weißem Bart, der die Bücher ausgab, sah hoch und lächelte. „Ja“, sagte er, „mein kleines Fräulein, wir haben vieles über Rembrandt. Was wollen Sie denn wissen?“ Ich wollte alles über Rembrandt wissen, Rembrandt und van Gogh sind bis zum heutigen Tage meine große Liebe geblieben. Dagegen fiel zum Beispiel in meinem Studium der schönen Künste Rubens einfach aus. Ich konnte ihn nicht leiden – wegen der dicken nackten Frauen, die er malte.

Langsam erst lernte das Auge, Bilder zu sehen. Es wäre für uns damals undenkbar gewesen, zu irgendeiner Ausstellung nicht zu gehen. Da gab es zunächst die große Berliner Kunstausstellung im Ausstellungspark am Lehrter Bahnhof. Hier waren gewissermaßen die von bürgerlich-akademischer Seite anerkannten Kunstwerke des Jahres zu sehen. Dann gab es die Ausstellungen der Sezession, die schon die revolutionären Bestrebungen der neuen Malerei zeigten. Das Interessanteste aber war für uns natürlich die Moderne im Kunstsalon von Cassirer oder im „Sturm“. Vielleicht hatten wir nicht immer das richtige Verständnis für Werke von Paul Klee oder Kandinsky oder Kokoschka, aber wir waren entschlossen, sie großartig zu finden, sie zu verteidigen und zu lieben, ganz einfach, weil sie das Neue waren, weil sie mit Altem brachen und eine neue Welt erschließen halfen.

Richard Oehring

Es begann das Jahr 1914.

Wie im Vorjahr wurde im Februar von der „Aktion“ ein Revolutionsfest gefeiert. Ich erwähne dies deshalb, weil an diesem Tag meine Beziehungen zu Richard Oehring begannen. Ich stand vor einer Wende in meinem Leben.

Richard Oehring stammte aus einer Beamtenfamilie. Sein Vater war Telegraphendirektor in Berlin, hatte sich in mühsamem Selbststudium die höhere Beamtenkarriere erarbeitet und hegte für seine beiden Söhne einen großen Ehrgeiz. Richard hatte in München begonnen zu studieren. Dort stieß er sehr bald auf Erich Mühsam und seine Gruppe „Tat“, der auch Franz Jung, Georg Schrimpf und Oskar Maria Graf angehörten. Die Münchener Zeit gab dem Leben Oehrings eine neue Richtung. Er hörte auf zu studieren und wandte sich schriftstellerischer und journalistischer Arbeit zu.

In seinem Buch „Wir sind Gefangene“ hat Oskar Maria Graf etwas von der Münchener Zeit eingefangen und über seine Freundschaft mit Schrimpf, Jung und Oehring geschrieben.

In München lernte Oehring auch Dr. Otto Groß kennen, einen Schüler von Sigmund Freud. Groß arbeitete damals bei Kraepelin in München. Die Freundschaft mit Otto Groß, Franz Jung und Erich Mühsam machte aus Oehring einen neuen Menschen.

Oehring war der erste Mensch, der mich mit den Lehren des Marxismus, mit dem Sozialismus bekannt machte. Er gab mir Werke von Marx und Engels, Bebel und Feuerbach. Ich las „Das Kapital" und „Über den Ursprung der Familie" mit der Hingabe, die ich allem Neuen entgegenbrachte. Zweiundzwanzig Jahre war ich alt, und ich lernte. Ich las Hegel und Herder, Tolstoi und Zola, Bücher über Bücher, entschlossen, nach diesen Lehren zu leben.

Es ist mir niemals gelungen, ein Tagebuch zu führen, obwohl ich verschiedene Anläufe nahm und es immer noch für richtig halte. Es ist die beste Selbstkontrolle und hilft, sich Ereignisse und Gefühle bewußt zu machen, die sonst im Ablauf der Zeiten versinken. Es hält wach. Dennoch – ich kann es nicht.

Natürlich wird ein Mensch niemals in seinem Leben die Phasen seiner Entwicklung vergessen können, wird immer die Erinnerung wach bleiben an Erlebnisse, die für den weiteren Weg, für die Entfaltung von Bedeutung gewesen sind, gewiß. Aber sie so lebendig im Gedächtnis zu behalten, daß sie jederzeit mit allen Einzelheiten, mit dem Gefühlswert, der mit ihnen verbunden ist, wieder dargestellt werden können, daß sie zu Erfahrungen werden, die für das weitere Leben wirksam sind, das ist eine andere Sache.

Der Abschnitt meines Lebens, von dem ich berichte, war für mich von ausschlaggebender Bedeutung: er war nicht nur die Loslösung von der Familie, wie sie jeder junge Mensch durchmacht, sondern die Abkehr vom Bürgertum. Er stellte einen Wendepunkt dar, eine Wandlung.

Wenn alles einen Sinn haben soll, das Gesetz, nach dem wir angetreten sind: aus unserem Leiden das Mittel zu gewinnen gegen das Leid der Welt. Aus dem Versuch, zu dem wir uns hingegeben haben, das Gegengift finden zu helfen zur Bekämpfung des Giftes, das die Schönheit des Lebens tötet, die Freude zerstört, das Glück. Nur darauf kommt es an, diesen Sinn zu erhalten. Verständlich zu machen, was wir wollen. Damit das Leiden nicht umsonst gewesen ist. Das große Experiment, zu dem wir unser Leben gemacht haben, so wie es Ärzte und Wissenschaftler mit ihrem Körper unternehmen, um irgendein Heilserum auszuprobieren, an dem Kranke genesen sollen, eine kranke Menschheit.

Es waren die letzten Monate und Wochen vor dem Krieg. Schöne Sommertage. Oehring und ich waren täglich zusammen. Des Abends trafen wir uns meist mit Oehrings Bruder Fritz, mit Jung und Oskar Maria Graf, der gerade aus München gekommen war. In kleinen dunklen Berliner Kneipen saßen wir und diskutierten. Tag und Nacht. Das heißt, die Männer sprachen, ich hörte zu. Ich lernte eine neue Welt kennen. Ich sah das nächtliche Berlin, von dem ich keine Ahnung hatte.

Oehring und Jung arbeiteten als Journalisten in Wirtschaftskorrespondenzen, Oehring in Buchwalds Börsenberichten und Jung in der Korrespondenz Gelb von Moßner.

Von Franz Jung waren damals bereits zwei Bücher erschienen, „Das Trottelbuch“ und „Kameraden“. Diese beiden ersten Romane hatten in der Literatur bereits ein großes Aufsehen erregt wegen ihrer unbedingten Wahrhaftigkeit. Es waren nur schmale Bände, Extrakte.

Jung gab auch eine Zeitschrift heraus, „Revolution“, die im Verlag von Heinrich F.S. Bachmair in München erschien. Durch all die Jahrzehnte und über alle Fährnisse unseres Lebens hinweg hat sich die fünfte Nummer dieser Zeitschrift noch bis zum heutigen Tage bei mir erhalten, ein kleines zerfleddertes Blatt, das nur sechs Seiten umfaßt und alle 14 Tage erschienen ist. Diese Nummer 5 der „Revolution“ war eine Sondernummer für Dr. Otto Groß, der zu dieser Zeit in einer Anstalt in Troppau interniert war.

Der Arzt Dr. Groß stand auf dem Standpunkt, daß es bei seelischen Erkrankungen nicht genüge, sie wie jede organische Krankheit zu behandeln. Wenn das psychische Leiden gesellschaftliche Ursachen hatte, wie es Freud in der Schrift „Das Unbehagen in der Kultur“ nachwies, wenn seelische und körperliche Defekte aus dem Kampf mit der Konvention entstanden, so mußte man nach Ansicht von Groß die Gesellschaft ändern. Das hieß: Revolution. Freud bekämpfte diese Ansicht aufs heftigste, und sie führte zur Trennung. Heute ist Otto Groß vergessen und unbekannt. Aber die Literatur der Vorkriegszeit hat ihm vieles zu verdanken, nicht nur Franz Jung und Richard Oehring, sondern auch Stefan Zweig und Leonhard Frank. In seinem Buch „Barbara oder die Frömmigkeit" hat Franz Werfel in der Gestalt des Dr. Gebhardt Otto Groß ein Denkmal gesetzt. Groß wollte die Menschen schöpferisch machen, sie in Harmonie mit sich selbst bringen, ihre Genialität lösen. Er arbeitete mit den Menschen Tag und Nacht. Er ließ sie nicht zur Ruhe kommen, machte ihnen Mut und beschenkte sie aus dem unermeßlichen Quell seines Wissens. Sein Standpunkt war: der Arzt muß mit dem Kranken leben, er muß sich ihm opfern. Groß gehörte in die Reihe der Semmelweis, Pettenkofer und Koch. Er wollte am eigenen Leibe, im Selbstexperiment das Serum gegen die Krankheit finden. So hatte er sich einer Frau verbunden, die jeden Glauben an die Welt, an die Menschen verloren hatte. Er glaubte, sie mit seiner Liebe, mit seiner Hingabe und Aufopferung dem Leben zurückgewinnen zu können. Es gelang ihm nicht. Die Frau beging Selbstmord. Für Groß war dieser Tod die schwerste Krise seines Lebens. In diese Krise griff sein Vater, der Grazer Kriminologe und Wissenschaftler Prof. Hans Groß ein und ließ den Sohn nach Troppau in eine Anstalt bringen. Der Befreiung des Dr. Groß aus dieser Anstalt (in der er übrigens kurze Zeit darauf selbst praktiziert hat) war die Nummer 5 der Zeitschrift „Revolution" gewidmet. Sie enthielt Beiträge von Johannes R. Becher und Erich Mühsam, von Alfred Lichtenstein und René Schickele, von Else Lasker-Schüler, Franz Jung und dem französischen Schriftsteller Blaise Cendrars. Franz Jung hat später die Geschichte von Otto Groß in seinem dritten Buch „Sophie" gestaltet.

Ich habe damals Otto Groß noch nicht gekannt. Für mich war das alles fremd und neu. Ich wußte nur das eine, daß ich auch daran teilhaben wollte, daß dies auch meine Welt sein müßte.

Es war ein Abend im Hochsommer, von dem aus alles seinen Anfang nahm. Am Tage hatte es geregnet. In den Bäumen, die am Kanal standen, rauschte der Wind, und auf dem nassen Asphalt spiegelten sich die Lichter der Straßenlaternen. Wir hatten stundenlang wie immer in einer kleinen Kutscherkneipe gesessen und gesprochen. Jung und ich hatten den gleichen Weg nach Hause, und wir gingen gemeinsam durch die abendlichen Straßen einem Bahnhof zu.

Eigentlich hatte Jung mit einem Zug der Hochbahn fahren wollen, der über unseren Köpfen in regelmäßigen Abständen vorüberfuhr. Oder wir hatten noch in ein kleines Café in der Gegend gehen wollen. Nun aber waren alle die kleinen alltäglichen Nichtigkeiten vergessen. Wir gingen die Straße auf und ab, von einer Brücke bis zur anderen und wieder zurück, und über uns fuhren die Züge und Jung sprach. Zuweilen streifte das Licht einer Laterne sein Gesicht, beleuchtete die Hände, die seine Worte unterstrichen, zustießen und Gedanken formten.

„Wir dürfen noch nicht glücklich sein", sagte Jung, „wenn nicht alle Menschen das Glück genießen können. Ein kleiner Bruchteil weniger Glücklicher, darf nicht von der Ausbeutung der vielen, der Unglücklichen leben."

Ich hatte Zola gelesen, Gorki, Shaw und Dickens und kannte die Bücher, die Jung selbst geschrieben hatte. Ich wußte, daß Bücher das Gewissen der Welt sein können.

„Wir müssen dafür kämpfen", sagte er, „noch müssen wir zerstören, aufbrechen – Ein Organismus, der neue Formen annehmen soll, muß bis in seine innersten und feinsten Teile gewandelt werden. Wir dürfen die Welt nicht nur betrachten, wir müssen sie verändern. Bis alle glücklich sind. Für eine bessere Zukunft – "

Ich verstand nicht alles, was er sagte, und ich erinnerte mich auch später nicht mehr an jedes seiner Worte. Vieles war neu für mich und unbekannt. Was ich begriff, das war, daß alles in seinen Reden sich gegen mein eigenes bisheriges Leben richtete. Gegen alles das, von dem ich selbst bisher mich als ein Teil gefühlt hatte, das meine eigenste Welt war, in der ich mich in einer selbstverständlichen Weise heimisch gefühlt hatte, die selige Geborgenheit meiner Kinderwelt, fröhliche Sicherheit. Ich versuchte, zu widersprechen und diese Welt in Schutz zu nehmen, aber dagegen stand eine andere Welt auf und machte ihre Rechte geltend.

Der letzte Zug war längst vorbeigefahren. Seit einer Weile schon ruhte der Verkehr. Vom dunklen Wasser des Kanals, aus dem Unsichtbaren kam ein leise plätscherndes Geräusch. Vielleicht ein Wasservogel.

Ich ging in dieser Nacht allein nach Haus, durch viele stille Straßen, stundenlang. In meinem Herzen bewegte ich alle Worte, die Jung zu mir gesprochen hatte.

Von diesem Tage an verließ ich die Welt, in der ich bis dahin gelebt hatte, den Boden, auf dem ich verwurzelt gewesen war. Ich lernte ein anderes Leben kennen, die andere Seite.

Es waren die letzten Tage vor dem Krieg.

Ich war noch ein Kind, da hatte ich etwas von einem Burenkrieg gehört im fernen Afrika. Einmal war die Rede von einem Boxeraufstand in China gewesen. Ein anderes Mal hörte das Kind die Erwachsenen von einem russisch-japanischen Krieg sprechen und einer Schlacht von Tsushima. Aber das alles war doch nur Krieg und Kriegsgeschrei, dort hinten weit in der Türkei. In der Schule hatten wir den deutsch-französischen Krieg 1870-71 auswendig gelernt. Graue Vergangenheit!

Da geschah der Mord von Sarajewo! Nun drehten sich alle Diskussionen um die eine Frage: Krieg. Ich konnte das nicht verstehen. Die Freunde aber, Jung und Oehring, verfochten die Meinung: Man muß am Krieg teilnehmen, um gegen ihn zu kämpfen. Aufklären, Einfluß nehmen. An die Front gehen und die Waffen niederlegen. Mit den Menschen sprechen. Das war das Programm, das schon die Gruppe „Tat" von Erich Mühsam verkündet hatte. Sie meldeten sich freiwillig.

Noch war Ferienzeit. Die Menschen kamen mit den letzten übervollen Zügen nach Berlin zurück. Meine Familie verbrachte damals die Ferien in einem Vorort von Berlin, an Wald und See. Wir hätten noch vierzehn Tage dort bleiben sollen, aber nun stand ich zum ersten Male in meinem Leben gegen die Autorität der Eltern auf. Gemeinsam mit meinen Geschwistern machte ich Front gegen das bisherige bequeme bürgerliche Leben: wir wollten nicht abseits stehen. Wir wollten keine Ferien mit Sonne und unter Bäumen ausruhen. Wir setzten uns durch und fuhren nach Berlin.

Einige Zeit arbeitete ich mit meiner Schwester zusammen im Geschäft meines Vaters, dessen Mitarbeiter alle eingezogen wurden. Das Leben der „höheren Tochter" aus gutem Hause war für mich vorbei. Ich wollte lernen, arbeiten, selbständig sein. Da viele meiner Freunde in dieser Zeit, Dr. Heinrich Ruhemann, Dr. Ernst Eilenburg und auch mein

Bruder Ärzte waren, fühlte ich mich zu diesem Beruf hingezogen. Ein Studium war in dieser Zeit für mich nicht mehr möglich. So erhielt ich eine Ausbildung als wissenschaftliche Hilfsarbeiterin, wie es damals hieß, d.h. ich wurde bei Dr. Piorkowski in der Luisenstraße in einem Institut ein halbes Jahr lang ausgebildet in Bakteriologie, Serologie und Histologie.

Richard Oehring kam nach Brüssel, wo er als Sanitäter nach kurzer Ausbildung stationiert wurde. Jung, Graf und Fritz Oehring wurden eingezogen.

Eine neue Zeit begann.

Was wir begonnen hatten damals, war der Versuch, aus der Vereinzelung herauszuwachsen in eine Gemeinsamkeit. In einem Brief, den Richard Oehring an seinen Bruder Fritz in den ersten Kriegsmonaten aus Brüssel geschrieben hatte, wird vieles klar, was unsere damalige Situation betraf:

„... Als die ersten Nachrichten von Dir kamen, war ich recht froh. Ich hätte Dir schon lange geschrieben, wenn ich es nur gekonnt hätte. Ich war hier in qualvollen Verwirrungen und Depressionen. Ich habe niemandem außer Cläre zu schreiben vermocht und auch sie habe ich gequält, einfach weil ich nicht anders schreiben konnte und gar nicht schreiben noch schlimmer gewesen wäre. Als meine Briefe voll Verwirrung und Herzensangst kamen, hat sie immer voll Vertrauen geantwortet. Ich hätte so unendlich gern ihr alle Freude hintragen wollen. Aber ich konnte nicht anders. Ich hatte alles Begreifen verloren, fand nirgends einen Sinn und fühlte mich ganz erstarren. Alle meine Hoffnung ward schließlich der Urlaub. Eine Sehnsucht aus diesem Dreck heraus. Finde das Wort nicht zu stark, es ist so. Hier bin ich den Menschen so fremd. Das war es, was mich bedrückt hat. Es ist, als ob keine Brücke zu ihnen möglich wäre.

Der Anfang zu allem liegt in der Berliner Zeit. Ich war eigentlich bis zum letzten Augenblick unsicher, ob ich nicht besser in Berlin bliebe. Doch glaubte ich einfach zum Geschehen ja sagen zu müssen, mich zu dem hingehörig zu fühlen, was alle vereinte, mir selbst meine Freiheit durch die Kraft, die Todesmöglichkeit auf mich zu nehmen, beweisen zu müssen. In einem bin ich mir ganz sicher: ich bin weggegangen mit dem Gefühl, das Äußerste zu leisten. Ich habe mich in der ersten Zeit auch allen gegenüber gehalten – der Beweis zur Fähigkeit jeder Kameradschaft. Es scheint mir nicht nötig, wenn man bereit ist, alles zu tragen. Zuletzt war es bei mir noch der Gedanke, bei dem nicht abseits stehen zu können, was das Bedeutsamste des heutigen Geschehens schien. Jetzt weiß ich, daß ich nur dort frei sein kann, wo es dem Unsrigen gilt. Das ist furchtbar schwer. Es kann auch nicht einfach sein, nachdem jahrtausendelang die Menschen ganz anders gelebt haben. Schwer wurde mir alles durch die fast völlige Fremdheit zu meinen Kameraden. Es dauert lange, bis man wagt, das nicht allein als eigenes Manko anzusehen.

Es muß uns gelingen. ...“

Ich schrieb in dieser Zeit täglich an Oehring nach Brüssel und stand in ständiger Verbindung mit Fritz Oehring, Oskar Maria Graf und dem Maler Georg Schrimpf in München. Es war die Zeit, in der ich mich bei Dr. Piorkowski auf meinen neuen Beruf vorbereitete, der erste Kriegswinter. Kurz vor Weihnachten erhielt ich einen Brief von Franz Jung aus Hirschberg in Schlesien. Ich habe diesen Brief nicht mehr: er ist mir fortgenommen und zu den Gerichtsakten gelegt worden (in einem Prozeß, über den ich noch berichte), aber ich habe ihn viele Male gelesen und weiß seinen Inhalt heut noch fast auswendig: „Ich bin Hals über Kopf hierhergefahren, krank und elend, ich war am Ende. ...“

Es war ein Hilferuf. Ein Kamerad wandte sich an den anderen: Hilf mir! Und ich war glücklich, helfen zu können. Ich schickte Jung sofort Geld und schrieb an ihn. Ich suchte auf seinen Wunsch auch gleich Franz Pfemfert auf. Pfemfert und seine Frau, erfahren in der politischen Arbeit, ließen mich die ganze Tragweite der Gefahr erkennen, in der sich Jung befand. Jung war desertiert. Mehr wußten wir noch nicht. Pfemfert riet mir, den anderen Freunden gegenüber zu schweigen, um sie nicht zu belasten. So hatte ich niemand außer Pfemfert, der mir raten und helfen konnte. Aber auch ihn durfte ich nicht hineinziehen, um seine politische Arbeit nicht zu gefährden. Jung hat seine Flucht in die Einsamkeit des Gebirges in seinem Buch „Opferung“ geschildert. Jene Flucht, die ihn nach München führte, nach Stuttgart und nach Wien, wo er verhaftet wurde. Das war Anfang 1915.

Am 3. Februar abends rief Oehring mich plötzlich zu Hause an. Ich stürzte zu ihm. Wir waren glücklich, daß wir uns wieder hatten. Ich erzählte Oehring von Jungs Flucht, und wir besprachen, was zu tun sei.

In den nächtlichen Straßen, in der Nähe unserer Wohnung, gingen wir auf und ab. Oehring sah sofort die Gefahr, die darin auch für mich lag. Ich lachte ihn aus: was konnte mir schon geschehen? Ich hatte selbstverständlich nur einem Kameraden geholfen, soweit es in meinen Kräften stand. Was hätte ich anders tun sollen? Das mußte doch jeder einsehen.

Am nächsten Morgen, in aller Frühe, klingelte ein Mann an der Tür meiner Eltern: Ich wurde abgeholt. Verhaftet. Ich wurde nach dem Alexanderplatz gebracht, zum Entsetzen meiner Familie, die keine Ahnung hatte.

Man gestatte mir, dem Leser ein Bild davon zu geben, wie ich damals aussah. Ich trug ein überaus elegantes braunes Samtkostüm nach neuester Mode und ein braunes Hütchen mit einem Schleier. Dazu eine breite Maulwurfstola, die über die Schulter geschlagen wurde und eine riesige Muff dazu. Man führte mich in einen großen kahlen Raum, wo einige Beamte hinter ihren Tischen saßen. Dort mußte ich warten, lange warten. Schließlich stand ich auf und wandte mich an einen der Beamten, um ihm zu sagen, daß ich eigentlich gar keine Zeit hätte. Mein Verlobter sei in der Nacht gekommen, vom Militär aus Brüssel, und ich müßte ihn dringend sprechen. Natürlich gab mir niemand eine Antwort.

Sechs Monate waren seit Kriegsbeginn vergangen. Die deutschen Truppen befanden sich im Vormarsch. Extrablätter verkündeten Siege. Auf allen Straßen wehten schwarz-weiß-rote Fahnen. Man glaubte an ein baldiges Ende des Krieges und an den Sieg der deutschen Truppen. Und nun – ein Deserteur! Fahnenflucht vor dem Feind. „Darauf steht Tod", schrie mich der Richter an, „verstehen Sie, was das heißt? Tod durch Erschießen! Ihr Freund wird an die Wand gestellt!"

Ich war nach langem Warten endlich in einen Raum geführt worden, in dem der Untersuchungsrichter saß, ein noch junger Mann, mit Schmissen im Gesicht. Sehr zackig. Ich weiß noch heute, daß er Dr. Langenstraß hieß. Am Tisch saß noch ein Protokollführer und in einer Ecke der Mann, der mich abgeholt hatte. Der Untersuchungsrichter fragte mich nach meinen Personalien. Ich unterbrach ihn, sehr von oben herab: „Entschuldigen Sie, Sie sind doch Akademiker, nicht wahr? Und wissen nicht, daß ein gebildeter Mann aufsteht, wenn eine Dame in das Zimmer kommt."

Er sah mich völlig entgeistert an und unterdrückte eine heftige Antwort. Er sagte nur: „Setzen Sie sich." Dann begann er mit dem Verhör, fragte, wie lange ich Jung kenne und was ich von ihm wüßte.

„Jung ist ein anerkannter Schriftsteller. Sie sollten seine Bücher kennen."

Er ging nicht darauf ein. Der Mann, der Protokoll führte, schrieb eifrig mit. Zuweilen schien er Schwierigkeiten zu haben mit so fremden Worten wie „Expressionismus" oder „Psychologie".

„Was glauben Sie", schrie der Richter, „was Ihnen blühen wird?"

Ich sah ihn ruhig an. Sein Gesicht war krebsrot. Ich sagte ruhig: „Ich habe Ihnen schon gesagt, daß Jung schwer krank ist. Er konnte nicht mehr weiter. Es war nur meine Menschenpflicht zu helfen."

„Es war Ihre Pflicht, ihn anzuzeigen", schrie Dr. Langenstraß.

„An meiner Stelle, Herr Doktor, hätten Sie sicher ebenso gehandelt." Ich sah auf seine Schmisse. „Sie sind doch sicher Burschenschaftler. Ich weiß von meinen Freunden, daß zwischen Kommilitonen das Gesetz der Solidarität herrscht – ganz abgesehen von der Menschenpflicht."

Bis zu dieser Zeit hatte es im Berliner Polizeipräsidium eine besondere politische Abteilung nicht gegeben. Erst kurz zuvor war diese berüchtigte Abteilung I A eingerichtet worden. Was den Fall für den Richter kompliziert machte, waren die vielen Stationen der Flucht von Jung: Hirschberg und München, Stuttgart und Wien und Berlin. Man glaubte, auf ein ganzes Netz aktiver Kriegsgegner gestoßen zu sein und Dr. Langenstraß hatte vielleicht den Ehrgeiz, sich mit der Aushebung verdient zu machen. Ich hatte keinerlei politische Erfahrungen, nur soviel war klar, ich durfte keinen Menschen belasten und mußte Jung zu retten versuchen. Auf des Richters Frage, was Jung in Wien zu suchen hätte, antwortete ich: „Er ist zu Dr. Groß gefahren, seinem Freund und Arzt, um sich bei ihm in Behandlung zu begeben." Dann hielt ich dem Dr. Langenstraß einen Vortrag über Psychoanalyse. Das Protokoll wurde immer länger und verworrener.

„Genug!" Der Untersuchungsrichter brach die Verhandlung ab. „Sie bleiben zunächst hier." Er winkte meinem Begleiter, mich abzuführen.

Ich war über den Ausgang der Verhandlung tief verwirrt, weil es mir nicht gelungen war, den Mann zu überzeugen. Ich fragte meinen Begleiter, was nun werden würde. Er war sehr skeptisch. „Na", sagte er gedehnt, „ich denke, so vier bis fünf Wochen Untersuchungshaft für Sie werden schon dabei rauskommen. Der Doktor war sehr wütend auf Sie."

Vier bis fünf Wochen – ich dachte an Oehring, der nur einen kurzen Urlaub hatte. Das war unmöglich. „Ich habe doch die Wahrheit gesagt", sagte ich, „ich kann die Briefe von Jung als Beweis erbringen. Ich werde noch einmal mit ihm sprechen."

Mein freundlicher Begleiter, der auch erst neu in dieser Abteilung war und vermutlich bisher nur still in einer Registraturabteilung gesessen hatte, erklärte sich bereit, bei dem Richter noch einmal eine Verhandlung zu erwirken.

Zu Ehren des Dr. Langenstraß muß ich sagen, er ließ sich wirklich darauf ein. Ich wurde noch einmal hereingeführt und machte einen Vorschlag zur Güte: „Vielleicht ist es besser, Herr Doktor, wenn ich von einem anderen Untersuchungsrichter verhört werde, ich glaube, wir beide verstehen uns nicht." Ich kannte bis dahin in den bürgerlichen Kreisen, in denen ich groß geworden war, nur Männer, die jungen Damen Blumen brachten, sehr wohlerzogen mit ihnen sprachen, ein bißchen flirteten. „Ich bin eine solche Behandlung und einen solchen Ton nicht gewöhnt."

Der Richter schnappte: „Genug! Wenn Sie weiter so reden wollen ... Denken Sie vielleicht, Sie können sich hier einen aussuchen?"

Mein Begleiter sah mich warnend an. Ich lenkte ein. Wesentlich neue Gesichtspunkte konnte ich zwar nicht vorbringen, erbot mich aber, alle Briefe Jungs als Beweise vorzulegen. Ich unterschrieb dann das zweite Protokoll genauso wie das erste. An der Tatsache, daß ich dableiben mußte, also in Untersuchungshaft genommen wurde, änderte sich jedoch nichts, ich wurde abgeführt.

Im Gefängnis des Polizeipräsidiums am Alexanderplatz wurden mir zunächst alle Wertgegenstände abgenommen, meine Ringe, Armbänder, Uhr und Geld. Dann kam das übliche: Körpervisitation und Einweisung in eine Zelle.

Die Gesellschaft bringt den Verbrecher, der sich an der Gemeinschaft schuldig gemacht hat, in eine Zelle, um ihn zu wandeln, um aus ihm einen neuen Menschen zu machen. Die Zelle, das ist die Urform jedes Organismus, der kleinste Baustein des Körpers, aus dem ein neues Leben entsteht. Die Zelle, das ist der Raum im Mutterleib, aus dem der neue Mensch herauswächst. Das Zuchthaus hat sehr viele Zellen, aus denen viele neue Menschen in die Gesellschaft eingehen sollen. „Und das Zuchthaus riesengroß, öffnet ihm den Mutterschoß“, sagte Heinrich Heine.

In einem Zuchthaus ist der Mensch nicht mehr ein freies selbständiges Wesen, das sich bewegen kann, er ist entmündigt, hilflos, eingesperrt wie ein Embryo. Es ist gleich, wie lange ein Mensch in einem Gefängnis ist, es genügt ein Tag. „Wer einmal aus dem Blechnapf frißt –“

In der Zelle, in die ich geführt wurde, befanden sich zwei junge Menschen: ein österreichisches Dienstmädchen, das keine ausreichenden Papiere hatte und ein polnisches Mädchen. Sie lag im fünften Stock des Gebäudes, hatte große vergitterte Milchglasfenster. Man hörte von draußen die Eisenbahn vorbeifahren. Die junge Polin war krank. Sie erzählte von ihren Eltern, die zweifellos Kriegsgegner und Intellektuelle waren. Das kleine Dienstmädchen aus dem Österreichischen hockte stumm auf seiner Pritsche und weinte. Beide waren schon ziemlich lange da und wußten nicht, wie es weitergehen sollte. Wie lange würden sie hier bleiben müssen? Ich versprach ihnen, mich für sie einzusetzen, wenn ich herauskäme. (Ich habe versucht, dieses Versprechen auch einzulösen. Ich brachte der kleinen Polin ein paar Tage nach meiner Entlassung Medikamente und für beide Mädchen Bücher. Allerdings erhielt ich wenige Tage danach von der Gefängnisverwaltung alles zurück.)

Es war nur eine ganz kurze Zeit, die ich im Gefängnis verbrachte, aber sie genügte, mir ein tiefes Gefühl der Solidarität mit den Menschen zu geben.

Meine Eltern hatten alles Erdenkliche für mich getan. Oehring hatte einen Anwalt für mich interessiert. So wurde ich nach kurzer Zeit der Obhut meines Vaters übergeben, der für mich gebürgt hatte, während, wie ich später erfuhr, die anderen Freunde, die in diese Sache verwickelt waren, Margot Jung, Emmy Hennings und Georg Schrimpf in München fünf Wochen in Untersuchungshaft gehalten wurden.

Ich kam aus dem Gefängnis als ein zum Kampf gegen diese Gesellschaft entschlossener Mensch.

Jedenfalls hat meine Aussage dazu beigetragen, daß Jung aus dem

Gefängnis in ein Krankenhaus überführt wurde, um auf seinen Geisteszustand untersucht zu werden.

Gemeinsam mit Pfemfert berieten wir, wie man Jung helfen könnte.

Richard Oehring war – noch unter dem Eindruck von Jungs Desertation und unserer Verhaftung stehend – wieder nach Brüssel zurückgekehrt. Er nahm erschüttert und deprimiert von den Auseinandersetzungen mit unseren Familien von mir Abschied. Wir schrieben uns jeden Tag. Aber schon nach einigen Wochen blieben die Nachrichten von ihm aus. So schrieb ich beunruhigt an einen Kameraden Oehrings, den ich einmal kennengelernt hatte. Ich weiß heute nicht mehr, worum es ging, was Oehring getan oder gesagt hatte, jedenfalls war er in Arrest genommen worden und nur irgendein großer Sieg in diesen Tagen brachte für ihn eine Art von Amnestie mit sich, so daß der Fall nicht weiter verfolgt wurde.

Graf war in einer Train-Abteilung im Osten. Er hat seine Kriegserlebnisse in seinem Buch „Wir sind Gefangene" geschildert.

Fritz Oehring war an einer typhösen Infektion erkrankt und lag in einem Lazarett in Brieg in Schlesien. Er bat mich, ihn dort zu besuchen. Ich wußte, daß Brieg eine Stunde von Neiße, wo Jungs Eltern lebten, entfernt lag und nahm die Gelegenheit wahr, nach Schlesien zu fahren, entschlossen, Jungs Vater um Unterstützung zu bitten. Der alte Jung hatte in Neiße eine angesehene Position, er war Direktor einer Kreditgenossenschafts-Bank und Stadtrat.

Es war ein kalter Februarnachmittag. Die Reise hatte viel länger gedauert, als ich annahm. Leider gelang es mir nicht, mit Jungs Mutter zu sprechen, von Frau zu Frau, wie ich es mir vorgestellt hatte. So ging ich in das Büro des Vaters. Der Betrieb war schon geschlossen, und ich traf den alten Mann ganz allein in einem kalten großen Raum. Ich trug ihm die Bitten unserer Freunde vor, mitzuhelfen, seinen Sohn zu befreien. Man muß die Situation der älteren Generation verstehen. Sie erhofften von diesem Krieg, an dessen gutem Ausgang sie unverbrüchlich glaubten, von diesem „Stahlbad", an dem Deutschland gesunden sollte, auch eine Stärkung ihrer eigenen Position. Sie waren in diesem Glauben erzogen worden und konnten nicht anders denken. Ich habe später auch von anderen Vätern diesen Ausspruch gehört, der mich vom Vater Jungs so entsetzte: „Es wäre besser gewesen, mein

Sohn wäre auf dem Felde der Ehre gefallen.“ Jedenfalls versagte mir der alte Mann jede Hilfe. So fuhr ich unverrichteter Sache wieder ab. Es war schon Nacht, als ich in Brieg ankam. Am nächsten Tag erst war es mir möglich, Fritz zu besuchen.

Im Frühjahr 1915 war meine Ausbildung als wissenschaftliche Hilfsarbeiterin abgeschlossen. Jetzt wurde eine praktische Lehrzeit notwendig. Als erste Möglichkeit bot sich eine Volontärstelle im Schering-Werk. Dort wäre es meine Aufgabe gewesen, die erlernten Kenntnisse bei der Infizierung weißer Mäuse zu erproben. Aus der Sache wurde aber nichts, und ich nahm eine Stelle im Moabiter Krankenhaus an, wo auch mein Freund Dr. Eilenburg als Assistenzarzt arbeitete. Ich sollte im Pathologischen Institut arbeiten (ohne allerdings zu wissen, worin meine Tätigkeit bestehen würde). Als ich mich dem Leiter des Instituts, Geheimrat Benda, vorstellte, fragte er mich, ob ich auch starke Nerven hätte. Ich dachte an die weißen Mäuse, und obgleich mir die armen Tierchen leid taten, sagte ich zu. Am nächsten Morgen trat ich meine Arbeit an. Ich kam in einen riesigen weiß gekachelten Saal mit sechs Marmortischen, auf denen Leichen lagen. Bis zu diesem Zeitpunkt hatte ich noch nie einen toten Menschen gesehen.

„Nur keine Angst“, rief mir Geheimrat Benda zu. „Sie werden sich schon daran gewöhnen. Kommen Sie nur heran.“ Er gab mir ein Präparat, das ich zu färben hatte. Meine Hände zitterten so stark, daß ich meinen eben gekauften weißen Kittel von oben bis unten mit Farbe begoß. Dann mußte ich wieder hinein, um das Präparat abzuliefern. Es ging zwar alles gut, aber – eingewöhnt habe ich mich nie. An jedem Morgen mußte ich durch den Saal hindurch, um ins Labor zu kommen. Einmal kam ich gerade dazu, wie mich einer der jungen Assistenzärzte von Geheimrat Benda kopierte: Tür auf, ganz schnell Guten Morgen, und dann mit abgewandtem Kopf durch den Saal gelaufen. Wir lachten alle herzlich. Drei oder vier Monate war ich dort. Ich lernte viel. Allmählich gewann ich auch Interesse an den „Fällen“. In diesen heißen Sommermonaten wurden die ersten Kriegsopfer bei uns eingeliefert. Einmal war es ein ganz junger Soldat, bei dem nicht festgestellt werden konnte, woran er gestorben war. Die Lunge wurde untersucht und das Herz, Magen, Leber und Nieren, das Blut und endlich auch das Gehirn. Die Todesursache war nicht ersichtlich. Er war einfach am Krieg gestorben. –

Richard Oehrings Sanitäterzeit in Brüssel war um. Er kam nach Berlin zurück, um von neuem für den Wehrdienst gemustert zu werden. Er hatte in Brüssel den Krieg gesehen, hatte Verwundete und Tote getragen, Kranke gepflegt, kannte die Leiden der Verschütteten und Gasvergifteten. Er selbst war krank und elend. Wir versuchten, für ihn Atteste beizubringen. Die Untersuchung bei der Musterung ergab: KV.

Er kam für drei Monate nach Zossen zur Ausbildung mit der Waffe, um dann ins Feld geschickt zu werden.

Es bestand die Tendenz, junge Intellektuelle zum Offizier zu pressen, sie sollten den anderen Vorbild sein. Eine Weigerung, sich einer solchen Ausbildung zu unterziehen, kam schon einer halben Kriegsgegnerschaft gleich. Auch Franz Jung hatte es abgelehnt, Offizier zu werden. Er war damals an der Front und hatte den Durchbruch bei Brzeziny im Osten mitgemacht. Er war leicht verwundet worden. Eine Verschmutzung der Wunde war hinzugekommen. So kam er in ein Lazarett. Es war weniger sein körperlicher Zustand, Krankheit oder Verwundung, die ihn später desertieren ließen. Es war die Depression darüber, versagt, das selbstgesteckte Ziel nicht erreicht, das Programm nicht erfüllt zu haben, was ihn zerstörte und schließlich in das Irrenhaus zu Dalldorf in Wittenau brachte. Das Leid der Vereinzelung, die Unmöglichkeit, in der Beziehung zum anderen, zur Gesellschaft stark genug zu sein, führten zum Zusammenbruch. Unsere Krise, das war die Erkenntnis der eigenen Unzulänglichkeit. Es war noch nicht möglich, aus dem, was wir für richtig erkannt hatten, eine Bewegung zu machen. Jung hat dies später in seiner Novelle „Läuterung“, die in dem Novellenband „Gnadenreiche unsere Königin“ aufgenommen wurde, geschildert. Der Widerstand des einzelnen gegen die Gesellschaft, gegen Krieg und Militarismus, wirkten in einer Welt des Imperialismus, der sich seiner Kraft sicher war, nur als krankhafte Schwäche und führte dazu, daß man als geistig nicht normal angesehen und in ein Irrenhaus gesperrt wurde.

Jung, Graf und Oehring, der Maler George Grosz und in gewissem Sinne auch Schrimpf wurden zur Beobachtung ihres Geisteszustandes in Anstalten gebracht. Wir waren sehr allein.

Assistenzzeit bei Professor Friedenthal

Für mich ging es nach abgeschlossener Volontärzeit im Moabiter Krankenhaus darum, eine erste Anstellung zu finden. Ich wurde Assistentin bei Professor Friedenthal. Professor Dr. Hans Friedenthal war ein „reiner" Wissenschaftler, ein Erfinder. Seine Disziplin war eigentlich die vergleichende Biologie, worüber er auch an der Berliner Universität las. Er hatte einen Haar-Atlas herausgegeben, der eine Fülle von Material zusammentrug über das Haarkleid der Tiere und des Menschen. Daneben erging er sich ständig in spekulativen Forschungen und Experimenten. Er gehörte zu jenem Typ des deutschen Gelehrten, der an jeder Ecke einen Regenschirm stehen läßt und vergißt, ob er zu Mittag gegessen hat oder nicht.

Zu jener Zeit hatte ein großes Schweinesterben eingesetzt, weil die deutsche Landwirtschaft nicht mehr in der Lage war, genügend Viehfutter zu produzieren. Es fehlte an Mais und an Getreide für Mensch und Tier. Friedenthal kam auf den Gedanken, daß genügend Futtermengen erschlossen werden könnten, wenn man eine intensivere Ausmahlung der Nährmittel vornehmen würde. Er hatte monatelang daran experimentiert, auch noch aus Stroh, das zu Mehl gemahlen wurde, ja selbst aus Heidekraut Futtermittel herzustellen. In unzähligen chemischen Analysen, die er selbständig in seinem Haus in Nikolassee, wo er sich elektrische Mühlen und ein Laboratorium angeschafft hatte, herstellte, wies er den Nährwert von Wildgemüsen, Stroh und Heidekraut nach. Seine Eingaben bei den entsprechenden deutschen Regierungsstellen fanden Beachtung und er erhielt ein Versuchslaboratorium in der damaligen Karlstraße in Berlin. Damit nicht genug: in einem weiteren Experiment hatte er festgestellt, daß Schützengräben und Schutzvorrichtungen gegen Bomben und Geschosse eine wirksame Festigkeit erhielten, wenn man zu ihrem Bau Beton verwendete. Friedenthal war mit dem Aufbau seines Berliner Laboratoriums beschäftigt, als ich seine Assistentin wurde. Meine Aufgabe war, die Einrichtung des Laboratoriums zu organisieren. Als ein Mann, dessen Ideen ständig auf neuen Wegen waren, war er erfüllt von immer anderen Plänen, brauchte er nach außen die größte Ordnung und Systematik. Also wurden gewaltige Regale angeschafft, die sich mit unzähligen Gläsern voller Chemikalien und Präparaten füllten. Die Gläser mußten alle von gleicher Form und Größe sein. Sie wurden beschriftet, numeriert und in Statistiken erfaßt. Wir hatten monatelang damit zu tun. Alle paar Tage kam von seinem Hause am Nikolassee ein großer Wagen an, auf dem Maschinen, Instrumente und Gläser waren. Dies alles wurde geordnet und erfaßt. Aber die großartige neue Ordnung hielt nicht lange vor, dann hatte der ewige Forscherdrang Friedenthal schon wieder auf eine neue Idee gebracht. Es konnte ihm plötzlich einfallen, aus der wohlgeordneten Reihe der Gläser eines zu ergreifen, zu öffnen und ein neues Experiment zu machen. So bewahrte er in einer Reihe von Gefäßen Embryonen von Menschen und Affen auf. Er zerschnitt einige dieser Exemplare und legte sie in verschiedene Farbflüssigkeiten, um nachzuweisen, in welchem Stadium der Entwicklung sich aus den Knorpeln Knochen bilden. Ein zweifellos äußerst interessantes Experiment. Wir legten eine neue Reihe von Gläsern an. Ich mußte jeden Tag zu Müncke gehen, einem Betrieb, der medizinische Gläser verkaufte. Da waren wir Stammkunde. Jede Woche wurden Dutzende von Gläsern geliefert.

Prof. Dr. Hans Friedenthal war einer der gütigsten und hilfsbereitesten Menschen. Er war damals etwa 50 Jahre alt, groß, dunkel, mit einem schwarzen Vollbart. In unserem Laboratorium fanden sich bald die merkwürdigsten Menschen ein, denen Friedenthal die Möglichkeit gab zu experimentieren. Leute mit „Ideen", denen er half. Seine Forschungen und Artikel hatten überall in der Welt Interesse ausgelöst, und er stand mit vielen ausländischen und deutschen Gelehrten in regem Briefwechsel. Ich erinnere mich an einen schwedischen Professor Hindhede, mit dem er sich über seine Strohmehl-Versuche, die er an verschiedenen Tieren machte, austauschte. Hindhede hatte diese Versuche auch auf Menschen ausgedehnt. Ebenso wurden mit einem Schweizer Nahrungsmittelforscher und Reformisten ständig Briefe gewechselt.

Es war eine neue Welt, die sich mir eröffnete, die Welt der Wissenschaft, an der ich leidenschaftlich interessiert war. Es war nur nicht immer ganz einfach, mit Friedenthal zu arbeiten. So erinnere ich mich zum Beispiel einer Verabredung, die ich nach langem Bemühen zwischen Geheimrat Straßmann und Professor Friedenthal bewerkstelligt hatte. Straßmann hatte Friedenthal zu sich bestellt, und nachdem im Laufe einer Woche endlich Zeit und Ort festgelegt waren, kam der

Zeitpunkt der Verabredung heran. Vorsorglich wollte ich Friedenthal daran erinnern, daß es Zeit wäre zu gehen, nachdem ich bereits seit Tagen auf seinem Kalender den Termin vermerkt und des Morgens nochmals den Plan für den Tag auf seinen Schreibtisch gelegt hatte. Ich ging in sein Zimmer: „Herr Professor, Sie müssen zu Herrn Geheimrat Straßmann gehen."

Daran war natürlich nicht zu denken. Auf allen Tischen, Stühlen, Schränken, auf der Erde lagen Papiere ausgebreitet und Friedenthal saß dazwischen, entflammt von einer neuen Idee. Statt jeder Antwort auf meine Erinnerung an den Besuch bei Straßmann fragte er mich: „Was glauben Sie, mit wem Sie am nächsten blutsverwandt sind?"

Im Augenblick gefesselt von der Frage, sagte ich nach kurzem Nachdenken: „Zweifellos mit meiner Mutter."

„Falsch", schrie er triumphierend. „Sehen Sie, hier." Er hatte ein Schema aufgezeichnet: Kreise und Segmente in verschiedenen Farben. „Wenn ein weißer Mann eine schwarze Frau heiratet, dann werden die Kinder schwarz-weiß. Also, sie haben von jedem Elternteil nur die Hälfte. Das bedeutet, daß die engste Blutsverwandtschaft unter Geschwistern von einem gleichen Elternpaar besteht." Seine Zeichnungen, weitergeführt durch Darstellungen verschiedener Generationen und durch weitere Blutmischungen mit Angehörigen der gelben oder der roten Rasse zeigten tatsächlich klar die Logik seiner Idee. Ich war fasziniert. In Anbetracht meiner Verantwortung als gute Assistentin aber stammelte ich: „Aber Herr Professor, Herr Geheimrat Straßmann wartet."

„Sie sehen doch", sagte Friedenthal ungeduldig, „daß ich jetzt nicht weg kann, ein andermal."

Es blieb mir tatsächlich nichts weiter übrig als abzusagen.

Die ungeheuer vielen Anschaffungen belasteten den Etat unseres Laboratoriums, in dem ständig auf Hochdruck gearbeitet wurde: chemische Analysen von Nahrungsmitteln, Abwässeranalysen und anderes mehr. Friedenthal stand auch mit einer Reihe von Firmen in Verbindung, die seine Versuche praktisch auswerten wollten. So gab es zum Beispiel von ihm ein Präparat, das aus zu Mehl vermahlenem Spinat gewonnen war und das als Säuglingsnahrung dienen sollte. Ein anderer Versuch von Friedenthal beschäftigte sich mit der Herstellung von Milch, die nach genauen Analysen der Muttermilch hergestellt wurde. So stand Friedenthal auf dem Standpunkt, es wäre nicht nötig, zum Beispiel junge Löwen, die von dem Muttertier nicht gesäugt werden könnten, mit Hundemilch aufzuziehen, sondern man sollte ihnen künstliche Löwenmilch zu trinken geben. Mit der Großmolkerei Hellersdorf wollte Prof. Friedenthal den Versuch durchführen, Milch für Kinder nach der biologischen Zusammensetzung der Muttermilch herzustellen. Der einzige Erfolg einer Probelieferung solcher „Muttermilch" war, daß eine empörte Mutter schrieb, in der Milch sei eine Fliege gewesen und sie nähme sie nie wieder.

Ich muß jetzt noch eine kleine Geschichte erzählen, die unbedingt zu den Versuchen Friedenthals gehört. Eines Tages brachte der Professor aus Nikolassee in einem großen Käfig einen Hahn ins Labor. Es war ein bunter Italiener, ein wunderschönes Exemplar von riesiger Größe. Dieses Tier wurde ständig mit Strohmehl gefüttert und meine Aufgabe war es, ihn alle paar Tage zu wiegen. Das war nicht ganz einfach. Ich mußte den Hahn dazu aus dem Käfig nehmen, in einen Sack stecken und auf die Waage legen. Das gab jedesmal einen kleinen Kampf, der Hahn wehrte sich, was ich ihm nicht verdenken konnte, mit kräftigen Schnabelhieben. Um ihn etwas an mich zu gewöhnen, gab ich ihm zunächst ein paar Bissen von meinem Frühstück ab. Da er sehr freundlich darauf reagierte, ergab es sich mit der Zeit, daß der Hahn mein ganzes Frühstücksbrot bekam, was ihn übrigens nicht hinderte, weiter nach mir zu hacken, wenn ich ihn wiegen mußte. Eines Tages erklärte der Professor, der Hahn müsse geschlachtet werden, er wollte ihn untersuchen. Wir hatten eine Tabelle seines Gewichtes aufgestellt, und zur Freude Friedenthals hatte der Hahn ein wenig zugenommen. Ich erklärte mich außerstande, das Tier zu töten und flüchtete sogar weit weg, als der Professor schließlich allein ans Schlachten ging. Als ich wieder ins Labor kam, hatte er den Hahn bereits getötet. Er stand über ihn gebeugt und sezierte ihn nach allen Regeln der Kunst. Er öffnete den Magen. Und dann wurde sein Gesicht plötzlich dunkelrot und er fragte völlig konsterniert: „Was soll das heißen? Wer hat dem Hahn die Erbsen gegeben?"

„Das sind keine Erbsen, das sind Kirschkerne." Der Hahn und ich hatten zum Frühstück ein Pfund Kirschen aufgegessen.

„Kirschkerne?"

„Der Hahn hat mir so leid getan, Herr Professor. Das arme Tier ..."

Friedenthal stand noch einen Augenblick entgeistert, in den Händen das Skalpell, mit dem er den Hahn geöffnet hatte. Dann ging er wortlos aus dem Zimmer. Nun tat mir der Professor leid. Ich begriff, daß ich sein Experiment verdorben hatte. Wochenlange Arbeit war vertan. Ich starrte auf unsere Gewichtstabelle, die der Professor für einen Erfolg seiner Versuche gehalten hatte. Und nun – kein Wort des Vorwurfs, nicht einmal ein böser Blick.

Professor Friedenthal war im ersten Kriegsjahr leitender Arzt in einem Lazarett in Südosteuropa gewesen. Dort hatte schwerer Flecktyphus geherrscht. Das Lazarett war fast ausgestorben, die Patienten samt den Ärzten, den Schwestern und dem Pflegepersonal. Nur wenige, darunter Prof. Friedenthal, wurden gerettet. Aber es bleiben bekanntlich nach einer solchen Infektion Gesundheitsstörungen zurück. Das hatte mir Professor Friedenthal erklärt. Daher verstand ich, daß er zuweilen, ohne ein Wort zu sagen, das Labor verließ, wenn er erregt war.

Vom Standpunkt des Hahnes aus gesehen habe ich vielleicht recht gehabt, und ich glaube, ich würde es heute wieder so machen. Aber für Tierexperimente muß ich mich dann für ungeeignet erklären, obwohl ich sonst völliges Verständnis für Friedenthals Leidenschaft als Forscher und Wissenschaftler hatte. Ich habe in meiner freien Zeit eine Reihe von Vorlesungen Friedenthals an der Universität gehört.

„Ich desertiere“

Nach fünf Monaten der Untersuchung auf seinen Geisteszustand war Franz Jung aus Dalldorf entlassen worden. Er war wieder bei uns, noch ziemlich mitgenommen zwar, aber voller Pläne und Arbeitsmut. Er riß uns alle mit. Inzwischen war Oehrings Ausbildung in Zossen abgeschlossen. Sein Abtransport ins Feld stand bevor. Ich wollte ihn auf keinen Fall fortlassen. Gegen den Willen meiner Familie hatte ich es durchgesetzt, mich mit Oehring kriegstrauen zu lassen. Ich wollte auch vor der Welt das Recht haben, ihm zu helfen. Ich dachte an alle möglichen Methoden, ihn kriegsuntauglich zu machen. Erst Jung zeigte uns den richtigen Weg: „Sie müssen Vertrauen haben“, sagte er, „lassen Sie Oehring ruhig gehen. Wenn eine wahre Beziehung zwischen Ihnen ist, wird er zurückkommen.“

Im Juli 1915 kam Oehring an die Front nach dem Osten. Jung behielt recht, er kam zurück. Schon wenige Monate später, im Oktober, erkrankte er schwer an der Ruhr und wurde in ein Lazarett geschickt. Von dort bekam er einen kurzen Heimaturlaub nach Berlin.

„Ich gehe nicht wieder zurück. Ich kann nicht weiter mitmachen. Ich desertiere!“

Ich hatte, während Oehring im Felde war, eine eigene Wohnung für uns genommen. Ich war entschlossen, Oehring ebenso zu helfen wie damals Jung.

Da griff Jung ein. Er entwickelte folgende Theorie: wozu den Umweg machen über Fahnenflucht, Verhaftung, Irrenhaus? Damals war eine Broschüre erschienen von einem hohen Militärarzt, dem Geheimrat L. Darin wurde nachgewiesen, daß es nicht nur unter den Soldaten Simulanten gäbe, die sich krank stellten, sondern auch solche, die „gesund spielten“. Es gab Menschen, die Grund hatten, zum Militär zu wollen, zum Beispiel wegen Familienzwistigkeiten oder kleiner Unregelmäßigkeiten, um deretwillen sie sich gern im Soldatenrock versteckt hätten. Im Felde, so wies Geheimrat L. in seiner Broschüre nach, seien diese Leute später häufig eine große Belastung für die ganze Truppe. Sie seien geradezu ein Schaden für das Heer. Auf dieser Basis baute Jung seine Theorie auf. Und während Oehring in unserer neuen Wohnung lag, noch schwach und elend von der überstandenen Ruhr und den Strapazen, ging ich, ausgerüstet mit den Kenntnissen über Psychoanalyse, die wir durch Dr. Groß hatten, in die Sprechstunde zu Geheimrat L.

Die „Krankengeschichte“ von Richard Oehring hatten wir lückenlos zusammengestellt: der ehrgeizige Vater Oehring, der aus eigenen Kräften sich emporgearbeitet hatte zu einer leitenden Stellung und der seine beiden Söhne als Helden und große Männer sehen wollte, die Mutter Oehring, seit Jahren an einer schweren Nervenlähmung erkrankt, für immer an das Bett gefesselt, der Sohn Oehring, der sich bemühte, seine körperliche und nervliche Schwäche zu überwinden und den Forderungen des Vaters gerecht zu werden. Also: der Gesundheits-Simulant.

Ich saß stundenlang im Wartezimmer des Geheimrat L. und memorierte meinen Text. Als ich endlich in das Sprechzimmer kam, stellte es sich heraus, daß Geheimrat L. zur Zeit im Felde war und sein jüngerer Bruder, ebenfalls Arzt und Sachverständiger beim Gericht für Kriminal-Psychologie an seiner Stelle ordinierte. Ich sah an seinen Augen, daß er bei meiner Geschichte sofort an die Broschüre seines Bruders dachte. Er schlug mir vor, am nächsten Tag Oehring zu ihm zu bringen. „Das ist unmöglich, Herr Professor", sagte ich, „mein Mann hält sich doch für gesund und geht auf keinen Fall zu einem Arzt." Prof. L. erbot sich daraufhin, Oehring am nächsten Morgen in unserer Wohnung aufzusuchen. Und er kam wirklich.

Oehring, den ich von dem Besuch Professor L.s erst kurz vorher unterrichtet hatte, damit er mir nicht etwa weglief, begrüßte den Arzt finster und unliebenswürdig und lehnte jede Behandlung ab. Er wiederholte immer wieder: „Ich bin gesund. Ich brauche keinen Arzt, ich will keine Behandlung."

Für L. ergab sich dadurch erst recht der Eindruck eines störrischen Kranken. Ich lauschte der Unterhaltung, die nun folgte, vom Nebenzimmer aus. Sie dauerte etwa eine Stunde. Ich bangte um den Erfolg der Sache, denn die beiden Männer ergingen sich in philosophischen Gesprächen über Kunst und Religion, über Ethik und Kameradschaft, über das Opfer des Einzelnen, den das Christentum verlangt. So ging es hin und her. Ich war überzeugt, daß Prof. L. erkennen mußte, daß Oehring keineswegs ein kranker Mensch sei. Endlich war die Unterredung beendet und Prof. L. brach auf. „Ich möchte Sie noch alleine sprechen", sagte er zu mir auf dem Korridor. Da Oehring nicht zu bewegen war, uns allein zu lassen, bestellte mich Prof. L. für den Nachmittag in seine Sprechstunde. Auf der Treppe flüsterte er mir noch zu: „Frau Oehring, Ihr Mann ist viel kränker als sie denken."

Was ich nie für möglich gehalten hätte: Professor L. gab mir ein sehr ausführliches Gutachten über den Gesundheitszustand von Oehring. „Typischer Neurastheniker, sehr labil, unterernährt und in schlechtem körperlichem Zustand", stand in dem Gutachten. Dann folgte eine genaue Analyse des Gespräches über Philosophie und Religion, das er mit Oehring gehabt hatte. Das Attest war über zwei Seiten lang. So sehr dieses Schreiben uns geholfen hat und unseren Absichten entsprach, mich hat es tief erschüttert. Dieser Mann war ein Gerichtssachverständiger, auf dessen Urteil hin Menschen für krank oder gesund erklärt wurden, bestraft oder nicht bestraft wurden. Ich lernte an jeder Autorität zweifeln.

Mit diesem Gutachten fuhr ich am nächsten Morgen mit dem ersten Zug nach Zossen zu Oehrings Regiment, wo er sich wieder zum Dienst melden sollte. In der Wachstube wies ich mein Attest vor und erklärte, daß mein Mann nicht kommen könne, da er krank sei. Auf der Fahrt nach Zossen hatte ich das Attest genau und säuberlich abgeschrieben, und ich konnte das später gut gebrauchen. Nachdem ich meine Geschichte den verschiedensten Chargen erzählt hatte, erschien endlich ein Hauptmann, dem die Meldung gemacht wurde, daß der Musketier Oehring vom Urlaub nicht zurückgekommen sei. Aber hier wäre seine Frau – ich trug damals bereits kurze Haare, wie es zu dieser Zeit noch nicht üblich war. Dadurch sah ich wie eine Siebzehnjährige aus, obwohl ich bereits dreiundzwanzig war. Der Hauptmann war noch einer vom alten Schlag. Monokel, hoher Kragen, er sah aus wie aus einer Operette. Er las das Gutachten von Professor L. und als er bei der Stelle angelangt war, wo über die philosophisch-religiöse Unterhaltung berichtet wurde, nahm er vor Schreck das Monokel aus dem Auge. Ich sah ganz deutlich, was er dachte: „Um Gottes Willen, was sollen wir hier mit einem Philosophen und Betbruder".

Der Hauptmann brachte mich dann zum Regimentsarzt, der Oehrings Überführung in ein Lazarett zur Untersuchung auf seinen Geisteszustand anordnete. In unserer Wohnung erschien ein älterer Feldwebel und forderte Oehring auf mitzukommen. Oehring, in schwarzem Hut und Mantel, bleich und elend, sah eher dem fliegenden Holländer ähnlich als einem Musketier. Er weigerte sich, Uniform anzuziehen, die wir dann, in seiner Pappschachtel verpackt, mitnahmen. Ich begleitete ihn bis zum Lazarett nach Tempelhof.

„Ich bin kein Soldat mehr", sagte Oehring. Das wiederholte er bei jeder Gelegenheit. Man wußte nicht, was man mit ihm machen sollte.

Nach drei Monaten wurde er nach Zossen entlassen, arbeitsverwendungsfähig in der Heimat. „Das ist das Höchste, was ich für Sie tun kann", sagte der Arzt, ein alter erfahrener Praktiker.

Ich war aufs tiefste erbittert durch die Wendung, die die Sache genommen hatte. Ich machte Oehring schwere Vorwürfe. Er hatte versagt, er hatte alle unsere Bemühungen zunichte gemacht. „Ich habe dir erklärt, ich will mit einem Soldaten, der gezwungen ist, Menschen zu töten, nicht leben. Ich werde mich von dir trennen." So waren wir damals, radikal und unbedingt. Wir glaubten an die Kraft des Guten und wollten es durchsetzen.

Es war Dezember 1915. In den ersten Tagen des Monats, an einem Abend mit eisigem Wind und Schneeregen erschien Oehring plötzlich in unserer Wohnung, ohne Mantel und Mütze. Er war einfach aus dem Lager fortgegangen und den ganzen Weg von Zossen nach Wilmersdorf gelaufen. Seit der Frühe war er unterwegs. „Ich bin kein Soldat mehr." Er war vollkommen erschöpft und durchnäßt.

Am nächsten Morgen rief ich in Zossen an.

Am Abend erschienen zwei Kriminalbeamte, die ihn abholten und in Arrest brachten. Er kam dann wieder zu seiner Kompanie zurück. Von nun an führte er diesen Grundsatz konsequent durch: „Ich bin kein Soldat mehr", er nahm keine Löhnung mehr an und auch kein Essen. Täglich fuhr ich nach dem Dienst bei Friedenthal nach Zossen und brachte ihm Geld, Lebensmittel und Zigaretten. Zweieinhalb Stunden dauerte der Weg hin und zweieinhalb zurück. Daß ein Mann sich vor dem Dienst drücken will, das konnte man verstehen, daß aber einer keine Löhnung nimmt und kein Essen, das konnte man nur für nicht mehr normal halten.

Kurz vor Weihnachten, in der frühen Morgenstunde eines eisigen Wintertages wollte Oehring in Unterhosen das Lager verlassen. Die Wache hielt ihn auf, schlug Alarm. Man brachte ihn in das Wachlokal, setzte ihn an den Ofen, hüllte ihn in Decken ein, gab ihm heißen Tee: „Kamerad, sei doch vernünftig."

Er wurde nach Hause entlassen.

Mit derselben Konsequenz, mit der gleichen Unbedingtheit unserer Jugend erklärten Oehring und ich kurz darauf unseren Austritt aus der Kirche. Der Pfarrer unserer Kirchengemeinde, ein großer starker Mann, kam in unser Haus, um mit uns zu sprechen. Vielleicht hatte er gedacht, er würde uns überreden, unseren Schritt rückgängig zu machen.

„Wenn die Kirche den Krieg zuläßt, dann ist sie für uns nicht mehr ein Haus des Glaubens, eine Gemeinde der Gläubigen."

Der Pfarrer sprach stundenlang mit uns. „Menschen wie Sie, die sich Gedanken machen, das sind die besten Christen", sagte er. Wir blieben bei unserem Entschluß.

Mit der gleichen Konsequenz zerrissen Oehring und ich eines Tages

Briefe, Bilder und Manuskripte. Wir standen auf dem Standpunkt, man müsse jeden Tag von neuem anfangen, ohne Belastung, immer wieder von vorn beginnen. Nur weniges aus dieser Zeit konnte ich noch herüberretten.

Wir brachen mit der bürgerlichen Konvention. So lehnten wir es ab, Familienfeste mitzufeiern, Weihnachten, Jubiläen und Geburtstage.

Dafür schlossen wir uns zu einer Gemeinschaft zusammen, die den Kampf aufnahm gegen bürgerliche Konvention, Krieg und Militarismus. Wir kämpften für ein neues Lebensgefühl, für die sozialistische Idee, für eine aktivierende Kunst, für die Aufhebung des Widerspruches zwischen Ganzheit und Teil, Masse und Persönlichkeit. Wir kämpften für die Gemeinschaft, das Wahre, das Schöne ...

Als Vorarbeit für eine später zu gründende Zeitschrift, die der Verwirklichung dieser Ziele dienen sollte, brachte Franz Jung in seinem nach Walt Whitman benannten Verlag Freie Straße eine Reihe von Heften heraus.

Unter dem Titel „Was suchst du Ruhe, da du zur Unruhe geboren bist?" erschien 1915 die erste Folge dieser Vorarbeit. Der Titel war ein Wort von Thomas von Kempen.

Es ging um die Bewußtmachung des Wissens und Fühlens „in der Wucht des expansiven verantwortlichen Selbstseins." In Gemeinschaftsarbeit mit Dr. Otto Groß sollte diese Zeitschrift ein Versuch sein, durch die Mittel der Kunst der Verständigung zu dienen.

Seit seiner Entlassung vom Militär hatte Franz Jung eine vielseitige Tätigkeit entfaltet. Er stürzte sich mit aller Intensität in die Arbeit. Zunächst arbeitete er wieder als Wirtschaftsjournalist und gründete im Verlauf einiger Monate zusammen mit Dr. Otto Ehrlich den „Industrie-Kurier", eine Wirtschaftszeitung. Mit den aus dieser Tätigkeit gewonnenen Mitteln baute er den Verlag Freie Straße auf und finanzierte unsere Zeitschrift.

Die erste Nummer enthielt Beiträge von Jung, Oehring, Graf und Schrimpf. Sie wurde in 120 Exemplaren in der Druckerei von F.E. Haag in Melle (Hannover) gedruckt und frei versandt.

Im gleichen Jahre erschien noch die „Zweite Folge der Vorarbeit", herausgegeben von Georg Schrimpf unter dem Titel „An dich – Erde!".

Dieses zweite Heft wurde in 200 Exemplaren gedruckt und sollte auch verkauft werden zum Preis von einer Mark. Wir versandten die Nummern an alle Persönlichkeiten des geistigen Lebens und erbaten „Zuschriften, die eine tätige Stellungnahme zu dem Zwecke dieser Veröffentlichung enthalten.“ Neben einer Reihe von Holzschnitten Schrimpfs enthielt das Heft einen Brief von ihm an einen Kunstfreund, mit dem er sich über seine Malerei auseinandersetzte. „Warum noch über meine Bilder eine schwunghafte Dialektik, eine ästhetisch-philosophische Phrase als Schluß des Briefes?“, schrieb Schrimpf unter anderem. „Warum nicht ja, nicht nein? Wozu noch immer mit Wörtern herumwerfen: Kunst, Beziehung, Leben? Und dann hinter vier Wänden sitzen und verzweifelte Miene machen?! Warum nicht hinaustreten, anfangen und etwas zu Ende führen, um wieder zu beginnen?“

Diese „Zweite Folge der Vorarbeit“ bezweckte wie die erste und die nachfolgenden, alle nahestehenden Menschen aufzurufen zu einem großen umfassenden Bekennen. Dieses sollte nicht auf eine bestimmte Form, und auch nicht auf irgendein festgelegtes Programm hinarbeiten, es beruhte vielmehr auf der Kraft und Sicherheit des Einzelnen. Die Vorarbeit wandte sich daher nur an wenige, nach außen hin Getrennte und bisher Alleingehende. Die Geschlossenheit, das Miterleben des Einzelnen und das Bewußtsein einer Erfüllung war die erste und wichtigste Voraussetzung. Das Entscheidendste war das Herantreten und Eingehen in den Einzelnen, das gegenseitige Aufrichten, der Glaube an den Menschen und seine Intensität, der restlose Wille zu Bejahung von Mensch zu Mensch.

Das dritte Heft im Verlag Freie Straße trug den Titel „Dem Anderen in Dir“ und umfaßte Arbeiten von Jung, Oehring, Schrimpf, Graf und mir. In der vierten Folge „Um Weisheit und Leben“ kam Dr. Otto Groß mit einem größeren Artikel zu Worte. Ferner war ein Ausschnitt aus dem neuen Roman von Franz Jung, „Opferung“, darin enthalten. Weitere Beiträge stammten von Schrimpf und Max Herrmann-Neiße.

Im gleichen Jahr, 1916, erschien noch eine fünfte Folge der Vorarbeit, „Verantwortung – Zu fremdem Zwang“, herausgegeben von Richard Oehring, mit Beiträgen von Oehring, Max Herrmann-Neiße, Elsa Schiemann und mir.

Und endlich erschien 1917 das sechste Heft, „Die Technik des Glücks“, das Franz Jung herausgab und das Beiträge von Jung, Schrimpf und mir enthielt.

„Die Vorarbeit, von der die sechs Folgen dieser Heftsammlung sprachen, ist bald abgeschlossen. Der Hund hinterm Ofen hat sich nicht gerade gerührt, der Kreis der Zustimmenden ist geringer geworden, eine Mehrzahl beginnt sich gegen uns zu stellen, Feststellung!" – schrieb Franz Jung darin.

Tatsächlich erschien von unserer Zeitschrift 1918 nur noch ein einziges Heft, herausgegeben von Richard Huelsenbeck und Raoul Hausmann, das bereits in die Ära des Dadaismus gehörte.

Der Maler Georg Schrimpf

Im Sommer 1915 kam Schrimpf nach Berlin, wo er zuerst als Arbeiter in einer Schokoladenfabrik, dann in verschiedenen Büros sein Leben fristete. Damals entstanden seine ersten Ölbilder.

Schrimpf arbeitete buchstäblich Tag und Nacht, am Tage ging er einem geldverdienenden Berufe nach und des Nachts malte er. Wir richteten ihm in Friedenau sein erstes Atelier ein. In einem Altmöbelkeller wurden ein paar primitive Möbel gekauft, ich glaube, die ganze Einrichtung kostete nicht mehr als 50 Mark. Die Möbel fuhren wir auf einem Handwagen aus der inneren Stadt nach Friedenau.

Georg Schrimpf wurde am 13. Februar 1889 in München geboren. Er entstammte wie wir alle einer bürgerlichen Familie, aber der frühe Tod seines Vaters hatte zur Folge, daß er im Alter von dreizehn Jahren nach Passau zu einem Zuckerbäcker in die Lehre kam. Sein Wunsch, Maler zu werden, ging damals nicht in Erfüllung. Die große Unruhe des Werdenden (der übrigens von mütterlicher Seite auch aus einer Hugenottenfamilie stammte), der sich aus der Enge seiner Verhältnisse sehnt, trieb ihn von Ort zu Ort. Er arbeitete als Geselle in Regensburg, Düsseldorf, Antwerpen, Rotterdam und Wien.

In einer schönen Monographie, die in der kleinen Reihe der Sammlung „Kunstbücher des Volkes" im Rembrandt-Verlag, Berlin 1940 erschien, hat Matthias Pförtner den Werdegang Schrimpfs beschrieben. „Man beutete ihn aus, betrog ihn; er blieb – ein Eigenbrötler und Sehnsüchtiger – allein unter den Menschen. In Wien wurde er arbeitslos. Das Erlebnis tiefsten menschlichen Elends fraß sich auf immer in ihm fest und bestimmte seine gesellschaftliche Haltung. Mit den

Ärmsten des Volkes wärmte er sich unter den Brücken und in den Asylen. Vor Hunger fiel er auf der Straße um. Auf den Gedanken, daß man betteln könne, kam er nicht. Wenn ihn auch die Unzulänglichkeit der Gesellschaft aufsässig machte und seinen Blick für die Spannungen und Abgründe des Daseins schärfte, vermochte sie ihm doch niemals seinen reinen Glauben an das Menschliche zu verderben. Bei aller unsentimentalen Wachsamkeit blieb er stets ein gläubiger Mensch. Entscheidend für die Entwicklung des Künstlers waren die Eindrücke, die er in München in der Zeit von 1914 empfing. Wenn er auch Programme instinktiv ablehnte, ergriff ihn doch das nie gekannte Gefühl kameradschaftlicher Zusammengehörigkeit, als er gleichgeartete Genossen fand, die gegen den bestehenden Zustand rebellierten und sich nach freier Entfaltung ihrer Kräfte sehnten. Nicht aus Mitleid mit den Schwachen, nicht aus weinerlichem Gefühlsüberschwang, sondern aus dem Bewußtsein schöpferischen Willens erwuchs jene gewaltige Gärung der Jugend vor dem ersten Weltkriege, aus der sich in den folgenden Jahrzehnten die politische, geistige und künstlerische Tat bildete."

Schrimpf hat niemals eine eigentliche Kunstschule besucht. Er schulte sich, indem er Werke der großen Meister kopierte und nach der Natur zeichnete. Erst langsam überwand er die Grenze des Dilettantismus. Um Geld zu verdienen, arbeitete er als Bäcker oder Koch. In den ersten Kriegsjahren schickte er aus München Zeichnungen und Holzschnitte zu uns nach Berlin. In der „Aktion" und im „Sturm" wurden sie veröffentlicht.

Sein erstes größeres Gemälde nannte Schrimpf „Kameraden". Es stellt eine Gruppe von fünf Figuren dar, inmitten einer Landschaft von Wiesen und einem See, darüber Berge und Himmel. Die Farben des Bildes sind stark und rein. Die Figuren darauf wirken ungeheuer naiv, sie gleichen fast Pfefferkuchenmändeln. Die naive Darstellungstechnik ist darauf zurückzuführen, daß man Schrimpf in expressionistischen Künstlerkreisen gesagt hatte, er müsse ungegenständlich malen, was seiner Natur als realistischer Künstler widersprach.

Durch dieses Bild, das in jeder Wohnung in meinem bewegten Leben den Ehrenplatz einnahm, fühle ich mich für immer mit der ersten Zeit unseres gemeinsamen Werdens verbunden. Das Bild „Kameraden" ist Teil unseres damaligen Programms: die beiden Figuren auf der rechten

Seite schreiten schon in einem neuen Lebensrhythmus dahin. Die Figur in der Mitte mit über dem Kopf erhobenem Arm ist ein Rufer zu den Gestaden einer neuen Welt, während die beiden Figuren auf der linken Seite noch zögernd abseits stehen, doch schon gewillt, mitzugehen. Jeder Besucher, der zum erstenmal das Bild sieht, wird sofort von ihm gefangengenommen. Jedes erste Gespräch mit einem Fremden knüpft an dieses Bild an. In den Hitlerjahren wurde ich stets gefragt, ob dies nicht entartete Kunst sei. Heute lautet die erste Frage, ob es nicht Formalismus sei. Bei allem Für oder Wider, dieses Bild ist noch heute unendlich lebendig.

Im Jahre 1938, kurz vor seinem Tode, besuchte mich Schrimpf noch einmal und sah nach Jahrzehnten das Bild wieder. Er freute sich, daß es bei mir hing, es war wie das Wiedersehen mit einer ersten Liebe. Er ging an das Bild heran und fuhr mit der Hand über die Gesichter der Figuren, als wären sie lebendig und streichelte sie. Früher hatte er mit diesen Figuren gesprochen wie mit Freunden.

In einem kleinen Bändchen der Sammlung „Junge Kunst", die in Leipzig 1923 vom Verlag Klinkhardt und Biermann herausgegeben wurde, hat Oskar Maria Graf über seinen Freund Georg Schrimpf geschrieben.

Zum erstenmal wurden einige Werke von Schrimpf in der Ausstellung des „Sturm" gezeigt und fanden wegen ihrer Unmittelbarkeit und Ausdrucksstärke sofort Beachtung.

Die Reinheit und das Helle, die in seinen Werken zum Ausdruck kommen, waren auch in Schrimpfs Wesen zu finden. Wenn ich aus all den Irrungen und Wirrungen dieser Zeit, aus den Konflikten und Bedrückungen nicht mehr herausfand, ging ich zuweilen zu Schrimpf. „Du must fei einfach wie a Katz sein", sagte er in gutem Bayrisch. Ich konnte mir zwar nicht ganz vorstellen, wie man das machte, „wie a Katz zu sein". Aber er meinte wohl die selbstverständliche Sicherheit des Lebens, die natürliche Unbefangenheit eines solchen Wesens.

Neue Jugend und Dada

Fritz Oehring war gefallen.

Eines Tages kam Richard in höchster Erregung nach Hause. Er hatte bei seinen Eltern erfahren, daß Fritz, kaum an die Westfront gekommen, gefallen war.

Der Tod des Jüngsten unserer Freunde erschütterte uns tief. Wir hatten ihn nicht halten können. Wir gaben uns die Schuld an seinem Tode. Wir waren zu schwach gewesen, ihn vor dem Verhängnis zu bewahren. Man hatte Fritz im Felde zum Offizier gemacht und die inneren Widersprüche, in die er dadurch verwickelt wurde, machten ihn unfähig, selbst einen Schritt zu seiner Befreiung zu tun. Wir litten mit ihm unter dieser Schwäche. Wir kämpften härter als bisher um die Gewinnung innerer Wahrhaftigkeit und Stärke.

Die Auseinandersetzungen zwischen Oehring und mir nahmen fast täglich an Heftigkeit zu. Seine Depressionen und Zusammenbrüche, seine ständigen Selbstanklagen belasteten unser Leben sehr. Um ständig zu Hause sein zu können, gab ich schließlich die Arbeit bei Prof. Friedenthal auf. Wir besorgten uns eine Schreibmaschine und ich arbeitete von nun an zu Hause. Es war die Zeit, in der Franz Jung den „Industrie-Kurier“ aufbaute. Wir gaben „Die Freie Straße“ heraus. Jung war auch an der Gründung des Schutzverbandes deutscher Schriftsteller, dessen Leiter Robert Breuer war, beteiligt.

Jung hatte zwei neue Arbeiten geschrieben. Die eine war die Geschichte des Anton Wenzel Groß, die unter dem Titel „Der Fall Groß“ 1921 im Hanf-Verlag erschien. Beim Besuch von Dr. Otto Groß in der Landesheilanstalt Troppau, in der Groß damals bereits als Assistenzarzt arbeitete, lernte Jung auch den Fall des Anton Wenzel Groß kennen, der dort als Patient lebte.

Anton Groß war ein Telepath und litt an Verfolgungswahn. Ein kleiner Elektromonteur aus Bielitz-Biala, war er aus seiner Heimatstadt aufgebrochen und in der Welt umhergeirrt. Sein Krankheitsbild wurde bestimmt durch eine überaus reizbare pathologische Veranlagung, sich mit allem Geschehenen in Verbindung zu bringen. Wenn in der Stadt, in der sich Anton Groß gerade aufhielt, ein Unglück geschah oder ein Verbrechen: er war überzeugt davon, daran schuld zu sein. Stand er nicht in irgendeiner Verbindung damit? Hätte er es nicht verhindern können?

Dem Anton Groß, einem kranken vereinzelten Menschen, war die Verantwortung für die Welt zu schwer. Wenn ein Verbrechen geschehen war, dann hörte er Stimmen, die ihn verdammten. Sah die Verfolger, die sich in unendlich vielen Verkleidungen ihm nahten. Und floh in eine andere Stadt. So hetzte er von Land zu Land, durch Mähren und durch Österreich bis nach Amerika, Verfolger hinter sich. Schließlich griff er zur Notwehr. In ein Zimmer verbarrikadiert schoß er auf seine „Feinde". Er wurde überwältigt und in die Landesheilanstalt nach Troppau gebracht. Dort schrieb er. Auf kleinkarierten Kanzleibögen füllte er Seite auf Seite. Er machte alle Feinde namhaft, mit blauer Tinte in kleiner Schrift. Wort an Wort gereiht, Zeile an Zeile, dazwischen Zeichnungen von Gesichtern und Wegen. Noch heute besitze ich einen solchen Manuskriptbogen.

Die Geschichte dieses Mannes beeindruckte Jung. Schon einmal hatte er eine kurze Skizze „Telepathen" geschrieben.

Die andere Arbeit Jungs war der Roman „Der Sprung aus der Welt". Das war unsere Geschichte, die Geschichte unserer Beziehungen und Kämpfe, der Konflikte zwischen Jung und Margot, zwischen Oehring und mir.

Wir befanden uns im dritten Kriegswinter. Die Zeiten wurden immer schwerer. Wir hatten das Gefühl, ihnen nicht gewachsen zu sein. Durch räumliche Distanz versuchten wir die Reibungen untereinander abzuschwächen. Jung zog mit seiner Frau Margot, die ihr zweites Kind erwartete, nach Falkenberg bei Grünau. Oehring und ich gaben unsere Wohnung auf und mieteten uns in einer kleinen Pension ein.

Oehring war nach Wien zu Dr. Otto Groß gefahren und hatte sich dort mit seiner späteren Frau verbunden. Ich hatte mit Jung eine gemeinsame Wohnung genommen und hatte die Hoffnung auf ein Kind von ihm.

„... Unser Herz ist an anderen Stellen", schrieb Oehring in einem Brief an mich, „und deshalb muß es nun auch nach außen zu Ende geführt sein. Und bald ... Der Schmerz ist da, mit dem ich nur noch fassen kann, daß alles so geworden ist, ohne nach dem Warum zu fragen. Und ich weiß, es liegt an mir. In mir muß vieles anders werden. Ich fürchte mich oft vor dem Schweren. Vielleicht konnte ich auch deshalb nie ganz zu Dir kommen. Ich bin blind gewesen für Dich, mich und alle. Ich habe immer eine Sehnsucht gehabt und habe das Ausbleiben vieler Hoffnungen im Inneren den anderen vorgeworfen. Ich erschrecke manchmal entsetzlich bei dem Gedanken, wie furchtbar ich Dich enttäuscht haben muß. Ich glaubte, diesen Brief ohne Klagen schreiben zu können. Verzeih mir das. Ich muß den Brief abschicken."

Nach unserer Scheidung heiratete Oehring Grete Kuh, mit der er eine Tochter hatte. Ich habe ihn nicht wiedergesehen.

Georg Schrimpf hatte sich mit der Malerin Maria Uhden verheiratet und war nach München gegangen.

Die Situation hatte sich verändert. Die persönlichen Erlebnisse und Konflikte standen nicht mehr wie bisher im Mittelpunkt. Der Blick hatte sich geweitet. Der Krieg ging seinem katastrophalen Ende entgegen.

Jung und ich hatten eine Wohnung in Südende, eine Wohnung, die für viele Freunde da war. Meine Hoffnung auf ein Kind hatte sich nicht verwirklicht.

Mit neuen Menschen wollten wir wiederum eine Gruppe aufbauen und gemeinsam arbeiten: mit George Grosz, John Heartfield, seinem Bruder Wieland Herzfelde und mit Richard Huelsenbeck.

Wieland Herzfelde und sein Bruder Helmut gaben damals die Zeitschrift „Neue Jugend" heraus. Vor mir liegt eine Nummer dieser Monatsschrift aus dem Jahre 1916. Damals im Juli waren als Herausgeber noch Heinz Berger und als Schriftleiter Wieland Herzfelde genannt. Die Zeitschrift war in der frühen Zeit eng mit der damaligen Jugendbewegung verbunden. In einem Nachwort zu diesem 7. Heft veröffentlichte die Redaktion folgende Erklärung:

„Unseren früheren Standpunkt, ein literarisches Blatt der Jüngsten zu sein, verwerfen wir: es ist an der Zeit, daß alle Geistigen vereint ihrem äußersten Feinde entgegentreten! Zunächst wird Künstlerisches im Inhalt unserer Zeitschrift allerdings überwiegen: wir leben im Zeitalter der Bekanntmachungen ... Alle freiheitlich Gesinnten (Expressionisten, die Anhänger der Jugendbewegung ...) sollen in der „Neuen Jugend" zu Worte kommen. Die Grenzen unserer Publikation werden nur bestimmt durch die Tendenz, die tüchtige Zensur, den Umfang des Heftes und unser vorläufiges Unvermögen, Beiträge zu honorieren. Durch private Interessen, seien es politische oder finanzielle, lassen wir uns nicht beeinflussen. Ebensowenig durch die Stellungnahme der Öffentlichkeit, Polemik mit Redaktionen führen wir nicht.

Alle europäischen Künstler und Intellektuellen, die nicht greisenhaft, nüchtern und unterwürfig sind, bitten wir um ihre Mitarbeit und Wirksamkeit".

In den nächsten Jahren wurde Franz Jung enger Mitarbeiter der „Neuen Jugend".

Damals erschienen eine Reihe von Zeitschriften. Angesichts des drohenden Zusammenbruchs wurde nach neuen Programmen, nach neuen Inhalten und Ideen gesucht. Viele dieser Blätter gingen nach sehr kurzer Zeit wieder ein. Jung kaufte von jeder dieser Zeitschriften die erste Nummer. Er besaß bald eine stattliche Sammlung. Leider ist diese Sammlung später verlorengegangen. Meist überboten sich die Programme an Radikalität. Nach dem „Sturm" kam der „Orkan".

Die „Neue Jugend", gemeinsam von Franz Jung und John Heartfield herausgegeben, hatte das kleine Format aufgegeben und erschien im größeren Zeitungsformat, mit rotgedrucktem Titel. Sie enthielt Illustrationen und Fotos. Die zweite Nummer erschien sogar im Rot-Grün-Druck, die Buchstaben in den Überschriften teilweise verstellt (zum Entsetzen der Drucker).

Aus Zürich hatte Richard Huelsenbeck den Dadaismus nach Berlin gebracht. Er gehörte der „Mouvement Dada" an, die in der Schweiz von Tristan Tzara und Hans Arp gegründet worden war. Für uns alle galt ein Wort, das Ludwig Renn für seinen Entwicklungsweg formulierte: „Der erste Weltkrieg hatte mich gegen die Phrase von Gott, Vaterland und Heldentum, ja gegen jede Phrase so empfindlich gemacht, daß ich auf alles Gelernte und auf jede bisherige Form verzichten zu müssen glaubte. Das Erlebnis sollte selbst sprechen und in völlig phrasenloser, nüchterner Form dargestellt werden. Das war kein so schlechtes Schema zur Verurteilung der damals herrschenden bürgerlichen Welt."

Der Dadaismus sollte nach Auffassung seiner Schöpfer der Beginn eines Neuen sein: „Zurück zur Natur". Da die ganze Kultur vor dem Krieg versagt hatte, sich nicht stark genug erwiesen, ihn zu verhindern, sollte es nur den Weg zum Primitiven geben, zur Sprache des Kindes, allen verständlich. Dadaismus als internationaler Rhythmus, als Verständigungsmöglichkeit zwischen allen Völkern. Zur Einführung des Dadaismus wurden öffentliche Vortragsabende veranstaltet. Angekündigt wurden „simultanistische Gedichte, kubistische Tänze, bruitistische Musik".

Ich habe einige dieser dadaistischen Abende miterlebt. Es war die Brüskierung des Bürgers, die Aufrüttelung der Denkfaulen, die Schockierung der Bequemen. Schon nach dem ersten Abend wurden diese

Veranstaltungen auf dem Kurfürstendamm in der „Sezession" zu einer Sensation ... Der kleine Saal überfüllt mit Menschen. Auf dem Podium die Vortragenden mit Megaphon, dazu eine Musik mit Trommel und Trompete, Schreibmaschine und Nähmaschine. Der Lärm, der Aufruhr waren unbeschreiblich. Das Publikum schrie und pfiff und trampelte mit den Beinen. Vom Podium wurden durch das Megaphon aggressive Beleidigungen und revolutionäre Aufrufe in den Saal geschleudert. Zum Schluß verstand kein Mensch mehr ein Wort. Die Zuhörer griffen sich gegenseitig an. Tumult.

Sehr schnell wandte sich Jung gegen diese Art Veranstaltung. So konnte nichts erreicht werden. Hier fehlte jede konstruktive Idee, die Idee überhaupt. Jung machte den Vorschlag, eine neue Gruppe zu gründen mit dem Titel „Der Berg" (nach der äußersten Linken im Jakobiner Konvent der französischen Revolution). Diese Idee wurde nie verwirklicht.

Im Almanach „Die neue Dichtung" des Kurt Wolff-Verlages, Leipzig 1918, steht die „Rede an junge Dichter" von dem bekannten Schriftsteller, Publizisten und Kritiker Kurt Pinthus. Seine Rede wendet sich an eine imaginäre Versammlung junger Dichter und Intellektueller, die Pinthus aufforderte, sich zusammenzuschließen. Zu den jungen Dichtern, die Pinthus in seiner Rede ansprach, gehörten Heinrich Mann, Franz Werfel, Leonhard Frank, Johannes R. Becher, Franz Jung, Georg Heym, Franz Blei, Ludwig Rubiner, Carl Sternheim, Franz Pfemfert, Max Brod, Alfred Wolfenstein, Walter Hasenclever, Fritz von Unruh, René Schickele.

Besser als mit den Worten Pinthus' kann das Wollen unserer Generation, die Situation der Geistigen jener Zeit nicht ausgedrückt werden: „Fast alle kommen wir aus den großen Städten. Fast alle denken und schreiben wir gegen die Zeit, in der wir leben. Das grausige Ereignis des Krieges änderte nichts, sondern befestigte unser Wissen und den Willen: die andern zu ändern. Die vielen Bünde unserer Freundschaft fügten sich nicht durch Gleichheit des Alters, sondern der Ziele, nicht durch zufälliges Zusammenleben in einer Stadt, sondern durch das klare Gefühl gemeinsamer Leidenschaft. Und gerade weil Verschiedenheit der Jahre und der Nation uns nicht zu trennen vermochte, brennt um so klarer jetzt in uns das Bewußtsein der Gemeinschaft, unbekannte

Kameraden aus Rußland und Italien, aus Frankreich: Barbusse, Duhamel, P. J. Jouve, Peguy, Vildrac, Guilbeaux, erschienen hier unter Führung des weisen und gütigen Herzens Rolland, einer Gemeinschaft, die auch durch diese graue Uniform, Ihnen wie uns angezogen, nicht zur Einigung, sondern zu tödlicher Trennung, nicht zerrissen werden konnte. Mehr als durch alles andere aber wird Ihre Gemeinschaft bezeugt durch Ihre plötzliche und entschiedene Hinwendung zum Politischen. Sie erkannten, daß das wirklich Politische nicht die Realpolitik des Tages, nicht Lösung von Territorialproblemen oder Erfindung diplomatischer Methoden ist, sondern eine edlere, wirksamere Politik, die sich direkt an den Menschen wendet. Es ist eine Politik, die nicht durch Zustände den Menschen, sondern durch den Menschen die Zustände ändert, weil sie überzeugt ist, daß der aufgerüttelte erkennende, bessere Mensch sich selbst die besseren Zustände, besseren Staat, bessere Wirtschaft, ein lebenswerteres Leben schafft ..."

Eines Tages saßen wir, Jung, ich und einige Freunde, in einem Café am Potsdamer Platz. Die Diskussion drehte sich wie immer um literarische Fragen. Es wurde heftig gestritten. Plötzlich stürzte Raphael Seligmann, ein Schriftsteller und Publizist der „Sozialistischen Monatshefte", ein guter Bekannter von Jung herein. Sein Gesicht war bleich, seine Augen hinter der immer zerbrochenen Brille weit aufgerissen: „In Rußland ist Revolution!" Jung machte einen Stuhl neben sich von Zeitungen frei und zog Seligmann an seine Seite: „Erzählen Sie. Alles was Sie wissen ..."

Es war nicht viel, was Seligmann sagen konnte. Aber die Tatsache allein genügte. Jemand wollte die alte Diskussion wieder aufnehmen. Franz Jung winkte ungeduldig mit der Hand ab.

Der andere beharrte auf seinem Vorhaben.

„Scheren Sie sich weg vom Tisch", schrie Jung aufgeregt. „Die russische Revolution ist ausgebrochen. Und Sie reden von Literatur. Jetzt haben wir anderes zu tun!"

Der Krieg ging seinem Ende zu. In Berlin herrschten Hunger und Kohlenmangel. Der „Kohlrübenwinter" brach an, in dem alles aus Kohlrüben hergestellt wurde: der Kaffee und die dazugehörige „Torte", die Gemüsebouletten und die Marmelade ...

Bis zu diesem Zeitpunkt befanden wir uns nur in Opposition zu der herrschenden Gesellschaft, zu Krieg und Militarismus. Wir waren zu jung, um für die Welt verantwortlich gemacht werden zu können. Wir klagten die ältere Generation an. Als meine Mutter mir einmal Vorwürfe machte, daß ich Jung und Oehring in ihrer antimilitaristischen Haltung unterstützt hätte, und wir dadurch mitschuldig wären an den mangelnden Kriegserfolgen, wie es später in der Dolchstoß-Legende behauptet wurde, gab ich ihr zur Antwort: „Wenn du und alle Mütter und Frauen der ganzen Welt sich gegen den Krieg stellen und alle Männer, Geliebten und Söhne schützen würden, brauchtest du um deinen Sohn jetzt nicht zu bangen."

Von nun an fühlten wir uns mitverantwortlich für alles, was in der Welt geschah.

Die Wohnung in Südende, in der Jung und ich lebten, hatte vier große Räume. Aus Kohlenmangel konnten wir jedoch nur das kleinste Zimmer benutzen, Zigaretten gab es auch nicht mehr. Täglich brachte Jung neue Bücher mit nach Hause. Abend für Abend hockten wir wie zwei alte Fischer in der Ofenecke, einen steifen Grog vor uns, die Tonpfeife im Munde und lasen volkswirtschaftliche und sozialpolitische Bücher. Damals kam eine broschierte Reihe heraus mit Monographien über die Utopisten: Fourier, Saint-Simon, Considerant, Owen.

Einer dieser Abende hat sich mir tief eingeprägt. Wir saßen nicht wie sonst jeder schweigend über sein Buch gebeugt, sondern Franz setzte mir auseinander, daß es möglich wäre, die Wüste Sahara zu bewässern und fruchtbar zu machen, den Golfstrom umzulenken und das Klima zu verändern, ohne Krieg und Raub Land und Brot für Millionen Menschen zu gewinnen, wenn – ja, wenn die Menschen nicht miteinander Krieg führten, sondern Freundschaft hielten. Die Mittel, die täglich der Zerstörung im Kriege dienten, könnte man dazu verwenden, die Menschheit glücklicher zu machen.

Als Jung eines Tages einen Mann namens Titus Tautz in unsere Wohnung brachte und mir sagte, daß er einige Zeit bei uns wohnen würde, begann wiederum ein neuer Abschnitt in unserem Leben.

Fürst Lichnowsky hatte eine Broschüre geschrieben, „Deutschlands Schuld am Kriege". Diese Denkschrift in Deutschland und im Ausland zu verbreiten, erschien uns als wichtige politische Aufgabe, die beitragen konnte, aufzuklären, aufzurütteln und die Menschen zum Frieden aufzurufen. Titus Tautz, der einige Wochen bei uns wohnte, hat sich um die Verbreitung dieser Schrift verdient gemacht. Er brachte sie nach der Schweiz und später auch nach Holland, wo er beim Übertritt auf deutschen Boden verhaftet wurde.

Kurz nachdem Titus Tautz unsere Wohnung verlassen hatte, brachte Jung einen anderen, mir damals unbekannten Freund zu uns, der auch bei uns wohnen sollte. Es war Paul Guttfeld, genannt Pegu. Genauso wie Tautz agitierte er lebhaft für diese Denkschrift. Aber für ihn war die Situation wesentlich gefährlicher, denn er war Soldat und hatte die Broschüre unter seinen Kameraden verbreitet. Als er zu uns kam, war er gerade desertiert. Es galt, ihn einige Zeit zu verbergen, bevor er in eine andere Stadt zu guten Freunden reisen konnte. Diesmal verstand ich schon etwas mehr von illegaler Arbeit. Als Pegu nach Hamburg fuhr, brachten ihn Jung und ich zum Lehrter Bahnhof. Die Bahnhöfe wurden in dieser Zeit streng überwacht. Kriminalbeamte in Zivil patroullierten auf allen Bahnsteigen und in der Bahnhofshalle hin und her. Wir führten eine regelrechte Komödie auf, um sie zu übertölpeln.

Pegu und ich gingen untergefaßt über den Bahnsteig und spielten ein Liebespaar, das sich nicht trennen konnte. Dann bestiegen wir den Zug und blieben im Abteil bis kurz vor Abfahrt des Zuges beisammen. So wurde nicht klar, wer eigentlich der Abreisende war, er oder ich. Nun erschien Jung mit einem großen Blumenstrauß, um sich zu verabschieden. Pegu kam unangefochten bis Hamburg.

Jung war den ganzen Tag unterwegs. Er arbeitete beim „Industrie-Kurier" und im Malik-Verlag. Er traf sich mit vielen Menschen, und hatte Tausende Interessen. So war eines der Probleme, die ihn beschäftigten, der genossenschaftliche Siedlungsbau, der ihm durch den Vater von Titus Tautz, den ehemaligen Buchdrucker Robert Tautz, nahegebracht worden war. In seinem Buch „Arbeitsfriede" hat Franz Jung das Problem künstlerisch verarbeitet. Der alte Tautz stammte aus dem Friedrichshagener Kreis und war ein langjähriger Freund der Brüder Heinrich und Julius Hart, der Kampffmeyers und der Bertels, von Arno Holz, Wilhelm Bölsche und Bruno Wille. Tautz war der Nachbar von Jung in der Genossenschaftssiedlung Falkenberg bei Grünau. Der damals

19jährige Titus lernte den Journalismus im „Industrie-Kurier“ kennen.

Franz Jung arbeitete noch immer eng mit Franz Pfemfert zusammen, dessen „Aktion“ sich mehr und mehr der politischen Aufklärung und dem Kampf gegen Krieg und Imperialismus öffnete.

Ich lernte in dieser Zeit das Alleinsein. Ich lernte, mich auf mich selbst zu stellen. Ich las ganze Tage und Nächte: Balzac, Anatole France, Stendhal, Swift und Defoe, „Die Bauern“ von Reymont, Gogol und Tschechow, Flaubert, Goncourt, Fontane und Goethe.

Titus Tautz und Pegu waren nach einigen Monaten wegen ihrer politischen Tätigkeit verhaftet worden. Sie saßen lange in Untersuchungshaft. Ein groß angelegter politischer Prozeß erwartete sie.

Eines Tages erhielt ich eine gerichtliche Vorladung. Ich sollte über Tautz und seinen Aufenthalt in meiner Wohnung aussagen. Beim Verhör versuchte man, meine politische Mittäterschaft zu eruieren. Ich konnte nicht leugnen, daß Tautz bei mir gewohnt hatte, aber als der Untersuchungsrichter immer wieder meine Beziehungen zu Tautz auf ein politisches Gleis schieben wollte, sagte ich schließlich: „Nun, meinetwegen, nehmen Sie an, Tautz hat bei mir gewohnt, weil ich ein Verhältnis mit ihm hatte.“ Dagegen war nicht viel zu sagen.

Der alte Tautz und Jung mußten versuchen, Titus aus der Haft, die er gesundheitlich nicht vertrug, zu befreien. Seine Lunge war schwach, sein Leben in Gefahr. Es galt, ärztliche Atteste beizubringen, einen Anwalt zu interessieren. Es war Rechtsanwalt Cohn, der diesen Kampf aufnahm. Nach neun oder zehn Monaten wurde Titus endlich entlassen.

Pegu erzählte später einmal, wie er aus dem Gefängnis befreit wurde. Es war am ersten Tage der Revolution. Plötzlich wurde seine Zellentür aufgerissen, und ein paar Männer fragten ihn nach dem Grund seiner Verhaftung. Als er sich als Politischer zu erkennen gab, wurde er sofort herausgeholt. Man umarmte ihn und schlug ihm auf die Schulter: „Genosse! Jetzt werden wir die Sache in die Hand nehmen.“

An Einzelheiten erinnere ich mich nicht mehr. So kann ich nicht sagen, ob die höheren Untersuchungsrichter weggelaufen oder inhaftiert waren. Jedenfalls wurde Pegu beauftragt, in einem kleinen Saal des Gerichtsgebäudes Richter zu spielen. Ohne alle Kenntnis der Gesetzgebung sah er sich plötzlich vor die Notwendigkeit gestellt, in irgendwelchen Zivilprozessen Recht zu sprechen. Nach zehn Monaten Haft befand er sich körperlich in sehr kümmerlichem Zustand. Natürlich war er auch seelisch durch die Abgeschlossenheit von der Außenwelt zermürbt und deprimiert. Er hatte wohl gegen die Übernahme einer solchen Funktion protestiert, aber es hatte ihm nichts genützt. Nun standen Menschen vor ihm, die Streit miteinander hatten: ein Bauer, der sein Recht auf eine Kuh verfocht, und zwei alte Weiber, die sich gegenseitig schwer beschimpften. Pegu benutzte eine Mittagspause, um sein Amt niederzulegen und nach Hause zu gehen ...

Friedenau 1918

Seit dem Beginn des Jahres 1917 hatte Franz Pfemfert in der „Aktion" eine Rubrik eingeführt, die er überschrieb: „Ich schneide die Zeit aus." Hier sammelte er Ausschnitte aus den verschiedensten Zeitschriften und glossierte sie durch einen politischen Kommentar. In der Nummer 33/34 der „Aktion" vom 24. August 1918 charakterisierte Pfemfert die Haltung der Tagespresse durch Gegenüberstellungen von Beiträgen aus ihren eigenen Spalten. Er zeigte die Verlogenheit der bürgerlichen Presse. So schrieben das „Berliner Tageblatt" und andere Blätter am 1. August 1918 gefühlvolle Artikel über die ungeheuren Verluste an Menschenleben in den vergangenen vier Kriegsjahren. „Zusammengerechnet fünfundzwanzig Millionen Menschen" gab das W.T. B. bekannt. Das „Berliner Tageblatt" brachte am gleichen Tage ein Inserat, das dem Publikum das feldgraue Spiel „Hiss" im Walhalla-Theater am Weinbergsweg zum Besuch empfahl.

Die Zeit war reif ...

Nach dem ersten Jahrestag der russischen Revolution begann ein neuer Abschnitt in der deutschen Geschichte.

Ich war am Vormittag dieses Tages ins Zentrum der Stadt gefahren. Jung und ich wohnten zu dieser Zeit in Friedenau. Wir hatten die Wohnung in Südende aufgegeben und in der Kaiser-Allee ein Atelier gemietet. Damals gelang es uns nie, eine Wohnung länger als ein Jahr zu halten. Da ich mit Jung vereinbart hatte, um Mittag wieder zu Hause zu sein und seinen Anruf dort erwartete, fuhr ich mit der Elektrischen vom Rosenthaler Platz nach Friedenau. An der Ecke Brunnen – Invalidenstraße geriet die Bahn plötzlich ins Stocken. Vom Oranienburger Tor her erscholl ein dumpfes Brausen, als die Bahn in die Chausseestraße einbog. Alles stürzte an die Fenster, um nach der Ursache auszuschauen: die Bahnen standen in langer Reihe. Eine gewaltige Menschenmenge kam auf uns zu. Es ertönten Rufe, die man noch nicht verstehen konnte. An einigen Stellen waren wilde Handgemenge im Gange. Dann sah ich plötzlich, wie Arbeiter auf einige Offiziere zugingen und ihnen die Achselstücke von den Schultern rissen. Der Aufruhr wuchs mit jeder Minute. Fahnen und Losungen und wilde Schreie. Noch herrschte größte Verwirrung. Niemand wußte so recht, um was es ging. Wir mußten die Bahn verlassen und zu Fuß weitergehen. Wie ich nach Hause gekommen bin, weiß ich heute nicht mehr.

An diesem 9. November, dem ersten Revolutionstage, kam Franz Jung nicht nach Hause. Draußen in Friedenau spürte man noch nichts von der Unruhe, die in der Stadt herrschte. Alles ging seinen gewöhnlichen Gang. Nur ich selbst konnte mich nicht zur Ruhe zwingen. Ich ging im Atelier auf und ab, sah vom Balkon auf den Hof hinunter, vom Fenster auf die Straße. Wagte nicht, die Wohnung zu verlassen, um Jung nicht zu verpassen. Ich scheute mich, jemand anzurufen, weil ich fürchtete, daß Franz telefonieren könnte und dann keinen Anschluß bekam, weil der Apparat besetzt war.

Am nächsten Morgen erschien Jung, bleich und übernächtigt, zusammen mit unserem Freund Georg Fuchs. Sie hatten Wolffs Telegraphenbüro besetzt gehalten und ein Arbeitsprogramm ausgearbeitet, das der Nachrichtenübermittlung dienen sollte – bis der sozialdemokratische Genosse Kuttner erschien, ihnen für ihre Initiative und ihre kämpferische Haltung dankte und das Büro übernahm. Mit einem anderen Arbeitsprogramm.

Jung und Fuchs hatten beide Ausweise des Revolutionären Arbeiter- und Soldatenrates.

Am gleichen Abend hatte die „Aktion“ zu einer Versammlung ihrer Mitarbeiter eingeladen. Der kleine Saal im Salon Cassirer konnte die Menschen kaum fassen. Pfemfert hielt eine Rede und rief zum gemeinsamen Handeln auf. Obwohl die Wortmeldungen kein Ende nehmen wollten, die Diskussionsreden immer heftiger wurden, kam ein einheitliches Programm nicht zustande. Schließlich hielt es Jung nicht mehr aus, er rief durch den Saal: „Es lebe die russische Revolution! Es lebe die Diktatur des Proletariats!“

Der Lärm, der darauf folgte, war unbeschreiblich. Ein revolutionäres Aktionsprogramm wurde an diesem Abend nicht gefunden.

Als wir zu später Nachtstunde auf die Potsdamer Straße kamen, begegneten uns eine Reihe von Lastautos mit Fahnen, Transparenten, vollbeladen mit Arbeitern, die revolutionäre Parolen in die Nacht schrien. Sie fuhren an uns vorbei und winkten. Wir sahen ihnen nach: War das der Sturm, der losbrach? Die Flut, die alles Alte, Morsche und Brüchige hinwegriß?

Jung telegraphierte nach München. Georg Schrimpf und Oskar Maria Graf sollten sofort nach Berlin kommen, die Freunde, die mit Erich Mühsam in der Gruppe „Tat“ ehemals ein Kampfprogramm aufgestellt hatten.

Eine Gruppe von Männern, die über das Weiter beraten sollte, traf sich in unserem Atelier. Schrimpf und Graf waren aus München gekommen. Aber eine wirksame Kampffront ließ sich auch diesmal nicht bilden. „Wir müssen die Verbindung zu den Arbeitern, zur Partei aufnehmen.“

Graf benutzte seinen Berliner Aufenthalt, um mit einigen Verlagen in Verbindung zu kommen. Er wollte ein Buch herausbringen. Er und Schrimpf fuhren bald wieder ab. Es war nichts geschehen. Man mußte anders und von neuem beginnen.

Etwa um die gleiche Zeit hatte sich ein „Rat geistiger Arbeiter“ gebildet.

Sein „Programm der Gegenwart“, das nach mehrjähriger richtungsgebender Vorarbeit vom „Bunde der Aktivisten“ in den ersten Novembertagen 1918 zu Berlin aufgestellt wurde, hatte die Mobilisierung der Jugend und des Geistes zum Zwecke einer durchgeistigten Politik zum Inhalt. Es sollte nur bis zum Zusammentritt eines gesamtdeutschen Aktivistentages Geltung besitzen.

Der „Politische Rat geistiger Arbeiter“ suchte alle zu sammeln, die seine Ziele bejahten und seine Arbeit unterstützten. Festgelegt war: Verhinderung des Krieges und des Militarismus, planmäßige Umwandlung der Gesinnung, insbesondere durch gründliche Änderung des Geschichtsunterrichtes, Förderung des Ausleseprozesses durch gerechte Verteilung der äußeren Lebensgüter: Verkürzung der Arbeitszeit,

Wohnungs- und Siedlungspolitik, Arbeitslosenversicherung, Vergesellschaftung von Grund und Boden, Konfiskation der Vermögen von einer bestimmten Höhe an. Umwandlung kapitalistischer Unternehmungen in Arbeiterproduktionsgemeinschaften, Vermenschlichung des Strafvollzuges, radikale Reformierung der Erziehung: Einheitsschule, neben den Universitäten Einrichtung von Volkshochschulen, Säuberung der Presse und Pressefreiheit, Trennung von Kirche und Staat, Sicherung und Ausbau der gesamtdeutschen sozialen Republik unter Auflösung der bundesstaatlichen Sonderformationen.

Zu diesem Programm hat Heinrich Mann unter der Überschrift „Sinn und Idee der Revolution" in München eine Ansprache im „Politischen Rat geistiger Arbeiter" gehalten. Ihr Text ist ebenso wie der Wortlaut des Programmes und einer Ansprache von Armin T. Wegner in Berlin unter dem Titel „Die Mobilisierung der Menschheit" in der Zeitschrift „Der Osten" abgedruckt.

Die neue geistige Bewegung brachte wieder eine Reihe neuer Zeitschriften hervor, die zum ersten Mal ausgeprägt politischen, ja kommunistischen Charakter trugen. So erschien in Halle die Zeitschrift „Der Gegner", Blätter zur Kritik der Zeit, herausgegeben von Karl Otten und Julian Gumperz. In Berlin gab Walther Rilla die kulturpolitische Halbmonatsschrift „Die Erde" heraus, in Wien Otto Kraus die kommunistische Monatsschrift „Sowjet". Als Tageszeitung erschien in Berlin die „Räte Zeitung", herausgegeben von Dr. Alfons Goldschmidt.

In der „Aktion" veröffentlichte Franz Pfemfert einen Brief Lenins an die Arbeiter Europas und Amerikas. Pfemfert selbst wurde in den ersten Märztagen 1919 verhaftet, weil in seiner Wohnung „bolschewistische Propagandaschriften" gefunden worden sein sollten. Oft dreimal täglich wurde Pfemferts Wohnung in der Nassauischen Straße in Wilmersdorf durch stürmende Noske-Soldaten „erobert", um belastendes Material zu beschlagnahmen.

Vom Industrie-Kurier zur Sozialistischen Wirtschafts-Korrespondenz

In dieser Zeit löste sich Jung vom „Industrie-Kurier", der die bürgerliche Presse mit Wirtschaftsinformationen versorgte. Um den Massen überzeugende Argumente als Waffe in die Hand zu geben, schuf Jung zusammen mit Georg Fuchs die „Sozialistische Wirtschafts-Korrespondenz", die allwöchentlich erschien. Ihre Aufgabe war es, wirtschaftliche Zusammenhänge aufzuzeigen. Das Büro dieser Sozialistischen Wirtschafts-Korrespondenz befand sich in der Krausenstraße. Bei den Kämpfen gegen die bürgerlichen Presseinstitutionen spielte dieses kleine Büro eine gewisse Rolle. Nach der Besetzung des Mosse-Hauses durch Arbeiter und fortschrittliche Kräfte während der Novemberrevolution war hier eine Art Verbindungsstab untergebracht. Zwischen der Krausenstraße und dem Mosse-Haus bestand ein ständiger Kurierdienst. Es war auch geplant, hier eine Lebensmittelsammelstelle für die inzwischen bei den Kämpfen im Zeitungsviertel eingeschlossene Besatzung des Mosse-Hauses zu schaffen. Als Kommandant des Mosse-Hauses fungierte damals Fritz Drach. Noch heute befindet sich in meinem Archiv ein von seiner Hand geschriebener Ausweis, der Jung und Fuchs ermächtigte, das Mosse-Haus zu jeder Zeit zu betreten.

Im Verlauf der Kämpfe um das Mosse-Haus wurde auch das kleine Büro in der Krausenstraße „erstürmt". Jung wurde verhaftet und nach dem Marstall eskortiert, wo die Gefangenen vernommen wurden. Auf dem Wege zum Marstall traf die kleine Strafexpedition auf einen größeren Trupp von Gefangenen, die alle zur Vernehmung geführt wurden. Jung wurde in diesen Trupp eingeschleust.

Das war am 16. Januar 1919, einen Tag, nachdem Liebknecht und Rosa Luxemburg ermordet worden waren. Da die Erregung und Empörung der Arbeiter drohende Ausmaße annahm, hatten die Noske-Leute Befehl erhalten, weitere Verhaftungen einzustellen. Und so schrie dann auch der Offizier, dem die Gefangenen im Marstall vorgeführt wurden: „Hört doch auf mit den Verhaftungen! Was sollen wir denn mit den Gefangenen?" Die meisten ließ man wieder laufen. Da im Fall Jung die Begleitmannschaft schon nicht mehr wußte, um was es sich eigentlich bei seiner Verhaftung gehandelt hatte und der Noske-Soldat nichts weiter vorweisen konnte als einen Schinken, der in der Krausenstraße gefunden und mitgenommen worden war, sah das Ganze aus, als handele es sich um Schwarzverkauf oder so etwas ähnliches. Jung wurde jedenfalls freigelassen. Er fuhr noch am gleichen Abend aus Berlin fort, um nicht doch vielleicht später noch in unserer Wohnung verhaftet zu werden. Wie aus einer alten, noch vorhandenen Reiseerlaubnis aus Breslau ersichtlich ist, kam er aber am 20. Januar schon wieder nach Berlin zurück.

Verbindungen zu neuen Menschen, zu neuen Unternehmungen und Aktionen kennzeichneten die nächsten Monate. Damals entstand die Korrespondenz „Berlin-Expreß“. Mitarbeiter waren August Döppner, Herausgeber der „Weltstimme“, Bernhard Reichenbach, Simon Guttmann, Franz Jung und Dr. Alexander Schwab. Über einige Auslandskorrespondenten in Berlin sollte der „Berlin-Expreß“ Nachrichten aus dem Ausland und ins Ausland vermitteln. Sein Büro befand sich in der Nürnberger Straße.

Einer der Auslands-Korrespondenten, der für die „United Press Agency“ arbeitete, war John Graudenz.

Als Auslandskorrespondent ging er 1921 in die Sowjetunion, wo wir uns begegnet sind. Während der Hitlerzeit bemühte er sich, das Ausland über die Verbrechen der Nazis aufzuklären. 1945 unterhielt ich mich einmal mit seiner Frau und seiner Tochter. Sie erzählten mir, daß er 1943 von den Faschisten hingerichtet wurde.

Über Jahrzehnte blieb eine freundschaftliche Verbindung mit einigen Mitarbeitern des „Berlin-Expreß“ bestehen.

Ich arbeitete in jener Zeit bei allen Unternehmen als Sekretärin mit. Eine treue Schreibhilfe hatten wir auch in der damals noch sehr jungen Marianne Gundermann.

Die „Sozialistische Wirtschafts-Korrespondenz“, die wegen ihrer sachlichen Berichterstattung und propagandistischen Wirksamkeit hervorstach, verhalf Jung und Fuchs zur Bekanntschaft mit dem sowjetischen Genossen J., aus Gründen der Tarnung und Wahrung seiner Anonymität kurz „Der Dicke“ genannt. Er forderte Jung und Fuchs zur Mitarbeit auf. Eine neue Korrespondenz wurde gegründet: „Der Ost-Europa-Dienst“. Der „Ost-Europa-Dienst“ hatte die Aufgabe, Nachrichten aus der Sowjetunion zu verbreiten.

Wenn ich mich recht erinnere, war Fuchs zu dieser Zeit Redakteur der „Roten Fahne“. Er lebte damals in Neukölln, und Jung und er hatten Beziehungen zu dem Parteibezirk dieser damals sehr radikalen Arbeitergegend aufgenommen.

Schon wehte ein hoher Wind durch die Straßen der Stadt, und weiter draußen hoben sich die kleinen Hügel und Abhänge mit sammetweicher brauner Farbe aus dem weißen Schnee, der bereits in schmutzig-grauen

Wässerchen versickerte. Die Erde begann, wo sie aufgetaut war, in den Schollen aufzuspringen wie eine Knospe, und unzählige kleine Wasserlachen spiegelten des Himmels Blau wider.

Aber mit dem aufkommenden Frühling wurde das Leben wieder schwerer zu ertragen. Den alten Winter hatte man noch so dahingeschleppt. War es ein Wunder, daß nun endlich eine Hoffnung aufbrechen wollte, alles sollte besser werden. Vier Jahre Krieg und Zusammenbruch, Monate voller Verzweiflung und Hunger. Und aus der bloßen Sorge um das äußere Leben und die Überwindung der Not wuchs nun die Sehnsucht der Menschen nach Glück und Freiheit wieder stärker. Der Druck, der immer noch schwer lastete, mußte abgeschüttelt werden, das Leid verschwinden, das wie Gift einfraß in die Herzen. Ach, endlich aufstehen können und befreit atmen –

Irgendwo war immer Unruhe im Lande, brach auf, flackerte eine Weile, jedes Mal getragen von dem Hoffen, daß es endlich gelingen würde, in einer reinigenden Flamme alles Schlechte zu verbrennen. Monat für Monat ging es so. Aber diesmal war der Streik nicht so, wie viele andere vor ihm gewesen waren. Überall war ein Kampf ausgebrochen um die Freiheit der Arbeit und Menschlichkeit. Jeder von den Arbeitern hatte die Hand erhoben, als für den Streik abgestimmt worden war. Und dann ruhte die Arbeit. Die Werktätigen zogen die Straße entlang, sie hielten sich nicht auf. Nicht einer blieb nur einen Schritt zurück. „Ja", sagte einer stolz, „jetzt fangen wir an!" Und alle lachten mit, waren tüchtige Kerle und hielten zusammen. Je weiter sie marschierten, umso mehr wurden sie. Jeder trug etwas mit sich, das plötzlich aufgewacht und lebendig geworden war, eine Hoffnung, die sich jetzt hier in der Gemeinschaft erst heraustraut: sollte es doch mal gelingen, etwas zustande zu bringen, und ein anderes Leben ringsum anzufangen, etwas, das alles ins Rollen bringt und von Grund auf die Zustände verändert? Das hatte sie jetzt alle so fest gepackt, so stark, daß es sie nicht mehr losließ.

Unruhe breitete sich aus. Es wurde ernst. Es hatte sich ein Stab gebildet, der den Kampf organisierte. Nur die Waffen fehlten. Kaum ein paar Dutzend Gewehre konnte man zusammenbringen, – bis die anderen eingreifen, dachten die Arbeiter, so lange müssen wir uns halten. Denn, daß alle sie unterstützen würden, die Arbeiter im ganzen Lande, daran bestand kein Zweifel, das ist die Solidarität der Werktätigen. Diese Gewißheit war in ihren Liedern, die sie sangen und in allen ihren Worten, die sie zueinander sprachen. Genossen – so kämpften sie tagelang, abgeschnitten und ohne Nachricht und Verbindung, gestützt auf ihren Glauben.

In vielen anderen Städten löste ihr Kampf eine riesige Welle von einer Streikbewegung aus, die durch ganz Deutschland flutete.

Das war der zehnte Tag des Generalstreiks in Berlin.

Nach und nach hatte sich der Streik ausgebreitet und immer mehr Bezirke des Lebens erfaßt. Die Stadt lag dunkel, keine Bahn fuhr mehr. Und dennoch war die Nacht von tiefer Unruhe erfüllt. Nicht, daß ein Lärm gewesen wäre, es war wie manchmal in weißen Nebelnächten in einer Stadt am Wasser: nichts rührt sich zwar, doch wächst ein unheimliches Leben, bläht sich gespensterhaft, etwas, das man nicht sehen kann, steigt lautlos auf ins Unermeßliche und breitet sich aus, kriecht träge dahin und füllt alles mit einer lastenden Schwere. So war diese Nacht.

Den ganzen Tag hatte ich gewartet. Fast war ich froh, daß es nun zu dunkel war, um weiter zu arbeiten, nur um die Unruhe nicht zu stark fühlen zu müssen. Nun öffnete ich das Fenster und beugte mich weit hinaus. In dem schmalen Spalt zwischen den Häusern konnte man aus der Höhe ein Stück von der großen Hauptstraße durch die nassen kahlen Äste der Bäume sehen.

Während des Streiks war Franz nicht nach Hause gekommen. Er gehörte zur Streikleitung der Partei in seinem Bezirk. Die Männer saßen in den kleinen Hinterzimmern versteckter Lokale zusammen. Im Schankraum an der Theke standen ein paar Mann als Bewachung. Kuriere auf Rädern fuhren zwischen den Verbindungsstellen hin und her. Einmal hatte Franz einen jungen Burschen mit einem Rad zu mir geschickt, um etwas abzuholen. Aus seinem überwachen schmutzigen Gesicht strahlten die Augen voller Zuversicht.

„Grüß Franz, Genosse“, sagte ich zu ihm und steckte ihm schnell noch die letzten Zigaretten zu. Am liebsten wäre ich mitgegangen.

Als er wieder fort war, wanderte ich in den dunklen Zimmern auf und ab. Alles war still. Nur irgendwo im Haus weinte ein Kind lange schmerzliche Klagetöne, als läge es allein in seinem Bettchen und fürchtete sich.

Durch die Fenster sah ich in einer gegenüberliegenden Wohnung jemand mit einem Licht durch die Räume gehen. Dann schwenkte die kleine Flamme den gleichen Weg wieder zurück.

Die Tage waren in ungeheurer Spannung aufeinander gefolgt.

Plötzlich tauchte ein weißer Streifen am Horizont auf, schleifte über den ganzen Himmel und verschwand am anderen Ende. Stieg wieder herauf, wurde lang und dünn und tastete wie ein Finger umher, zog sich noch einmal zurück und dann wurde er ruckartig blendend hell. Das Manöver wiederholte sich ein paarmal, und während mir einfiel, daß es ein Scheinwerfer war und ich darüber nachdachte, welche Bedeutung dies haben könnte, hörte das Ohr weit hinten ein Geräusch, das so klang wie damals in den Tagen der Novemberrevolution und dann später im Januar bei den Straßenkämpfen in der Stadt: das war Kanonendonner.

Ich starrte ins Dunkel, als könnte ich erkennen, woher die Schüsse kamen. Das war Kampf. Irgendwo drinnen in den Straßen wurde gekämpft. Ich horchte mit allen Nerven und zitterte um Franz. Wie eine Befreiung erschien es mir, daß die Schüsse näherkamen, denn ich wußte, daß Franz und die Genossen in einer anderen Gegend waren. Irgendwo mußte nun eine Granate eingeschlagen haben, das ganze Haus erschütterte. Schwere Lastwagen rasten durch die Straße, verworrenes Geschrei drang herauf, Schritte fliehender Menschen. Manchmal klagte noch das Wimmern des verlassenen Kindes. Ich saß, wie die Auswanderer sitzen und die Gefangenen, die nichts haben außer sich selber: die Arme auf den Knien und den Kopf in die Hände gestützt. Ich fühlte tief und wirr, ich mußte das aushalten, solange die Frauen noch nichts tun um einzugreifen, um mitzukämpfen. Meine Gedanken umschwebten den Mann, als könnten sie ihn und die Genossen schützen.

Es war noch im ersten Morgendämmern, als jemand an der Klingel riß, Schläge hämmerten gegen die Tür. Ich sprang aus dem Bett, so wie ich war und öffnete. Draußen standen dreie, junge Burschen, halb in Uniform und halb in Zivil gekleidet, so wie sie eben losgeschickt worden waren, um das Handwerk von Arbeiterverrätern auszuüben. Einer von ihnen hatte einen Revolver.

„Haussuchung!"

Ich trat einen Schritt beiseite und ließ sie eintreten. Die drei waren verblüfft, wie eine Frau so vor ihnen stand: im Nachthemd, die Arme waren nackt und die weiße Haut der Brust schimmerte matt. Die

Burschen fühlten die Verachtung einer Frau, die es nicht für nötig hielt, vor ihnen Scham zu zeigen, als wären sie keine Männer, als wären sie nicht in der Überzahl und in der Lage, ihr etwas anzutun.

Unsicher wechselten sie mürrisch und mit halblauter Stimme einige Worte, während sie die Schränke durchwühlten, überall herumsuchten. Es war ihnen nicht wohl dabei. Ich saß still auf einem Stuhl und folgte jeder ihrer Bewegungen. Endlich hatten sie ein paar Zettel gefunen und einige alte Zeitungen und waren froh, wenigstens etwas mitnehmen zu können. Schon waren sie dann fast zur Türe hinaus, als der Wortführer noch einen Trumpf auszuspielen gedachte: „Und wo ist ihr Mann?"

Ich sah in sein dickliches Gesicht mit den blonden Haaren, die unter einem Stahlhelm hervorquollen und schwieg.

Er fuchtelte wütend mit den Armen: „Sie glauben wohl, wir wissen nicht, wo er ist?" Er versuchte, einen Schritt näher zu treten, bedrohlich den Revolver schwenkend. Da ging ich zur Tür und riß sie ohne ein Wort zu sagen auf. Die drei verließen schnell die Wohnung, stolpernd und sich an der Tür gegenseitig stoßend.

Als sie weg waren, zog ich mich an und packte einen kleinen Koffer. Und dabei war mir noch etwas anderes klar geworden, nämlich daß der Streik verloren war, abgewürgt. Mit dem Koffer in der Hand stand ich mitten im Zimmer, wohin sollte ich jetzt? Sicher würde sich bei allen Freunden dasselbe abgespielt haben wie bei uns, darin waren die andern schnell bei der Hand: Haussuchungen, Verhaftungen. Man mußte die Männer benachrichtigen. Langsam ging ich aus der Wohnung.

Die Flamme der einzigen Kerze, deren Schein durch die Holzläden nicht von der Straße aus gesehen werden konnte, flackerte hin und her von der Erregung der Stimmen und zitterte über den übernächtigten Gesichtern der Männer, die in dem kleinen Hinterzimmer eines versteckten Lokals in einer stillen Seitenstraße beisammen saßen. Die Diskussion ging darum, die Aussichten des Kampfes festzustellen. Kuriere kamen und gingen mit Nachrichten, aber es wurde deutlich, daß die Verbindung offenbar nicht genügte, denn über den Umfang der Bewegung wußte niemand eine genaue Auskunft zu geben. Alle waren davon überzeugt, daß sie eine Ausbreitung über das ganze Land gewinnen müßte und würde. Alle sprachen von der Hoffnung und von der Gewißheit, aber etwas Sicheres wußte man nicht.

„Wir müssen auf diesem Wege weiterschreiten, den Generalstreik durchhalten, ihn ausweiten“ – das war die allgemeine Überzeugung. Niemand aber hätte sagen können, welchen Weg man dazu gehen müßte, auf welche Weise dies zu erreichen gewesen wäre. Diesmal solls ein Ende sein mit dem Joch, diesmal soll ganze Arbeit gemacht werden – darauf lief alles hinaus, aber es fehlte das Programm, ein klares Ziel von dem, was zunächst getan werden sollte und die Einheit. Hier und da waren einzelne Aktionen unternommen worden, kleine Gruppen hatten den Kampf aufgenommen mit den Grünen, den Soldaten der Reichswehr. Eine Patrouille der Grünen war abgeschnitten und gefangen genommen worden. An einzelnen Stellen waren Schießereien entstanden.

Aber unter den verschiedenen Arbeitergruppen, zwischen den großen Industriestädten konnte kein einheitlicher, gleichzeitiger Aktionsplan zusammengebracht werden. So gingen allmählich auch die Meinungen der Genossen auseinander, die sich hier zusammengefunden hatten, um gemeinsam gegen einen Feind zu kämpfen. Die Männer, erschöpft und überreizt, schrien schließlich gegeneinander.

– So etwa mag die Situation gewesen sein, als ich in dieses kleine Hinterzimmer des Neuköllner Lokals kam, um Jung von der Haussuchung zu benachrichtigen. Die Stimmung wurde dadurch noch einen Grad verworrener. „Es fehlen uns die Waffen“, das war die allgemeine Ansicht. „Es müssen ein paar Leute gehen und Waffen holen.“ „Ich werde gehen“, sagte ich, „eine Frau ist immer unverdächtiger.“ Nach langem Hin und Her erklärten sich die Männer mit diesem Vorschlag einverstanden und ich ging mit einem jungen Genossen los, um Waffen zu besorgen.

Wir mußten von Neukölln nach Steglitz laufen und ebenso natürlich den Weg zurück, denn Bahnen fuhren ja nicht mehr. In Steglitz sollte ein prominenter Genosse wohnen, der noch Waffen hatte. Als wir in seine Wohnung kamen, stellte sich heraus, daß er am Abend vorher verhaftet worden war. Die Waffen waren nicht mehr da. Wir wurden zu einem anderen Mann geschickt. Schließlich gelang es uns, im ganzen drei Revolver aufzutreiben. Mit diesen drei Revolvern kamen wir in der Dunkelheit in Neukölln an. Es war natürlich lächerlich und dilettantisch und hat der Sache nicht geholfen.

Als wir das kleine verrauchte Hinterzimmer betraten, war eine aufgeregte Debatte im Gange. Jemand hatte in der Diskussion die Frage aufgeworfen, ob es im revolutionären Kampf „erlaubt sei", Bäckerläden zu plündern, um die Familien mit Brot zu versorgen. Dagegen erhoben sich die meisten Stimmen: „Die Idee muß rein gehalten werden! Wir wollen keine Räuber sein. Wir wollen nur unser Recht!"

In diesem Augenblick stürzte ein Mann in den kleinen überfüllten Raum und schrie: „Die Grünen kommen!"

Im Nu war der Saal geräumt, die Waffen und Dokumente wurden versteckt. Im Raum blieben nur der junge Genosse, der mit mir gegangen war, Jung und ich. Wir waren Ortsfremde und hatten nicht die Möglichkeit, irgendwohin zu flüchten. Ich erinnere mich heute noch deutlich an das Gefühl, das ich damals hatte: ich war bereit, alle Konsequenzen auf mich zu nehmen. Mitgegangen, mitgefangen, mitgehangen. Nun gut! Ich war bereit.

Anscheinend war die Polizeitruppe in eine andere Straße eingebogen. Sie kamen nicht in das Lokal. Weitab dröhnte der Schritt marschierender Truppen und das Rattern der Panzer.

Nach und nach fanden sich die Genossen alle wieder ein. Langsam verließen wir dann das Lokal. In dieser Nacht war nichts mehr zu erreichen. Und wieder: „War das der Sturm, der losbrach? Die Flut, die alles Alte, Morsche und Brüchige hinwegriß?"

Jung und ich hatten Partei ergriffen. Wir hatten uns in den Kampf begeben. Und nun ergriffen die anderen Partei gegen uns, bekämpften uns. Die Haussuchungen in unserem Atelier wiederholten sich. Kriminalpolizei rückte an und Soldateska. In unserem Nachbaratelier wohnte ein pensionierter Hauptmann, der wohl glaubte, sich besondere Verdienste erwerben zu können, indem er uns bespitzelte. Es mag ein paar Wochen so gegangen sein, bis eines Tages ein Arbeiter, ein Elektriker, zu Jung ins Büro kam und sagte: „Ich mache das nicht mehr mit. Ich muß Sie warnen", und nun erzählte er, daß er selbst die Wand unserer Wohnung durchbohrt, ein Mikrophon im Atelier des Hauptmanns angebracht und unsere Telefonleitung mit einer Abhörvorrichtung verbunden hätte.

In der Nummer 6 der Zeitschrift „Die Erde" vom 15. März 1919 hat unser Freund Eugen Lewin-Dorsch unter dem Titel „Räuber und

Soldaten“ diese Bespitzelung unserer Wohnung durch unseren Nachbarn glossiert:

„... Spartakisten und Regierungstruppen! Das Spiel ist lebensgefährlich und es riecht stark nach den Schlachtfeldern eines soeben verlorenen Weltkrieges. Das ganze Ausland, dem wir ein Gegenstand des Hasses, der Verachtung und des Gespöttes geworden sind, charakterisiert unsere soziale Kultur als preußischen Militarismus. Nicht unsere klirrende Waffenrüstung von gestern meinen die Feinde, denn diese haben sie selbst. Sie meinen den Geist einer subalternen Disziplin, die Feldwebelkultur, die in der militärischen Organisation ihren hellsten Glanz entfaltete und von da in alle übrigen Lebensformen eindrang. Die sozialen Beziehungen zwischen den Menschen auf Subordination eingestellt. Das Leben in Uniform. Der Geist in strammer Haltung. Schnauzbärtige Rohheit; menschenverachtender Zwang; Brutalität, die nach Kaserne schmeckt. Alles das in kleinbürgerlichem Format, sauber geordnet, geputzt und geschniegelt. Zündet die Lichter an und leuchtet in Eure Wohnungen bis in Eure Betten hinein. Ihr werdet auch dort einen Feldwebel finden, in voller Uniform, mit gewichstem Schnauzbart, ein Kommando auf den Lippen. Der Weltkrieg ist zwar verloren worden, aber unsern Feldwebel haben wir Gottlob! gerettet. Er lebt noch, er ist munter und gesund nach Hause zurückgekehrt, exerziert und kommandiert und verwandelt die Straßen und Plätze unserer Städte in knallende Schützengräben und unsere Häuser und Wohnungen in Felder der Ehre ... Belagerungszustand, Haussuchungen, Verhaftungen, Schüsse, Leichen. Räuber und Soldaten – ein lustiges Kinderspiel auf Befehl der Regierung. Glaubt nicht, daß der Krieg zu Ende sei.

Aus einem Bericht entnommen: Auf die Denunziation eines Nachbars hin wird die Wohnung beobachtet. Nachschlüssel für die Beobachtungsmannschaft angefertigt. Telefonleitungen angebohrt und nach der Nachbarwohnung verbunden, wo das Hauptquartier aufgeschlagen war. Mit Hilfe eines eingebauten Akkumulatoren und eines Abhorchapparates hört man nicht nur alle Telefongespräche, sondern auch jedes andere Geräusch. Nachts steigen die Helden auf Filzstrümpfen und selbstverständlich schwer bewaffnet aufs Dach und leuchten mit Scheinwerfern in die Wohnung – ein ganzer Horchposten aus dem Schützengraben, ausgerüstet mit allen Errungenschaften der Technik, hockt neben Dir im Schatten der Nacht. –

Ich lasse es dahingestellt, ob es möglich ist, in dieser Welt noch ohne ein Gefühl des Ekels und der Scham fortzuleben. Das ist deine Angelegenheit, Freund und Leser; nur du selbst hast darüber zu entscheiden. Die Menschen, zwischen denen du dich bewegst, sind Schützengrabentiere. Sie hocken in seelischen Unterständen und richten die Flinte ihrer Menschenverachtung auf dich. Sie haben den Krieg in sich hineingeschluckt; sie führen ihn auf eigene Hand fort."

Obwohl sie mit den Augen und Ohren ihrer Lauschposten in unser Leben zu dringen versuchten, haben sie doch nichts gesehen und gehört. Denn gerade in diesen Tagen brachte unser Freund Eugen Lewin-Dorsch Fritz Drach, den ehemaligen Kommandanten des Mosse-Hauses zu uns in die Wohnung, damit er sich ein paar Tage verborgen halten konnte. Drach hatte bei einem Gefecht ein paar kleine Granatsplitter in den Hals bekommen. Eine befreundete Ärztin, Frau Dr. Ruben, kam zu uns und entfernte die Splitter. Ein paar Tage erholte sich dieser vielgesuchte Mann in unserer bewachten Wohnung.

Der Psychoanalytiker Dr. Otto Groß

Im Oktober 1919 kam Dr. Otto Groß nach Berlin. Ich freute mich sehr, denn ich setzte große Hoffnung auf ihn. Alle unsere Freunde, die Groß kannten, hatten mir unendlich viel von ihm erzählt und schätzten ihn sehr. Aber der Groß, den ich nun kennen lernte, war ein kranker Mann. Zerstört durch Narkotika und geschwächt durch Anstrengungen, waren seine Kräfte verbraucht, er selbst deprimiert. Jung und ich versuchten, ihm zu helfen. Aber er setzte dem die größten Widerstände entgegen. Es kam vor, daß er Geld und Sachen, die man ihm gab, wieder verlor. Zu einer wirklichen Zusammenarbeit konnte es nicht kommen, da er häufig gar nicht aufnahmefähig war. Wir hatten gerade auf ihn sehr gesetzt, nachdem in der Wiener Zeitschrift „Sowjet" sein Artikel „Orientierung der Geistigen" erschienen war.

In den letzten Monaten seines Lebens versuchte Otto Groß festzuhalten, was ihm von seinem Werk wichtig schien. In einer Reihe von Artikeln, die in verschiedenen Zeitschriften erschienen sind, versuchte er, Anschluß an die revolutionäre Bewegung zu finden. Waren seine ersten Veröffentlichungen noch rein medizinisch-therapeutischer Natur, kämpfte er zu Beginn um Anerkennung von fachlicher Seite, so zeigte sich bald seine eigene schöpferische Auslegung der Psychoanalyse. Den Unterschied hat einer der bekannten Freudschüler, Marcinowski, sehr schüchtern und vorsichtig etwa so formuliert: die Psychoanalytiker seien berufen, denen, die ihre Hilfe suchen, befreiende Weltanschauung finden zu helfen. Das war die Wegscheide. Von diesem Gedanken aus ist die Stellung von Groß in der psychoanalytischen Forschung zu betrachten.

„Die Klinik des Psychoanalytikers umfaßt das ganze Leiden der Menschheit an sich selbst." Diesen Satz schrieb Otto Groß in einer seiner ersten Veröffentlichungen. Er ahnte noch nicht, daß er damit den entscheidenden Trennungsstrich zwischen sich und der Wiener Schule gezogen, ja, daß er überhaupt eine grundsätzlich andere Behandlung des Problems menschlichen Leids vorgeschlagen hatte. Die berufsmäßige Psychotherapie beschäftigt sich mit der Neurose, den Krankheitsbildern und weicht einem allgemeinen Zusammenhang aus. Groß hat den Weg der Heiltechnik verlassen und etwas anderes an seine Stelle gesetzt. Mag man es eingrenzend Ethik nennen. Groß strebte darüber hinaus. Den Bedingungen der Ethik mußte eine Gesetzmäßigkeit zugrunde liegen. Diese Gesetzmäßigkeit mußte eine Brücke bilden von der Menschheit als Summe aller Menschen zum Einzelmenschen und umgekehrt des einen zu allen. Dann erweitere sich das Leben des einen zu dem der Gesellschaft, zum Erleben der Gesellschaft, zum Erleben der Wechselbeziehung des einen und aller. Dahin treibt die Analyse der Bewußtwerdung vor. Sie schafft neue Ordnungen, neue Gesetze, neue Religionen. Sie ordnet die Gesellschaft um, indem sie die noch in Geltung befindlichen Konventionen auflöst und das Erleben freilegt. Und ihr Ziel wird, die Menschen enger und glückfähiger miteinander zu verbinden.

Franz Jung unternahm den Versuch, in einem Buch die Lehre von Dr. Otto Groß darzustellen. Dieses Werk sollte 1921 im Verlag Erich Reiss, Berlin, ergänzt durch Aufsätze von Groß, herauskommen. Ich kann mich nicht mehr erinnern, aus welchen Gründen das Erscheinen dieses Buches unterblieben ist. Ich weiß nur, daß Verhandlungen darüber im Gange waren, die auch zu einem erfolgreichen

Abschluß geführt hatten. Das Manuskript stellt Leben und Meinungen des Dr. Groß vor. Einige Kapitelüberschriften lauteten: „Leid", „Einsamkeit", „Kind und Familie", „Gegen den Staat", „Gegen den Wert", „Gegen den Besitz", „Für Kameradschaft", „Für Glück", „Für Genialität", „Die Arbeit".

Otto Groß war zweifellos schon in dem Gefühl seines nahenden Endes nach Berlin gekommen. Er versuchte noch in seinen letzten Wochen niederzulegen, was er gewollt hatte. Aber seine Kraft reichte nicht mehr aus. Er versuchte, mir seine Arbeiten zu diktieren. Aber seine Gedankengänge wiederholten sich, die Sätze wurden unverständlich, und je länger die Arbeit dauerte, desto verworrener wurde alles. Soweit es in meinen Kräften stand, versuchte ich, ihn bei seinem Thema zu halten und Verständlichkeit seiner Arbeiten zu erreichen. Zuweilen folgte darauf ein Zusammenbruch, der in Selbstanklagen und Weinen endete. Es kam auch vor, daß Groß mitten in der Arbeit einschlief, wenn ihm seine Narkotika fehlten, von denen er völlig abhängig war und die ihn sehr quälten. Einmal sprach ich von den Hoffnungen, die ich an seine Zusammenarbeit mit uns geknüpft hatte, von der Freude, die ich empfunden hatte, als er zu uns kam, die glücklichen Erwartungen ...

Groß umarmte mich, glücklich, daß ein Mensch noch so an ihn glaubte. „Das gibt mir wieder neuen Auftrieb", sagte er. Dann aber, mit dem Ausdruck der Verzweiflung: „Ich kämpfe nur noch um mein Leben."

Kurze Zeit darauf erkrankte er. Ich glaube, es war nur eine kleine Grippe, die ihn infolge einer Erkältung befallen hatte. Einige gute Freunde versuchten, ihm zu helfen. Man brachte ihn in ein Krankenhaus. Er sollte ein paar Tage gute Pflege haben. Aber er war am Ende. Es war nicht allein die Grippe, die Erschöpfungen, nicht allein die Entziehung der Narkotika und die Schwierigkeit seiner Ernährung im Krankenhaus – Groß war strenger Vegetarier und nahm nicht einmal Suppen aus Bouillonwürfeln zu sich – er wußte nicht mehr weiter. So starb er nach wenigen Tagen seines Krankenhausaufenthaltes im März 1920.

Schiffsraub

Mit Beginn des Jahres 1920 erschien in Berlin die „Russische Korrespondenz“. Ich besitze heute noch eine Reihe der ersten Nummern dieses Nachrichtendienstes, der über die politischen, wirtschaftlichen und kulturellen Verhältnisse in der Sowjetunion unterrichtete. Die Korrespondenz enthielt Übersetzungen von Artikeln führender Persönlichkeiten der Sowjetunion, Nachrichten und Berichte aus der Arbeiterbewegung anderer Länder. Waren die ersten Nummern zunächst nur in einem Umfang von sechzehn Seiten erschienen, so waren sie bald doppelt so stark und kamen schließlich als ziemlich umfangreiche Broschüren heraus. Die Korrespondenz erschien damals illegal, ohne Impressum und Angabe der Druckerei. Ihre Herausgabe gehörte zu den Aufgaben des sowjetischen Genossen J., mit dem zusammen Jung den „Ost-Europa-Dienst“ herausgegeben hatte. Durch die ständige politische Verfolgung war das Büro dieses Nachrichtendienstes aufgeflogen, und Jung arbeitete nun an der Herausgabe der neuen Korrespondenz mit. Man mußte die Korrespondenz illegal drucken. Die Manuskripte durften aus diesem Grunde nur wenige Stunden in der Druckerei liegen, mußten sofort gesetzt, korrigiert und umbrochen werden, und die fertigen Drucksachen mußten, um nicht der Gefahr einer Beschlagnahmung ausgesetzt zu sein, sofort aus der Druckerei herausgebracht werden. Jung hatte Druckereien ausgemacht, in denen zuverlässige Genossen arbeiteten, und so konnte eine neue Nummer erscheinen. Ich selbst habe Jung oft in die Druckerei begleitet, mitgeholfen, Korrektur zu lesen, den Umbruch zu besorgen und schließlich auch die Pakete mit herauszutragen.

Wir hatten inzwischen durch die ständigen polizeilichen Überwachungen von Telefon, Post und Spitzelwesen gelernt, illegal zu arbeiten. Da sich unser Atelier in der Kaiserallee nicht mehr als sicher erwies, mieteten wir draußen in Grünheide am Peetzsee ein kleines Haus (Nach uns wohnte dort der Schriftsteller Georg Kaiser).

Kapp-Putsch und Streik verschärften den Kampf der Arbeiter in zunehmendem Maße. Bei der Auseinandersetzung über die verschiedenen Methoden des politischen Kampfes kam es zwischen den Arbeiterparteien zu Differenzen. In seinem Schauspiel „Die Kanaker“ schildert Franz Jung in einer Szene eine solche Auseinandersetzung zwischen

Vertretern verschiedener Parteirichtungen: die einen werfen den anderen Verzögerung des Kampfes durch reformistische Taktik vor, und diese wiederum bezichtigen die ersten des Radikalismus. In Jungs Schauspiel erscheinen in diesem Augenblick am Fenster und in der Tür Soldaten mit dem Ruf: „Hände hoch" und verhaften die Arbeiter beider Richtungen. Als das Stück in einem der großen Gesellschaftssäle am Gesundbrunnen zur Aufführung kam, erhoben sich spontan einige Zuschauer und schrien Beifall, während andere die Schreier niederzischten. Darauf wurde der Zuschauerraum zum Schauplatz wilder politischer Auseinandersetzungen. Es dauerte eine Weile, bis die Schauspieler wieder zu Worte kamen.

Die Verschiedenartigkeit der Ansichten über die revolutionäre Taktik im Klassenkampf hatte dazu geführt, daß sich in der KPD eine Opposition bildete, die sich im Frühjahr 1920 abspaltete und zu einer eigenen Partei, der KAPD (Kommunistische Arbeiterpartei Deutschlands), formierte.

Die KAPD vertrat den Standpunkt des Anti-Parlamentarismus (d.h. sie war gegen Wahlen) und verlangte den Austritt aus den Gewerkschaften mit dem Ziel des Aufbaus neuer revolutionärer gewerkschaftlicher Kampfgruppen, der Allgemeinen Arbeiter Union (AAU). Sie gab eine eigene Zeitung heraus, die „Kommunistische Arbeiter-Zeitung" und für die Gewerkschaftsgruppen den „Kampfruf". Als Kulturzeitschrift erschien der „Proletarier".

Zum ersten Mal kam es in der Frage des Generalstreiks zu einer großen Auseinandersetzung zwischen den Unabhängigen, der KPD und der KAPD. Bei der Generalversammlung der revolutionären Betriebsräte, die am 8. April 1920 stattfand, stellte jede der drei Parteien einen Referenten auf, die ihre Anträge vorbrachten. Wie die „Freiheit", das Berliner Organ der USP berichtet, wurde die Resolution der Unabhängigen gegen die Stimmen der beiden anderen Parteien angenommen und damit gegen den Generalstreik gestimmt.

„Es war", wie es in einer Denkschrift der KAPD hieß, „eine neue Krise, in die die deutsche Arbeiterschaft gestoßen wurde, die den revolutionären Kampf will und möglichst wenig mit Systemfragen und ihren Auswirkungen zu tun haben will, jetzt darüber entscheiden zu sollen, ob sie einer autoritären Organisation von oben nach unten angehören will oder ob sie den dornenvollen Weg der Selbstbewußtseinsentwicklung vorher durchmachen will, um reif zu werden für den Vortrupp der sozialen Revolution. Die Verhältnisse in Deutschland haben es, vielleicht zum Glück, mit sich gebracht, daß ein Teil dieser Fragen schon im Werden der Revolution zur Entscheidung steht. Und es ist nicht so sehr rein deutsche Angelegenheit, sondern es ist ein Problem der gesamten westeuropäischen Arbeiterschaft, das hier zur Behandlung steht."

Es ist nicht meine Aufgabe, auf diese Auseinandersetzungen in allen Einzelheiten und mit allen Konsequenzen einzugehen und die verschiedenen Methoden gegeneinander abzuwägen. Ich kann hier nur von den Ursachen und dem Beginn einer Entwicklung berichten, in die ich selbst eingeschlossen bin.

Die Leitung der „Opposition" in der Partei, aus der sich später die KAPD bildete, war von der Exekutive der Kommunistischen Internationale in Moskau eingeladen worden, eine Delegation zur Berichterstattung in die Sowjetunion zu schicken. Der damaligen KAP-Leitung gehörten an: Dr. Karl Schröder, Dr. Alexander Schwab, Franz Jung, Fritz Rasch, Emil Sach (Erdmann), Bernhard Reichenbach und andere. Besonders starke Positionen hatte die KAP in den Berliner Bezirken Neukölln, Charlottenburg, im Osten um den Görlitzer Bahnhof und in Lichtenberg-Weißensee, dann in Hamburg, im Ruhrgebiet und in Mitteldeutschland mit Max Hoelz an der Spitze. Die Genossen der KAP waren der Meinung, daß, wenn es gelänge, mit Lenin zu sprechen, sich eine Verständigungsbasis ergeben würde. Da es einen offiziellen Weg nach Moskau zu dieser Zeit nicht gab, wurden zwei Genossen, Franz Jung und Jan Appel aus Hamburg, bestimmt, im April 1920 auf eigene Faust nach Moskau zu fahren.

Die Hamburger Genossen machten den Vorschlag, von Cuxhaven aus mit einem Schiff, dessen gesamte Besatzung der KAP angehörte, in die Sowjetunion zu fahren. Die Wahl fiel auf den Fischdampfer „Senator Schröder", der in diesen Tagen zum Fischfang nach Island auslaufen sollte. Der Plan wurde gutgeheißen.

Franz Jung fuhr zunächst nach Cuxhaven und wurde zusammen mit Jan Appel auf den „Senator Schröder" geschmuggelt. Als das Schiff nach seiner Ausfahrt das zweite Feuerschiff passiert hatte und sich auf hoher See befand, erschienen plötzlich Jung und Appel in der Kajüte des völlig überrumpelten Kapitäns und forderten ihn auf, den Kurs des Schiffes zu ändern und statt nach Island nach Murmansk zu fahren. Der Kapitän weigerte sich und erklärte, er würde nur der Gewalt weichen. An Bord befanden sich ein Gastkapitän von einem anderen Schiff, der die Reise mitmachen sollte, der erste und der zweite Offizier (die inzwischen von den Matrosen in einer Kabine eingeschlossen worden waren), der Steuermann Hermann Knüfken und achtzehn Matrosen. Man erklärte dem Kapitän, daß die gesamte Besatzung des Schiffes auf Seiten der beiden Männer, die nach der Sowjetunion fahren wollten, wäre. Im übrigen würde das Schiff keinerlei Schaden nehmen. Es könnte wieder zurückfahren, wenn die Mission erfüllt wäre, die beiden Männer in Murmansk abzusetzen. Dem Kapitän blieb nichts anderes übrig, als sich der Übermacht zu fügen. Er wurde in seiner Kabine ebenfalls eingeschlossen, und das Kommando über das Schiff übernahm nun Steuermann Knüfken. Ohne Schiffskarten und über aus dem Kriege zum Teil noch verminte Stellen fuhr die „Senator Schröder" dann unter Knüfkens Kommando durch das nördliche Eismeer nach Murmansk.

Am 1. Mai 1920, gerade zur großen Maifeier, legte die „Senator Schröder" in Murmansk an.

Um es vorwegzunehmen, das Schiff ist später tatsächlich nach Cuxhaven zurückgekehrt. Den beiden Kapitänen und den Offizieren ist nichts geschehen. Von den 18 Matrosen wurde der eine auf der Rückfahrt allerdings schwer krank und starb. Die anderen und Knüfken landeten wieder in ihrem Heimathafen. Die Reederei strengte einen Prozeß an, der monatelang die Öffentlichkeit erschütterte. Es wird später noch davon zu berichten sein. Jung und Appel fuhren von Murmansk zunächst nach dem damaligen Petrograd (später Leningrad).

„Reise in Rußland"

Vom ersten Tage an wurden den beiden Delegierten in der Sowjetunion alle Möglichkeiten geboten, ihre Mission zu erfüllen. Wie sie später selbst berichteten, stellten die russischen Genossen ihnen bereitwilligst die Spalten ihrer Tageszeitungen zur Darlegung ihrer Ansichten über die politische und ökonomische Lage in Deutschland sowie über ihre Kampfmethoden zur Verfügung. Sie konnten Aufsätze in den gewerkschaftlichen Fachblättern und in einer volkswirtschaftlichen Zeitschrift veröffentlichen, desgleichen einige Artikel in den Tageszeitungen. Sie haben fernerhin keine Gelegenheit versäumt, persönlich Kontakt zu den russischen Genossen aufzunehmen und haben in der Betriebsversammlung einer der größten russischen Textilmanufakturen, die über 8000 Arbeiter beschäftigte, sowie in einer von vielen Tausenden besuchten öffentlichen Versammlung als Referenten gesprochen. In beiden Versammlungen, in denen die sowjetischen Genossen die deutschen Kommunisten mit aller Herzlichkeit begrüßten, kam in der Diskussion zum Ausdruck, daß das russische Proletariat von den deutschen Genossen erwartete, daß sie durch ihren Sieg imstande sein werden, beim Wiederaufbau Sowjetrußlands mitzuhelfen. Alle diese Tatsachen sind in einem Bericht der nach Moskau entsandten Delegation festgehalten, desweiteren in einem offenen Schreiben des Exekutivkomitees der Komintern an die Mitglieder der KAPD und in einem Schreiben der KAPD an den Kongreß der Dritten Internationale nach der Rückkehr der Delegation. Alle drei Dokumente wurden im Juli 1920 zusammen veröffentlicht.

Viele Male habe ich von Jung gehört, wie Lenin sie empfangen hat. Er ließ die beiden Delegierten der KAP in einer stundenlangen Besprechung zunächst alles vorbringen, was sie zu sagen hatten. Nur ab und zu fragte er kurz dazwischen, um sich ein genaues Bild machen zu können. Nachdem sie geendet hatten, sagte Lenin: „Liebe Genossen, ich will heute noch nichts sagen, morgen werden wir weiter sprechen."

Bei der Unterredung am nächsten Tage entwickelte Lenin seine Gegenargumente. (Er hat sie in seiner Broschüre „Die Kinderkrankheiten des Kommunismus" niedergelegt.) Er erklärte, daß das Exekutivkomitee eine Spaltung der deutschen Arbeiterschaft im gegebenen Augenblick auf keinen Fall für richtig halte. Die KAP wurde eingeladen, auf dem im Juli stattfindenden Kongreß der III. Internationale ihren Standpunkt zu vertreten und vor den Delegierten der internationalen kommunistischen Parteien zur Diskussion zu stellen.

(Bekanntlich wurde der Standpunkt der KAP von diesem Kongreß nicht anerkannt und die Partei nicht in die Komintern aufgenommen.)

Dann aber zeigte sich im weiteren Gespräch mit Lenin seine ganze Größe und Menschlichkeit: er lud die beiden Genossen von der KAP ein, Gäste des Sowjetvolkes zu sein und forderte sie auf, sich über alles zu informieren, was sie wissen wollten. Jung und Appel blieben fast einen Monat in Moskau, ehe sie wieder nach Deutschland zurückkehrten.

Bevor Jung nach Moskau gefahren war, hatte er mich mit den KAP-Genossen bekannt gemacht, damit ich ihnen als Sekretärin behilflich wäre. So fuhr ich jeden Morgen von Grünheide in die Stadt. Im Hinterzimmer eines kleinen Parteilokals, in dem das „Sekretariat" tagte, wurden Briefe, Aufrufe und Artikel geschrieben. Diese Arbeit teilten sich Marianne Gundermann und ich.

In Grünheide lebten bei uns ein Genosse und seine Frau. In dieser Zeit entstanden Freundschaften, die über Jahrzehnte hinaus bestanden haben.

Es war für mich nicht allzu schwer gewesen, mich aus der bürgerlichen Familie zu lösen. Ich kämpfte mit vollem Bewußtsein gegen meine eigene Klasse. Aber nun lernte ich Schwierigkeiten kennen, an die ich nie gedacht hatte. Ich hatte mir vorgestellt, daß es in der Arbeiterklasse in ihrem Kampf gegen das Bürgertum eine selbstverständliche Solidarität gäbe, die durch nichts zu erschüttern sei. Daher war ich über die vielen Auseinandersetzungen beunruhigt, die innerhalb der Partei und auch zwischen den Kameraden stattfanden. Besonders beeindruckte mich das Verhältnis der Frauen unserer Genossen zu ihren Männern und zu den Fragen der Revolution. Ich habe viele Frauen kennengelernt, die in unverbrüchlicher Kameradschaft zu ihren Männern hielten. Ich kannte aber auch eine Frau, die vier Kinder hatte und ihren Mann auf Knien anflehte, seine revolutionäre Tätigkeit aufzugeben und sich nur der Familie zu widmen.

In einer größeren Erzählung, „Streiktage 1920", habe ich versucht, diese Eindrücke zu verarbeiten. Von diesem Manuskript sind heute leider nur noch Bruchstücke vorhanden, der Rest ist mir 1945 verlorengegangen. Schwer zu begreifen war für mich damals zum Beispiel das Verhältnis der Arbeiter und besonders ihrer Frauen zum Besitz. Ich mußte erst umlernen, daß Menschen an ihren Sachen hingen, die sie sich unter unendlichen Opfern Stück für Stück mühevoll angeschafft hatten, während es für mich, die ich immer das Notwendige besessen hatte, einfacher war, auf etwas zu verzichten. Ebenso mußte ich verstehen lernen, daß auch die kulturellen Errungenschaften, Theater, Bücher und Konzerte für meine neuen Freunde Dinge waren, die sie erstrebten und die ihnen noch nichts Selbstverständliches waren.

An einem schönen Sommertag im Juni erschien bei uns in Grünheide ein Besuch aus der Sowjetunion: der Schriftsteller Eduard Schiemann, den Jung in Moskau getroffen hatte. Er kam mit Grüßen von Franz zu mir und bat mich, ihn für kurze Zeit aufzunehmen, wie Jung es wünschte. Jung hatte ihn nach Berlin empfohlen. Er sollte hier als Übersetzer aus dem Russischen arbeiten. Viele der Bücher sowjetischer Schriftsteller, die in der nächsten Zeit in deutscher Sprache erschienen, waren von Eduard Schiemann übersetzt. Schiemann war ein alter Freund von Jung aus München. Er kannte Groß und andere Freunde von uns aus der Zeit.

In den ersten Julitagen kamen Jung und Appel aus der Sowjetunion zurück.

Jung brachte eine Broschüre mit, die er während eines kurzen Zwischenaufenthaltes in Norwegen geschrieben hatte. Sie hatte den Titel „Reise in Rußland“ und erschien im Verlag der KAP.

Ich war unendlich glücklich, daß Franz wieder da war. Tagelang gingen wir durch die sommerlichen Wälder bei Grünheide, und Jung erzählte von seinen Erlebnissen in der Sowjetunion. In unseren persönlichen Beziehungen trat insofern eine Veränderung ein, als inzwischen die Scheidung Jungs von seiner Frau Margot ausgesprochen worden war. Eine Heirat zwischen Jung und mir hätte nun allerdings erst eines Dispenses bedurft, den wir in dieser politisch schwierigen Lage nicht einholen konnten.

Die KAP befand sich in einer ziemlich schwerwiegenden Krise, da die Delegation in Moskau nicht die gewünschte Bestätigung und Anerkennung erfahren hatte. Auch das Verhältnis zur Kommunistischen Internationale, auf deren Boden stehend sich die Partei durchaus betrachtete, war weiterhin ungeklärt. Ich erinnere mich der riesigen Versammlung, auf der Jung und Appel der Partei über ihre Moskau-

Reise und die Unterredung mit Lenin und den Genossen des Exekutivkomitees Bericht erstatteten. Es war gar kein Zweifel, unter den vielen Menschen, die atemlos dem Bericht folgten, verbreitete sich eine deprimierte Stimmung. Ich bemühe mich, die Ereignisse von damals nicht mit den Augen von heute zu sehen, sondern sie aus der damaligen Situation zu erklären.

Die Krise der KAP wirkte sich auf die Zusammenarbeit der Genossen aus. Wie immer, wenn etwas schlecht geht: jeder beschuldigt den anderen. Verschiedene Meinungen und Auffassungen kristallisierten sich heraus, und schließlich bildete sich in der Partei eine Opposition. Es gab zwei Lager, die sich auf das Schärfste bekämpften, als gäbe es kein Zusammenhalten mehr gegen den gemeinsamen Feind. Sie verfolgten sich mit dem Haß von Menschen, die sich vorher geliebt haben.

30000 Mark Kaution für Jung

Die Krise der Partei machte Jung schwer zu schaffen. Wenn er spät in der Nacht nach Hause kam, den Kopf in die Hände stützte, nervös wurde und von dem erbitterten Streit sprach, der jetzt unter den Genossen, die vor kurzem noch Schulter an Schulter gekämpft hatten, ausgebrochen war, wollte oft Verzweiflung aufkommen. Ich schämte mich, denn ich wußte auch nicht, wie man es hätte ändern können. Und doch hatte ich das Gefühl, ich müßte jetzt ein Wort sprechen, einen Weg weisen. Ich fühlte meine Verantwortlichkeit, die Verantwortung an der Welt, an allem Geschehen, die die Frau als Mutter der Menschheit hat. Aber seit Jahrhunderten von der Führung der Gesamtheit, von der Politik ausgeschlossen und im engsten Familienkreis abhängig vom Manne, hat sie nicht mehr die instinktive Witterung für das Wohl der Gesellschaft, das Tiere und Naturvölker noch besitzen und das in der Mütterlichkeit der Frau ursprünglich gegeben ist.

Etwas zog sich um Jung zusammen. Ich fühlte es. Mitten in der Nacht stach es herauf, daß ich fast aufschrie vor Schmerz. Wir waren beide unruhig. Da kamen eines Morgens vier Männer und holten Franz ab.

Mag man noch so ruhig sprechen, das Herz zittert, wenn hinter dem Mann die Gefängnistüren zufallen und die Frau allein in der Wohnung bleibt. Hätte sie ihn nicht davor schützen müssen? Er stand mitten im Kampf, in der Arbeit gebunden. Mit ihrem Instinkt hätte sie die Gefahr spüren müssen. Eine Schuld lastet und ist immer da wie das Bewußtsein einer ständigen Krankheit.

Es muß in den letzten Septembertagen gewesen sein, als an einem Sonntagmorgen die vier Männer in unser Haus in Grünheide kamen. Sie hatten einen telegraphischen Haftbefehl aus Cuxhaven gegen Jung: „Landesverrat auf hoher See". Sie mochten sich einen modernen Störtebeker vorgestellt haben, da sie vier Mann hoch erschienen, so eine Art roten Piraten, und waren nun sehr erstaunt, als sie Jung sahen. Besonders der eine der Beamten – Student aus Jena mit Schmissen – konnte sich gar nicht beruhigen, als er feststellte, daß Franz „Akademiker" war. Ein Student aus Jena – und nun Seeräuber!

Ich lief am Montagmorgen sofort zu den Genossen, zur Partei und zum Polizeipräsidium am Alexanderplatz. Jung wurde inzwischen nach Cuxhaven überführt.

Der Anwalt unserer Partei war damals Justizrat Victor Fraenkl. Fraenkl war ein kleiner Mann mit dem Kopf eines Gelehrten und einer metallisch hellen Stimme, mit der er wie ein kämpfender Hahn schmetterte, der seine Hühnerschar gegen den bissigen Hofhund der Justiz verteidigte. Und seine Hühnerschar, das waren die Arbeiter, die in die Fänge der Polizei geraten waren. Zu Dutzenden saßen sie in seinem Wartezimmer, voller Vertrauen auf seine Verteidigung, Fraenkl war der uneigennützigste Mensch. Er war zum Buddhismus übergetreten. Er ging niemals an einem Bettler vorüber, ohne ihm etwas zu geben. „Sein Beruf ist ebenso ehrbar wie der meine", pflegte er zu sagen. Er hatte auch eine Frau. Sie war groß und schön mit leicht angegrautem Haar und war immer um ihn. Sie sprach fast niemals, aber es konnte vorkommen, daß sie plötzlich mit einer Tasse starkem Kaffee erschien, wenn sie das Gefühl hatte, daß es notwendig war.

Ich fuhr am nächsten Tag sofort nach Cuxhaven, um Jung zu besuchen. Es war meine Absicht, den Behörden klar zu machen, daß ein sozialistischer Gefangener niemals allein ist, daß er Freunde und Genossen hat, die draußen für ihn kämpfen. Das sollten sie wissen.

Deshalb bin ich bei jeder Gelegenheit, bei jeder Verlegung oder Veränderung immer wieder sofort im Gefängnis erschienen, um Franz das Gefühl zu geben, daß wir alles tun, um ihn herauszuholen. Als mir zum Beispiel Fraenkl mitteilte, daß der Steuermann Hermann Knüfken auch verhaftet sei, reiste ich noch in der gleichen Nacht zu Franz, um ihm davon Mitteilung zu machen. Die Wärter in Cuxhaven kannten mich schon und gaben mir bei dem Gespräch mit Jung Gelegenheit, ein wenig unbeobachtet zu sein. So gelang es mir und auch Fraenkl, wenn er nach Cuxhaven kam, Manuskripte, die Jung im Gefängnis schrieb, herauszubringen.

In den vier Monaten seiner Haft hat Jung insgesamt sechs große Arbeiten geschrieben. Zuerst waren es kleine Erzählungen, die zum Teil Geschehnisse aus dem Gefängnis schilderten. Sie erschienen in der „Kommunistischen Arbeiterzeitung", der „Aktion" und in anderen Blättern. Pfemfert brachte sie unter dem Titel „Joe Frank illustriert die Welt" zu einem kleinen Band vereinigt heraus. Dann folgten die Romane „Proletarier", „Die rote Woche", „Arbeitsfriede" und die Abhandlung „Die Technik des Glücks" sowie wie die beiden Schauspiele „Wie lange noch?" und „Die Kanaker", alle im Malik-Verlag erschienen. Den Roman „Proletarier" hat George Grosz illustriert. Der Umschlag der „Roten Woche", in der die März-Kämpfe geschildert werden, zeigt eine Fotomontage von John Heartfield. Das Titelbild des Romans „Arbeitsfriede" stammt ebenfalls von Grosz.

Über das Buch „Die Technik des Glücks", dessen erste Worte lauten: „Dieses Buch will mithelfen, den Haß aus der Welt zu schaffen, den Willen der Menschen, sich gegeneinander und sich selbst zu vernichten", schrieb Max Herrmann-Neiße: „Die Technik des Glücks ist der erste bedeutende philosophische Unterbau der proletarischen Lebensbewältigung, so tiefgehend wie je die Weltweisheit der bisherigen Daseinserklärung. Und mehr als diese, direkt an das Gefühls- und Gedankenleben eines jeden wendet sich die Entfaltung der Probleme, durchwirkt ihn mit ihrem hilfsbereiten Fluidum und löst ihn aus seiner tödlichen Vereinzelung."

Es gab viele Freunde, die halfen. Angefangen bei Wieland Herzfelde, Julian Gumperz und John Heartfield, die seine Bücher herausbrachten und in ihrer Zeitschrift „Der Gegner" für Jungs Befreiung kämpften, über Alfons Goldschmidt, der seine „Räte-Zeitung" immer wieder zur Verfügung stellte oder Franz Pfemfert, der in der „Aktion“ über Jung schrieb, bis zu Simon Guttmann und anderen Freunden, die eine regelrechte Pressekampagne durchführten. Daran war die „Kommunistische Arbeiterzeitung“ genauso beteiligt wie die „Rote Fahne“, die „Freiheit“ ebenso wie das „Berliner Tageblatt“. In der „Vossischen Zeitung“ vom 22. Dezember 1920 wurde auf der ersten Seite ein großer Artikel gebracht, und Rudolf Leonhard schrieb in der „BZ am Mittag“ vom 29. Dezember. „Die Welt am Abend“ und „Die Hamburger Volkszeitung“ traten genauso für Jung ein wie der „Berliner Lokalanzeiger“. Den größten Eindruck auf die damalige bürgerliche Welt machte ein Artikel von Maximilian Harden in seiner Zeitschrift „Die Zukunft“. Ich hatte damals Harden aufgesucht, und er hatte sich sofort bereiterklärt zu helfen. Der Hamburger Senat hatte nichts zu lachen. Justizrat Fraenkl ließ ihn nicht zur Ruhe kommen. Im Dezember war Jung von Cuxhaven nach Hamburg überführt worden, was für uns die Situation erschwerte.

Ich fuhr sofort nach Hamburg. Das war an einem Montag. Besuchstag für Gefangene aber war der Sonnabend. Ich erklärte mich bereit, bis Sonnabend in Hamburg zu bleiben, wenn man mir den Aufenthalt bezahlte, da ich kein Geld bei mir hätte – außer für die Rückfahrkarte. Es gab ein langes Hin und Her. Es wurde debattiert und telefoniert. Schließlich erwirkte der Gefängnisdirektor für mich eine Unterredung mit dem Staatsanwalt, der die Genehmigung erteilen mußte, wenn man einen Gefangenen außerhalb der Besuchszeit sprechen wollte. Daraus ergab sich aber eine neue Schwierigkeit, die ich nicht in Rechnung gestellt hatte: Wie ich von Fraenkl wußte, wurde ich von der Hamburger Staatsanwaltschaft (allerdings noch unter meinem früheren Namen) wegen Beihilfe gesucht. Wenn der Staatsanwalt einen Steckbrief gegen mich hatte, konnte er mich sofort in Haft nehmen. Ich schwankte: sollte ich in die Höhle des Löwen gehen, das Risiko auf mich nehmen, oder sollte ich lieber fliehen?

Ich blieb. Aber es war eine entsetzliche Stunde, die ich vor der Tür des Staatsanwalts zubrachte.

Endlich wurde ich gerufen. „Sind Sie Frau Jung?“, fragte mich der Staatsanwalt und starrte mich an.

„Ja.“ Ich hatte keinerlei Papiere bei mir, da ich auch keine auf den Namen Jung besaß. Einen Augenblick setzte mein Herz aus.

Um es kurz zu machen, ich bekam die Sprecherlaubnis – ausnahmsweise.

Die Gefängnisverwaltung wußte nicht, worum es ging. Jung wurde gefesselt in einen vergitterten Sprechraum geführt. Bevor ich etwas sagen konnte, erklärte Franz, daß er den Besuch und die Sprecherlaubnis ablehne, da er Untersuchungsgefangener sei und Fesselung gegen das Recht verstieße. Er verlangte, wieder hinausgeführt zu werden. Und ich stand da.

Ich stand immer noch auf dem gleichen Fleck und konnte nicht fassen, daß alle meine Mühe umsonst gewesen war, wenn ich auch einsah, daß Franz das einzig Richtige getan hatte, um sein Recht zu wahren. Und nun würden Wochen vergehen, bis ich ihn wiedersah. Ich setzte mich im Gefängnis auf die Treppe und weinte. Und noch auf der Straße und in der Bahn liefen mir die Tränen übers Gesicht. So fuhr ich nach Hause – nach Hause, das hieß zu meiner Familie. Denn draußen in Grünheide hätte ich ganz allein in dem ungeheizten Haus wohnen müssen. Meine Familie half mir, trotz aller politischer Gegensätze, soweit sie konnte.

Während Jung noch in Hamburg im Gefängnis saß, wurde sein Schauspiel „Wie lange noch?“ aufgeführt. Es muß im Januar 1921 gewesen sein.

Damals war gerade das „Proletarische Theater“ gegründet worden. Die Idee stammte von Rudolf Leonhard und Karl-Heinz Martin. Erwin Piscator hatte diese Idee aufgegriffen. Er spielte zunächst in Sälen mit einer kleinen Truppe. Zur Aufführung gelangten „Die Feinde“ von Maxim Gorki und „Prinz Hagen“ von Upton Sinclair, später auch „Judas“ von Erich Mühsam, „Rote Soldaten“ von Karl August Wittfogel und von Franz Jung „Die Kanaker“ und „Wie lange noch?“. Alle diese Stücke erschienen im Bühnenvertrieb des Malik-Verlages in der Sammlung „Revolutionäre Bühnenwerke“.

Ich habe eine Reihe von Proben und Aufführungen gesehen. Zu den ersten Freunden und Mitarbeitern des „Proletarischen Theaters“ gehörte auch Hermann Schüller, mit dem ich später eng zusammen arbeitete.

Die Schauspieler wurden bei der Aufführung übrigens niemals mit Namen genannt. Ihre Leistung sollte als eine kollektive verstanden werden. Piscator selbst spielte auch mit. Die Dekorationen malte John Heartfield.

„Wie lange noch?“ wurde ein großer Erfolg, nicht nur in Berlin. Über die Wirkung dieses Stückes schrieb der „Klassenkampf“ Halle: „Wie groß das Bedürfnis nach einer proletarischen Bühne ist, bewies auch der geradezu ungeheure Andrang. Hunderte mußten wieder umkehren, da sie keine Plätze mehr bekamen. Mochte auch mancher, der da weiß, daß proletarische Kunst nicht ‘gemacht werden kann’, sondern nach immer lebendigen Entwicklungsgesetzen aus dem proletarischen Leben heraus entstehen muß, durch die Ankündigung ‘Zentrale für proletarische Kunst und Kultur’ etwas stutzig geworden sein – bei dieser Aufführung wurde er überzeugt.

Die letzten Worte des Stückes, gesprochen von Erwin Piscator (der in seiner Maske als Arbeiter eine außerordentliche Ähnlichkeit mit Jung aufwies): ‘... Wenn alle diese auch nur einen Funken gefaßt haben, er wird weiterglühen. Wir schleudern diesen Funken hinaus, wir, die wir noch Opfer sind, in den Gefängnissen sitzen oder sonstwie zugrundegehen. Von unserer Kraft wird es abhängen, die Glut weiterzuschüren, den Kopf hochzuhalten, und das Beispiel zu geben, an das die anderen draußen sich klammern. Dann wächst von selbst draußen schon der Bau hoch, in dem wir ohne Ketten frei einziehen werden.’

Diese Worte, in das Publikum hineingesprochen, wurden von diesem Publikum auch verstanden.“

Weit größer noch als die Wirkung dieses Stückes war die der „Kanaker“ am 1. Mai im Hamburger Zirkus, der 3000 Zuschauer faßte. Über diese Aufführung berichtete die Zeitschrift „Die Internationale“: „Und die Wirkung der Aufführung? Der große einheitliche Zug, die unbedingte Hingabe jedes Einzelnen mußte entflammend wirken, und als zum Schluß der Kreis der Spieler, um die rote Fahne geschart, die Internationale singend, den Raum umzog, schloß sich in spontanem Drang die riesige Zuschauermenge an, Genossen und Nicht-Genossen, ein Symbol der Einheitsfront.“ Das Publikum zog nach der Aufführung zur Maifeier auf das Hamburger Marsfeld. Die Aufführung in dem großen Zirkus mußte noch dreimal wiederholt werden.

Fast alle größeren Zeitungen nahmen sofort den Ruf eines solchen Werkes auf und gaben ihm dadurch ein vielfältiges Echo, das seine

Wirkung weitertrug. Auch über die neuen Bücher von Jung, von denen fast alle ins Russische und „Proletarier“ auch ins Tschechische übersetzt wurden, brachten viele Zeitungen leidenschaftliche Kritiken, die sich mit dem Inhalt der Werke auseinandersetzten. Sogar die „Nachrichten“ des Gebietsvollzugskomitees und des Gebietskomitees der K.P.R. der Arbeitskommune der Wolgadeutschen in Marxstadt brachte eine ausführliche Besprechung von Jungs Roman „Die Rote Woche“.

Franz Pfemfert, dessen „Aktion“ inzwischen zu einem Blatt der Allgemeinen Arbeiterunion geworden war, machte mich auf eine Verbindung aufmerksam, die Jung in seinem Hamburger Prozeß nützlich sein könnte. In Pfemferts Wohnung hatte ich eine Unterredung mit Alexander Bessmertny, der mir empfahl, mich an den Hamburger Rechtsanwalt Frank zu wenden und ihm Jungs Sache zu übertragen. Dieser Anwalt war bis vor kurzem in Hamburg Staatsanwalt gewesen und hatte sich in einem Prozeß politisch wohl etwas kompromittiert, so daß er sich durch die Verteidigung eines sozialistischen Angeklagten rehabilitieren wollte. Nach Rücksprache mit Justizrat Fraenkl fuhr ich zu ihm nach Hamburg und übertrug ihm als Mitverteidiger die Sache Jungs.

Es dauerte nicht lange, da erhielt ich von Rechtsanwalt Frank ein Telegramm mit der Aufforderung, eine Kaution in Höhe von 30.000 Mark für Jungs Freilassung zu stellen. (Es war das Jahr 1921 und die ersten Anzeichen der Inflation machten sich bemerkbar.)

Dreißigtausend Mark! Wo sollte ich die hernehmen? Ich setzte mich zunächst mit unserem alten Freund Dr. Otto Ehrlich vom „Industrie-Kurier“ in Verbindung. Er erklärte sich sofort bereit zu helfen. Da es jedoch große Schwierigkeiten machte, eine solche Summe in kürzester Zeit aufzubringen, wandte ich mich an Dr. Alfons Goldschmidt, der auf der Stelle bereit war, sein wertvolles Archiv zu verkaufen, um die Summe aufzubringen. Schließlich aber erhielten wir Hilfe von anderer Seite, von den sowjetischen Freunden. Durch die Vermittlung des Genossen J. erhielt ich das Geld und fuhr damit zu Rechtsanwalt Frank. Wir zahlten die Kaution im Justizgebäude ein und ich verlangte, daß man Jung sofort freigibt. Der Staatsanwalt übergab mir den Entlassungsschein und ich fuhr damit in einem Taxi nach Fuhlsbüttel zum Gefängnis. Dort erfuhr ich zu meinem Schrecken, daß Franz bereits am Tag zuvor in das Hamburger Justizgebäude überführt worden war. Das hatte ich nicht erwartet und war besonders verstört darüber, daß man in Fuhlsbüttel das Schreiben des Staatsanwalts geöffnet hatte. So verlangte ich, das Schreiben wieder zu versiegeln, und in meiner Gegenwart mußte von Fuhlsbüttel nach Hamburg der Sachverhalt telefonisch durchgegeben werden, um mir bei der Hamburger Behörde keine Schwierigkeiten entstehen zu lassen. Ich fuhr mit meinem Taxi wieder in den Justizpalast zurück und zeigte neuerlich den Entlassungsschein vor. Immerhin dauerte die gesamte Prozedur nochmals eine gute Stunde. (Mein Auto wartete immer noch vor der Tür. Es kostete später, das weiß ich heute noch, 87,- Mark.) Es war 1 Uhr mittags geworden, bis Jung endlich frei war. Wir fuhren am gleichen Tag, am 3. Februar 1921, nach Berlin zurück.

Jung hatte damals die Absicht, eine große Chronik der Zeit zu schreiben. Wir lebten wieder draußen in Grünheide, und er sammelte Material zu einem neuen Buch. Das war in der Zeit, wo in Mitteldeutschland die Aufstände begannen. Unter der Leitung von Max Hoelz hatten sich die Arbeiter der Grubengebiete und der großen mitteldeutschen Werke erhoben. Es kam zum Generalstreik.

Mein Bericht basiert auf Erzählungen von Teilnehmern an der Aktion und auf eigenen Erinnerungen.

Hoelz wollte den Kampf. Der mitteldeutsche Aufstand sollte das Fanal für ganz Deutschland sein, loszuschlagen. Hoelz hatte die anderen Parteien zum Mitkampf aufgerufen. Er wußte, daß die mitteldeutschen Kumpel geschlossen hinter ihm standen, er hatte ihre Herzen. In einer Nacht hatte er in Plauen seine Leute bei den wohlhabenden Bürgern der Stadt herumgeschickt und sie aus ihren Betten holen lassen. Sie wurden zu ihm gebracht. Er saß in einer kleinen Gastwirtschaft, im Hinterzimmer an einem Tisch, den eine rote Fahne bedeckte und auf dem eine einzige Kerze brannte. Von den schlotternden Bürgern verlangte Hoelz nichts weiter als einen Scheck auf ihre Bank. Von jedem war die Höhe seines Vermögens bekannt und jeder mußte entsprechend der Höhe seines Vermögens einen Scheck ausstellen. Mit diesen Schecks ging Hoelz am nächsten Morgen in das Kaufhaus der Stadt und deponierte die Gelder als Äquivalent für die Waren. Dann wurden die Tore geöffnet und die Arbeiter mit ihren Frauen und Kindern konnten sich „kaufen“, was sie brauchten.

Aber die Situation in Mitteldeutschland entsprach nicht der des ganzen Reiches. In Berlin, in Hamburg und an der Ruhr wußte man, daß der Zeitpunkt für eine allgemeine Aktion nicht gekommen war. Die Genossen in Berlin waren nach reiflicher Überlegung zu dem Schluß gekommen: Man mußte Hoelz unbedingt aufhalten. Man wußte, daß die Noske-Truppen bereits marschierten, um in Mitteldeutschland einzufallen. Es mußte ein Vertrauensmann zu Hoelz geschickt werden, ein Mann, dem er auch glauben würde, um ihn zurückzuhalten. Da wandten sich die Genossen der KPD an Jung, der wie Hoelz der KAP angehörte und deshalb das Vertrauen von Max am ehesten haben würde. Auf ihn würde er hören. So fuhr dann Jung mit dem Genossen Wilhelm Pieck im März nach Mitteldeutschland. Als er ankam, war das Militär schon eingerückt, der Kampf im Gange. Es war nichts mehr aufzuhalten. Max Hoelz wurde verhaftet.

Kurz nach Jungs Rückkehr nach Berlin wurde in Hamburg der Schiffsprozeß angesetzt. Nach Meinung von Justizrat Fraenkl durfte sich Jung diesem Prozeß nicht stellen. Wie sich später herausstellte, hatte Fraenkl recht: bei dem Prozeß wurde Steuermann Hermann Knüfken zu fünf Jahren Gefängnis verurteilt (von denen er zweieinhalb Jahre in Fuhlsbüttel abgesessen hat). Die anderen Matrosen bekamen sämtlich achtzehn Monate. Es konnte gar kein Zweifel bestehen, daß Jung auch verurteilt worden wäre. Dazu kam, daß bei den Wirren in Mitteldeutschland Jungs Mantel verlorengegangen war und als Indiz für seine Teilnahme an dem Aufstand betrachtet werden konnte. Inzwischen war Hoelz der Prozeß gemacht worden. Er wurde zum Tode verurteilt, dann zu lebenslänglichem Zuchthaus begnadigt. Davon hat er neun Jahre verbüßt.

Flucht nach Holland

Wir mußten also aus Deutschland weg. Jung hatte die Absicht, nach Schottland zu gehen und dort zu arbeiten. Mit Genehmigung und Unterstützung des Genossen J. machten wir uns auf die Reise, um über Holland nach Schottland zu gelangen. Mitte Mai fuhren wir nach Hamburg, um von dort bei Emden über die grüne Grenze zu gehen. Von Emden aus begleiteten uns zwei „Genossen“ bis an die Grenze. Später stellte es sich allerdings heraus, daß einer von ihnen ein regelrechter Schmuggler war, der ständig mit Waren und Papieren über die Grenze Handel trieb; der andere war ganz einfach ein Agent, der uns dann auch naturgemäß verriet.

Drei Männer und eine Frau verließen die kleine Bahnstation da oben an der Nordsee und gingen die Landstraße entlang dem Meere zu. Sie hatten sich nicht einmal die Zeit genommen zu einem Glas Grog und tranken in dem Warteraum, der nicht viel größer war als eine Bauernstube, an der Theke stehend, ein Glas Bier und einen Genever mit hastigen Schlucken, um nur so lange zu verweilen, bis ein paar Reisende, die gleichfalls mit dem Zug gekommen waren, in einem Wägelchen von dannen rollten oder, die Kiepen auf dem Rücken, hintereinander langsam den schmalen Wiesenpfad zum nächsten Dorf einschlugen. Dann warf einer der Männer ein paar Münzen auf den Schanktisch und ging hinaus, man hätte sagen können, er lief hinaus. Die Tür, von ihm ins Freie aufgestoßen, flog in dem Wind hin und her. Die anderen gossen den Schnaps hinunter und holten ihn mit Mühe ein. Es war vollkommen überflüssig, so zu rennen und fiel nur auf. Niemand aber sagte etwas.

Der Wind kam gerade auf sie zu. – Ein steifer Nord-Nord-West, man mußte gegen ihn wie gegen eine Mauer angehen. Die Vier aber schritten so federnd und beschwingt wie jemand, der sich eines guten Ziels bewußt ist.

Die Grenze konnte nicht mehr allzuweit entfernt sein. Sie hatten jetzt den Wind nicht mehr von vorn, auch schien er mit der Dämmerung, die sich herniedersenkte, an Schärfe zu verlieren. Dafür kam nun ein feiner Regen auf. Sie schritten scharf rechts quer in die feuchten Wiesen hinein. Ein kalter weißer Nebel hob und senkte sich darüber, ihre Stiefel wurden allmählich naß und lehmig. Mit jedem Augenblick wuchs die Dunkelheit und dehnte die Konturen der Bäume bis in die Wolken, die tief am Himmel schleppten.

Sie hatten höchstens noch eine Stunde Weg bis an die Grenze. In einer leeren Scheune, in der Heu und Stroh aufbewahrt worden war, machten sie eine kurze Rast, legten sich auf den Boden und schliefen etwas. Erst wenn die Dunkelheit der Nacht hereingebrochen war, konnte man weitergehen. Der Schrei von einem Käuzchen weckte sie. Zeit, aufzubrechen.

Die Landstraße lief auf den Deich aus, der in vollendet rundem Bogen die Bucht des Meerbusens umspannte. Es war die Stelle, wo die vier die Höhe des Deichs verlassen mußten. Trotz Nacht und Nebel hätten ihre Silhouetten für jedes Grenzers Auge ein gutes Ziel geboten, – wenn Poeten auf Patrouille gewesen wären.

Schön war der Anblick der Bucht, die vor ihnen lag. Aber Schmuggler dürfen vor der Schönheit von Meer und Strand und Schlick und Deich nicht in Bewunderung stehenbleiben. Der Sternenflor hoch im Zenit kann für sie nicht Gegenstand von kosmischer Verzückung sein, nichts anderes sind diese Dinge für sie, als was zum Beispiel Tiere für den Bauern sein müssen: Lebensnotwendigkeiten. Man muß sie kennen, sie zu behandeln wissen und ihr Gesetz beherrschen, wenn man von ihnen leben will. Die Schmuggler wußten den Weg, sie lebten davon, daß sie jede Klippe im Meer und jeden Streifen Erde auf dem Land kannten: am Fuß des Deiches, im Schlick watend, so gegen jede Sicht geschützt – in vielen Fällen sicher erprobt – auf dieser Fährte gingen sie in jener Regennacht bis an die Grenze.

Sie scheuchten die Pferde und die Kühe auf, die auf den feuchten Wiesen weideten. Die Gäule galoppierten erschrocken den Deich hinauf, die Rinder dagegen kamen mit leisem Brummen auf die vier zu. Einer tätschelte mit weicher Hand die Blesse einer Kuh, die sich an ihn herangedrängt hatte. Man atmete den Geruch des warmen Tierkörpers.

„Da ist die Grenze", sagte jetzt der eine der beiden Schmuggler. Die ausgestreckte Hand zitterte in der Luft. Er bemühte sich, das Beben seiner Stimme zu verbergen. „Dort seht ihr schon die Brücke. 'ne kleine Schleuse übern Wasserarm. Wenn ihr an Land kommt, seid ihr drüben." Er flüsterte und blickte ängstlich um sich.

„All right", sagte Jung. Ihm wurde klar, daß erst an diesem Punkt die Schwierigkeit begann. Bisher war alles vollkommen legal gewesen. Niemand verwehrte einem, nachts im Regen hier herumzugehen. Erst jenseits jener kleinen Brücke, in ihren Umrissen kaum zu erkennen durch den Wasserschleier, hätte ein Mann in Uniform die Hand auf unsere Schulter legen dürfen, weil wir keine richtigen Pässe und kein Visum hatten.

Jung griff in die Tasche, er zählte mit den Fingern das Geld in Scheinen ab. Die neuen Dinger klebten noch ein wenig aneinander. Sie knisterten, als er sie kniffte und in die Hand des Schmugglers legte.

Dann trennten wir uns von den beiden Männern und gingen alleine weiter.

Zunächst mußten wir über eine Reihe von Drähten steigen, die wohl so eine Art Markierungslinie darstellten. Wir hielten die Mappen, die unsere Sachen bargen, zwischen den Zähnen und kletterten vorsichtig über den Stacheldraht, um nicht die Kleidung zu zerreißen, auf die wir gegenwärtig angewiesen waren. (Der Draht hätte auch elektrisch geladen sein können.) Als wir das Hindernis dann überwunden hatten, sahen wir zurück: nichts, – niemand. Um uns nur Erde, Himmel und der Regen.

Jetzt hatten wir die Brücke erreicht, ein schmaler Steg über das Wasser – Rauschen einer Schleuse. Das kleine Holzbrett, naß und glitschig von dem Regen, ohne Geländer, nur für die wohlgeübten Füße der Schleusenschiffer berechnet. Wir mußten unsere Schritte dämpfen. Wir balancierten wie Seiltänzer. Am Ende der Brücke dann das Haus des Schleusenwärters. Wenn jetzt ein Hund anschlagen würde! Aber kein Laut außer dem Rauschen des Wassers und des Regens. Nur in den Ställen hörten wir die Pferde stampfen und an der Kette reißen. Vielleicht, daß, wenn das Wetter nicht so jämmerlich gewesen wäre, jemand nachgesehen hätte, weshalb die Tiere unruhig wurden, so aber rührte sich kein Mensch. Wir waren auf fremdem Boden.

Der Regen hatte aufgehört. Es war ganz hell geworden, der Himmel ohne Wolken. Wie ein Ariadnefaden führte die Telegraphenleitung die Fremden über einen flachen Acker, weg von der Nähe des Meeres, der Welt der Städte zu. Wir folgten dieser Drahtschnur hoch über unseren Köpfen, so wie sie ein Telegraphenmast dem anderen weiterreichte, auf einem Weg, der zwischen Feldern, weißen Blüten, deren Namen wir nicht kannten, entlanglief. Aus einer Ackerfurche stieg steil die erste Lerche auf.

Sechs Stunden Weg. Wir hatten einen Bahnhof erreicht, von wo aus wir den Zug benutzen durften zur Weiterfahrt, ohne besonders aufzufallen. Die Schilder hatten Namen, die wir nicht lesen konnten. Das war gut. Endlich mußten wir auch unseren Hunger stillen. Bei einem Mann, der in der Bahnhofswirtschaft auf uns zukam, bestellten wir lakonisch: „Kaffee“. Kaffee, das ist ein internationales Wort, man lief nicht allzuviel Gefahr dabei, wenn man es nicht zu deutlich murmelte. Der Wirt verstand es auch sofort, stellte jedoch noch eine längere Frage. Wir nickten und konnten uns nur selbst zu dieser Kopfbewegung beglückwünschen, denn wir bekamen ein umfangreiches Frühstück.

Dann ging ich an den Schalter, eine Frau fällt weniger auf, ich sagte wieder nur ein Wort, nichts weiter als den Namen jenes Ortes, wohin wir fahren wollten und legte ein großes Geldstück auf das Brett. Auf diese Weise hatten wir es nicht nötig, nach dem Preis zu fragen, erhielten jeder das kleine Stückchen Pappe, das uns zu dieser Fahrt berechtigte, und eine Handvoll größerer und kleinerer Silbermünzen zurück. Wir stiegen vollkommen unbehelligt in den Zug. Mit uns fuhr eine kleine Gruppe von Grenzern, die uns ein wenig mißtrauisch musterten. Aber die Grenze war schon weit hinter uns. So fuhren wir in das Land hinein. Fast augenblicklich schliefen wir vor Erschöpfung ein, während die Räder uns in das fremde Land hineinrollten.

Wir fuhren nach Rotterdam und gingen in ein Hotel, in das man uns gewiesen hatte. Wir hatten ja keine regulären Pässe. Der Wirt dieses Hotels stand mit den Schmugglern in Verbindung. Er schien auch ein bißchen Mädchenhandel zu betreiben, denn wir hörten aus dem Zimmer, das neben dem unseren lag, das jämmerliche Weinen einer Frau, auf die ein Mann vergeblich einsprach. Wir konnten ihre Sprache nicht verstehen. Aber der Tonfall ihrer Stimmen sagte deutlich genug, um was es sich handelte.

In Rotterdam suchten wir einige Genossen auf. Aber da es gerade Pfingsten war, feierten alle Leute. Wir trafen die Genossen, die uns hätten weiterbringen sollen, nicht an. Auch der Genosse Herman Gorter war nicht in seinem Hause. Am Tag unserer Ankunft war er nach Moskau zum Kongreß gefahren. Dann versuchten wir, die Genossin Henriette Roland-Holst auf ihrem Gut aufzusuchen, das bei Zundert lag. Sie war eine sehr reiche Frau und interessierte sich für die sozialistische Bewegung. Vielleicht wäre es anders gekommen, wenn sie uns geholfen hätte: ihre Besitzung lag direkt an der belgischen Grenze, und es war natürlich klar, daß die Umgebung beobachtet wurde. So wurden wir bereits wenige Schritte von ihrem Hause durch einen Polizisten angehalten. Und als wir in Zundert in eine Gastwirtschaft gingen, um etwas zu essen, – das Lokal war voller fröhlicher Gäste, die ihr Pfingstschießen feierten – erschien der Kommandant der gegenüberliegenden Polizeiwache und verlangte unsere Ausweise. Wir wurden verhaftet.

Die kleine holländische Stadt Zundert an der Brabanter Grenze besaß kein eigenes Gefängnis. Sie hatte nur eine Grenzpolizeistation, die über drei oder vier Zellen verfügte, in denen Gefangene höchstens ein paar Tage bis zum Weitertransport festgehalten wurden. Bei unserer Verhaftung wurden Franz und ich getrennt und jeder kam in eine der kleinen Zellen zu ebener Erde, weiß getünchte Räume mit einer schmalen Luftklappe, ähnlich einem Tierstall. Der Raum enthielt eine Pritsche mit ein paar Decken darauf, das war alles. Das einzig Gute war die holländische Sauberkeit. Hier gab es wenigstens keine Wanzen oder anderes Ungeziefer. In der Zelle – ich wurde darin vier Wochen festgehalten – befanden sich übrigens an der Wand Ketten von mittelalterlichen Ausmaßen. Wie überall in Gefängnissen waren die Wände bekritzelt mit Namen und Inschriften in allen möglichen Sprachen. Darunter fand ich eine „Tom Mix, the famoust player of the world". Sicher hatte der berühmte amerikanische Cowboy-Filmdarsteller hier nicht quartiert, ein Filmenthusiast hatte seinen Namen dort wohl verewigt.

Der holländische Polizeikommandant befand sich in keiner sehr erfreulichen Lage mit zwei deutschen Kommunisten als Gefangenen. Die ersten vierzehn Tage saß ich in meiner Zelle, ohne auch nur ein einziges Mal herauszukommen und ohne jede Beschäftigung. Ich kann nur sagen, es ist eine gute Schule, sich auf sich selbst zu besinnen, die man eigentlich vielen Menschen gönnen sollte, besonders denen, die über andere Strafen verhängen. Mein Wärter war ein einfacher Bauer. Seine Frau versorgte mich täglich mit Essen von ihrem eigenen Tisch.

Eines Tages ließ mich der Kommandant der Polizeistation zu sich kommen. Er sprach übrigens ein ausgezeichnetes Deutsch. Er erklärte mir, daß Jung in das „Huis van Bewaring" in der größeren Stadt Breda gebracht worden sei. Meinem Verlangen nach Aussprache mit einem Anwalt oder einem Vertreter des deutschen Konsulates wurde nicht entsprochen. Aber von nun an wurde ich wenigstens jeden Tag für eine Viertelstunde auf einen kleinen Hof geführt. Auch gab man mir meine kleine Reiseschreibmaschine, die wir mitgenommen hatten. Ich schrieb im Gefängnis zwei Artikel, die später auch veröffentlicht wurden.

So vergingen weitere zwei Wochen. Dann ließ mich der Kommandant eines Abends wieder zu sich holen und fragte mich, was ich zu machen gedenke, wenn ich entlassen werde. Ich sagte ihm, ich würde eine Stellung als Abwäscherin oder Zimmermädchen in einem Hotel annehmen, um in Holland bleiben zu können, solange mein Mann dort festgehalten werden würde. Der Kommandant lachte darüber und eröffnete mir, daß ich am nächsten Morgen nach Deutschland abgeschoben werden sollte. Dann ließ er mich eine Erklärung unterschreiben, daß man mich in Holland gut behandelt hätte. Ich weigerte mich zunächst, denn ich hielt es nicht für eine gute Behandlung, ohne Rechtsschutz und Verbindung mit deutschen Stellen geblieben zu sein. „Und außerdem, wozu wollen Sie das haben?"

„Bei Euch Kommunisten kann man nie wissen, wie es ausgeht", lachte er. „Vielleicht werdet Ihr einmal große Leute. Auch Lenin ..." Er schien viel Vertrauen zum Sozialismus zu haben. Da Franz unterschrieben hatte, setzte ich also auch meinen Namen unter die Erklärung.

Es war eine schlimme Nacht, die nun folgte. Ich wurde nach Deutschland ausgewiesen, Jung blieb in Holland. Was würde werden? Ich konnte nicht nach Holland zurück und er nicht nach Deutschland. Wann würden wir uns wiedersehen? Es mußte einen Weg geben – die Liebe überwindet alle Grenzen.

Am nächsten Morgen in aller Frühe kamen zwei riesige Polizisten und brachten mich zur Bahn. Ich überlegte auf der Fahrt in der Elektrischen nach Breda, ob ich einfach aus dem fahrenden Zug springen sollte. Was würde dann geschehen? Ich würde mir vermutlich etwas brechen und in ein Krankenhaus gebracht werden. So könnte ich in Holland bleiben. Aber würde ich damit Franz nützen?

In Breda protestierte ich gegen meinen Weitertransport. Ich wollte ins Gefängnis zu Franz, ich wollte zu einem Anwalt, ich wollte zu meinem Konsulat. Die Polizisten schüttelten immer nur den Kopf: „Kanitverstan". Ich versuchte, einen holländischen Offizier festzuhalten und ihm meine Lage zu erklären. Er flüchtete. Ich wandte mich an einen älteren Herrn in Zivil – aber wer sollte einer Gefangenen, die auf dem Transport war, helfen? In diesem Augenblick erschien vor dem Bahnhof eine „Grüne Minna". Ihr entstiegen zwei Gefangene, die Masken vor dem Gesicht trugen. Vier Mann waren zu ihrer Begleitung dabei. Der Zug fuhr ein, einer meiner Begleiter hob mich einfach wie ein Kind auf und setzte mich hinein. Dann fuhren wir los, die beiden Gefangenen, die sechs Polizisten und ich in einem geschlossenen Abteil. Die beiden Gefangenen nahmen ihre Masken vom Gesicht, hier waren wir unter uns. Der eine war, wie er erzählte, ein Devisenschieber, der sehr gut deutsch sprach, der andere ein holländischer Defraudant. Sie fuhren zu einem Prozeß, bei dem sie gegenübergestellt werden sollten. Und dann kam wieder das gute holländische Herz zum Vorschein: meine Begleiter förderten ein riesiges Paket mit Eßwaren und Zigaretten zu Tage, das für meinen Transport bestimmt war. Ich erklärte allerdings, die Sachen nur anzunehmen, wenn die beiden anderen Männer an dem opulenten Mahl mit Eiern, Schokolade, Kuchen und Weißbrot teilnehmen durften. Nach einigem Hin und Her durften sie. So fuhren wir bis Venlo. Dort trennten sich unsere Wege.

Auf der ersten deutschen Station wurde ich aus dem Zug gesetzt und meine Begleiter machten den deutschen Stationsvorsteher darauf aufmerksam, daß er dafür sorgen müßte, mich in einen Zug zu setzen, der nach Berlin fuhr. Am Bahnhofsbüfett wollte ich ein Glas Milch bestellen. Neben mir an der Theke stand ein Mann auf Krücken. Er mußte beim Gehen beide Beine nur zwischen den Krücken schwingen und konnte sie nicht gebrauchen. Er trug eine vollkommen abgetragene schmutzige Uniform. Aus seinen Taschen förderte er ganze Hände von Kleingeld zu Tage, englisches, amerikanisches, französisches, holländisches und deutsches und rollte es wohlgeordnet ein. Dann wechselte er bei dem Wirt das Kleingeld in große Scheine um, die er in seiner Brusttasche verstaute. Als er meinen fragenden Blick bemerkte, wandte er sich freundlich zu mir und zeigte auf das Geld. „Brauchen Sie?" sagte er, „dann nehmen Sie bitte, soviel Sie wollen."

Geld war es nicht, was ich benötigte. Aber dieser Mann, dieser, wie ich glaubte, Schwerverwundete, flößte mir Vertrauen ein. Ich setzte mich mit ihm an einen Tisch und erzählte ihm, daß ich aus Holland ausgewiesen sei. Vertrauen gegen Vertrauen. „Sehen Sie", sagte der Krüppel, „ich bin seit meiner Geburt verkrüppelt, ich habe nie anders gehen können. Aber nun kommt es mir zugute, ich mache mein Geschäft damit. Die englischen Soldaten und die französischen haben ein schlechtes Gewissen, wenn sie mich in der deutschen Uniform so zerstört im Straßengraben sitzen sehen, sie geben mir Geld, viel Geld." Durch die Bahnhofswirtschaft kam jetzt ein anderer deutscher Soldat in zerlumpter Uniform gehumpelt. Er sah sich um und kam auf unseren Tisch zu. „Den lerne ich jetzt an", sagte mein neuer Freund, „er verdient auch schon ganz schön."

Dann kam mein Zug, und ich fuhr in dieser Nacht durch das Ruhrgebiet und immer weiter nach Deutschland hinein nach Berlin.

Mein erster Weg führte mich zu Justizrat Fraenkl. Wir mußten von neuem um Jungs Befreiung kämpfen. Wieder halfen viele Freunde. Diesmal galt es, auch das Ausland zu interessieren. So half mir unser Freund Josef Grabisch, der bekannte Übersetzer vieler englischer Werke, und seine amerikanische Frau, so halfen John Graudenz, Rudolf Leonhard und viele andere. Die deutsche Regierung stellte an die holländische den Antrag, ihr Jung auszuliefern. Aber die Holländer vertraten den Standpunkt, da sie Wilhelm II. nicht ausgeliefert hätten, läge auch kein Grund vor, einen Kommunisten auszuliefern.

Ende Juni 1921 wurde die Sache von Franz Jung in Breda verhandelt. Die holländische Presse berichtete in großen Artikeln darüber. So brachte „De Telegraaf" vom 1. Juli und vom 2. Juli seitenlange Artikel über den Verlauf des Prozesses. Jungs Verteidiger waren die holländischen Anwälte Dr. Bekker und Dr. van den Hurk. Beide Anwälte waren in Berlin gewesen und hatten mit Justizrat Fraenkl und mir den Fall besprochen. Die Schwierigkeit bestand in erster Linie darin: nachdem die holländische Regierung die Auslieferung verweigert hatte, erhob sich die Frage, wohin mit Jung. Eine Ausweisung in ein anderes Land hätte bedeutet, daß er an der Grenze Belgiens oder Frankreichs wiederum verhaftet worden wäre. Ihn nach Deutschland auszuweisen, bedeutete, ihn auszuliefern. Was nun?

Wieder waren es die sowjetischen Freunde, die halfen. Sie erklärten uns zu Sowjetbürgern und damit war die Möglichkeit gegeben, daß wir in unser „Vaterland", die Sowjetunion, fahren konnten.

Im holländischen Gefängnis hatte Jung drei neue Bücher geschrieben. „Mehr Tempo, mehr Glück, mehr Macht", als zweiter Band der „Technik des Glücks" gedacht, „Die Eroberung der Maschinen", ein

Roman, in dem Motive aus dem mitteldeutschen Aufstand verarbeitet sind, und das Schauspiel „Annemarie". Alle drei erschienen im Malik-Verlag.

Als ich von Holland nach Berlin zurückgekommen war, habe ich mich zum ersten Mal auch selbst aktiv an der politischen Arbeit beteiligt. Die Genossen unserer Partei baten mich, sich um die Jugendarbeit der KAP zu kümmern, mit der sie nicht recht voranzukommen schienen. Was mir als erstes in den vielen Jugendversammlungen, die ich nun besucht habe, auffiel, war der völlig unjugendliche Geist, der dort herrschte. Wohl waren viele dieser jungen Menschen, die zwischen fünfzehn und zwanzig Jahren alt sein mochten, (während ich immerhin bereits neunundzwanzig Jahre alt war) in der Lage, frei kleine politische Referate zu halten, sie konnten auch gut diskutieren. Aber – es fehlte jede Selbständigkeit des Denkens und vor allem die Flamme der Begeisterung. Stundenlang saß ich in diesen Jugendversammlungen und wartete auf den Geist der Jugend, der mit Begeisterung weitertragen sollte, was die Älteren an Erkenntnissen und Erfahrungen gewonnen hatten. Worüber diese jungen Menschen am heftigsten debattierten, das waren Fragen der Organisation und Kompetenz.

Diese Sommermonate in Berlin, in denen ich darauf wartete, in die Sowjetunion zu fahren, waren eine schöne Zeit, die mich fast an die Jahre unserer literarischen Diskussionen in der Vorkriegszeit erinnerte. Nächtelang bin ich mit kleinen Gruppen von jugendlichen Genossen durch die Straßen Berlins gegangen und immer wieder habe ich mich bemüht, in ihnen den Funken zu wecken. Es mußte in den jungen Menschen die „Idee" lebendig werden, das Zentrum, von dem aus die Entwicklung weiterging, das Neue sich entfalten konnte.

„An die Arbeitsfront nach Sowjetrußland"

Eines Tages erhielt ich ein Telegramm aus Holland: „Abfahre Sowjetunion".

Die Schwierigkeit für Jung hatte darin bestanden, aus Holland nach Leningrad befördert zu werden. Da er die deutsche Grenze nicht überschreiten konnte, blieb nur der Seeweg offen. Aber die Geschichte des

„Schiffsraubes“ machte die Kapitäne unsicher, und lange fand sich niemand, der das Risiko auf sich nehmen wollte. Endlich brachte ein dänischer Kapitän den „Mut“ auf, Franz nach Leningrad zu befördern.

Es war im August des Jahres 1921. In der Sowjetunion war nach zwei schweren Dürrejahren eine furchtbare Hungerkatastrophe gerade in den fruchtbarsten Gebieten ausgebrochen.

Am 4. August fuhr ich mit Unterstützung des Genossen J. in Begleitung eines Sowjet-Kuriers über Stettin, Reval nach Petrograd (heute Szczecin-Tallin-Leningrad).

Bis Stettin begleitete mich Marianne Gundermann. Dann stieg ich auf den Dampfer und mit ihr blieb der letzte deutsche Freund zurück, ich fuhr allein der Zukunft entgegen. Vor der Abfahrt erschienen zwei deutsche Kriminalbeamte und untersuchten mein Gepäck und meine Kabine. Vielleicht nahmen sie an, Jung hätte sich in einem meiner Koffer versteckt oder ich hätte Absichten, das deutsche Schiff zu entführen. Fünf Tage dauerte die Überfahrt. Den wenigen deutschen Passagieren erschien es unheimlich, daß eine Frau allein in das hungernde und noch von Interventionskämpfen erschütterte Sowjetrußland fahren wollte. Mit mir auf dem Schiff fuhren noch der Schweizer Genosse Humbert-Droz und ein paar russische Genossen, die im Ausland lebten. Sie wollten zum Kongreß der III. Internationale. In Reval bestiegen wir den Zug nach Petrograd. Bei Jamburg passierten wir die russische Grenze.

Die Wälder im Grenzgebiet trugen noch die Narben des Krieges und der Interventionskämpfe: zerschossene und verbrannte Bäume. Auf den Stationen hungernde und bettelnde Kinder. Nach langer Fahrt durch flache Gegenden endlich Leningrad. Ein Auto erwartete uns am Bahnhof und brachte uns in das Hotel International.

Vier Wochen wartete ich in Leningrad auf die Ankunft Jungs. Es waren keine leichten Wochen. Ich kannte keinen Menschen, konnte kein Wort russisch. Dazu war auf dem Kongreß der III. Internationale die Verbindung zur KAP gerade abgebrochen worden. Es war die Zeit kurz vor Einführung der Neuen Ökonomischen Politik (NÖP).

Meist saß ich allein in meinem sehr schönen großen Zimmer, das man mir zugewiesen hatte. Im Hotel gab es eine Dolmetscherin, die die fremden Gäste betreute. Sie war zunächst der einzige Mensch, mit dem ich mich unterhalten konnte. Von ihr lernte ich auch die ersten russischen Worte. Das erste Wort, das sie mir übersetzen mußte, war: danke. Ich wollte den Kellnern, die mir täglich das Essen vorsetzten, wenigstens höflich danken. „Spassiba“, sagte ich und lächelte den alten Kellner an, worauf er wieder lächelte und eine längere Antwort gab, die ich natürlich nicht verstand. Trotzdem war es nicht allzu schwer, sich mit den einfachen Menschen zu verständigen. Sie waren alle voll guten Willens zu helfen. Einmal mußte ich zum Smolny fahren, dem zentralen Verwaltungsgebäude Leningrads, das früher einmal das Mädcheninternat für adlige junge Mädchen war. Man hatte mir gesagt, ich müßte in eine Elektrische der Linie 8 einsteigen. Das tat ich auch und fragte die anderen Mitfahrenden „Tramway – Smolny?“! Darauf erfolgte von allen Seiten großer Protest und man gab mir freundliche Erklärungen und Ratschläge. Ich verstand kein Wort. Schließlich begriff ich so viel, daß ich die falsche Bahn erwischt hatte und an der Haltestelle setzte man mich einfach auf die Straße. Eine Bauersfrau, die unzählige Kiepen übereinandergetürmt auf dem Rücken hatte, faßte mich bei der Hand, ging mit mir über den Damm und wartete auf die richtige Elektrische. Es stellte sich heraus, daß ich in die falsche Richtung gefahren war. Ich dankte ihr und versuchte ihr deutlich zu machen, daß ich nun alleine weiterkäme. Aber, so ist der russische Mensch, trotz ihrer schweren Bürde blieb die Frau bei mir stehen, bis die Bahn kam, mich immer an der Hand haltend, setzte mich in die Elektrische und gab den Mitreisenden eine wortreiche Erklärung, daß ich in den Smolny wollte.

Auf den Rat der Dolmetscherin ging ich einmal in die Eremitage, aber ich war zu unruhig und voll des Wartens, als daß ich für den Kunstgenuß aufnahmefähig gewesen wäre.

Eines Tages setzte sich an meinen Tisch zum Mittagessen ein jüngerer dunkelhaariger Mann, wie sich herausstellte, ein spanischer Genosse, mit dem ich mich französisch unterhalten konnte. Unser Französisch war zwar nicht fehlerfrei und nicht besonders elegant, aber es reichte zur Verständigung. Er war schon längere Zeit in Leningrad und wir gingen nun täglich zusammen zum Hafen, ich immer in der Hoffnung, daß eines Tages ein Schiff ankommen würde, auf dem Jung wäre. Mein neuer Freund, als dessen Namen mir etwa Fernando Rodriguez vorschwebt, wußte auch, wo man Konzerte besuchen konnte und wir gingen zusammen in ein Beethoven-Konzert. Nie habe ich wieder so eine feierliche Anteilnahme an der Musik erlebt als bei diesen Zuhörern, die durchweg junge Arbeiter waren, die Frauen mit roten Tüchern auf dem Kopf.

Nach vier Wochen sagte man mir, ich müßte nun nach Moskau fahren. Dort war das Hotel Lux, in dem alle ausländischen Delegierten wohnten. Die Neue Ökonomische Politik brachte es mit sich, daß im Hotel International die Gäste nicht mehr unentgeltlich verpflegt werden konnten, wie es bisher der Fall war. Es gelang mir, noch eine Woche Frist in Leningrad zu erhalten, wo ich mich mit Jung verabredet hatte, dann aber gab mir eines Abends die Dolmetscherin die Fahrkarte nach Moskau und sagte, ich müsse am nächsten Morgen abfahren. Mein spanischer Freund reiste ebenfalls von Leningrad ab, er fuhr über Deutschland nach Frankreich.

Ich fuhr im Abteil mit einem großen jüngeren Mann, der einen englischen Namen murmelte, als er einstieg. Wie sich herausstellte, sprach er aber ein sehr gutes Deutsch und konnte sich überhaupt in vielen Sprachen verständlich machen. Er erzählte mir, daß er der Boxer Sharkey sei und war nicht wenig entrüstet, als ich von seinem Ruhm als Boxer nichts wußte. Soviel ich mich erinnere, war Sharkeys Vater ein Ire, seine Mutter eine Lettin. Er wohnte in Kalifornien, wo er eine Farm besaß. Er war ein großartiger Kamerad und erzählte allerlei Geschichten. So, wie er einmal in einer Kiste verpackt als „Blinder“ nach der Sowjetunion gereist war, um das Land, das als erstes den Sozialismus aufbaute, kennenzulernen. Oder wie er ein andermal in der Uniform eines amerikanischen Soldaten in New York antimilitaristische Flugblätter verteilt hatte. Aus seinem Gepäck holte er zwei gewaltige Konservenbüchsen hervor, die eine mit einer Fleischkonserve, die andere mit Obst. Als wir uns daran satt gegessen hatten, war höchstens ein Viertel der Fünfpfundbüchsen geschafft. Den Rest wollte Sharkey zum Fenster hinauswerfen, weil er der Meinung war, sie würden schlecht werden. Ich war dafür, sie einer Gruppe von Rotarmisten zu geben, die mit uns fuhren, was er dann auch zur Freude der Soldaten tat.

Ein dünner anhaltender Regen fiel, als wir in Moskau ankamen. Ich war stark deprimiert, wußte ich doch nicht, wann und wo ich nun Franz wiedersehen sollte. Am Bahnhof traf ich zwei deutsche Genossen, die nach Berlin fuhren. Wir hatten nur wenig Zeit, miteinander zu sprechen. Mein Herz war schwer, als wir uns voneinander verabschiedeten.

Das Hotel Lux war ganz anders als das „International“ in Leningrad. Hier waren noch alle Gäste vom Kongreß anwesend, Genossen aus allen Ländern, Amerikaner und Franzosen, Norweger und Inder, Chinesen und Afrikaner.

Nachdem ich die Formalitäten der Anmeldung erledigt hatte, ging ich durch die überfüllten Korridore in den Speisesaal, um das Essen einzunehmen. Und da sah ich plötzlich zwischen den in allen Sprachen sprechenden Menschen aus den verschiedenen Nationen Jung sitzen. Ich stürzte auf ihn zu, wir hatten uns endlich wiedergefunden. Wie sich herausstellte, war Franz mit dem gleichen Zug nach Moskau gekommen wie ich. Er hatte mich in Leningrad gesucht und als er erfuhr, daß ich bereits nach Moskau gefahren war, fuhr er sofort weiter.

In der ersten Zeit war unsere Situation recht schwierig. Es war auch für die sowjetischen Genossen nicht leicht, uns sofort in eine Arbeit einzugliedern. Die Frage der KAP war gerade auf dem Kongreß der III. Internationale geklärt worden. Die Zerrissenheit und die Zwiespältigkeit, in die diese Partei inzwischen geraten war, hatte es verhindert, wie es der ursprüngliche Vorsatz der Partei war, sich in die Kommunistische Internationale mit einzureihen. In der KAP waren inzwischen verschiedene Richtungen aufgetreten. Nach einer Reihe von Diskussionen mit deutschen und sowjetischen Genossen in Moskau schrieb Jung dann eine offene Erklärung an die KAP nach Berlin. In dieser Erklärung hatten sich Jung und eine Anzahl deutscher Genossen, die teils Mitglieder der KAP waren oder Mitglieder ausländischer Sektionen, zu dem Standpunkt Lenins und der Komintern in der Frage der KAP bekannt. Es wurde darin dargelegt, daß eine weitere Uneinigkeit in der deutschen Arbeiterschaft zu diesem Zeitpunkt gefährlich sei und daß alle Kräfte einheitlich für die proletarische Revolution eingesetzt werden müßten. Das Auseinanderstreben der Kräfte könne nur dazu beitragen, den aktiven Kampf zu gefährden. Diese Erklärung wurde an die Genossen der Leitung der Kommunistischen Arbeiterpartei Deutschlands weitergeleitet, von diesen aber nicht bekanntgegeben. Nachdem einige Monate vergangen waren, ohne daß eine Stellungnahme der KAP zu der Erklärung von Jung, die ich heute noch im Wortlaut besitze, erfolgte, wurde der Weg über die deutsche Sektion der KPD in Moskau gewählt, um die Erklärung zu veröffentlichen. Sie erschien im Dezember oder Januar 1921 in der „Roten Fahne“. Erst danach blieb der Parteileitung der KAP nichts weiter übrig, als in ihrer Zeitung, der „KAZ“, auf diese Erklärung zu antworten. Der damalige Erste Vorsitzende der Delegation der Vereinigten Kommunistischen Partei Deutschlands, Sektion der Kommunistischen Internationale, Wilhelm Pieck, teilte Jung in einem kurzen Schreiben diese Tatsache mit. Jung machte dann den sowjetischen Genossen einen Vorschlag zum Ausbau der Propagandaabteilung für die internationale Presse. In diesem Exposé begründete er seinen Vorschlag damit, daß es für die damalige Situation gut wäre, einen organisierten Nachrichtendienst zu schaffen. Die Einreise zahlreicher bürgerlicher Journalisten nach Sowjetrußland hatte es mit sich gebracht, daß mitunter die bürgerlichen Blätter umfangreicher mit Nachrichten bedient wurden als die kommunistischen und insbesondere auch die sozialdemokratischen Zeitungen, die völlig auf die Nachrichten der bürgerlichen Presse angewiesen waren. Gerade zu Beginn der Neuen Ökonomischen Politik und der wirtschaftlichen Aufbauarbeit war eine sachliche Berichterstattung notwendig. Die bürgerlichen Korrespondenten sandten entweder wissentlich falsche Berichte, oder sie waren so mangelhaft informiert und begriffen die sozialistischen Grundprobleme so wenig, daß sie der Situation in der Sowjetunion vollkommen hilflos gegenüberstanden. Hier also galt es, eine Aufgabe zu erfüllen und eine Änderung herbeizuführen. Wichtig war, daß der Apparat des Nachrichtendienstes zentral und journalistisch fundiert organisiert würde. Gemeinsam mit dem Genossen Josef Schneider wurde Jung beauftragt, eine derartige Propagandaarbeit für die Presse zu leisten. Ich selbst habe in dieser Abteilung als Sekretärin gearbeitet.

Im Hotel Lux lebten viele deutsche Genossen. Mit einigen von ihnen haben wir in der Folgezeit eine herzliche freundschaftliche Verbindung aufrecht erhalten. So besonders mit den beiden Schwestern Lu und Eva Geißler, die die Münchener Räterevolution mitgemacht hatten. Sie waren in Moskau Mitarbeiterinnen des Sekretariats der Komintern, deren Erster Sekretär der Genosse Mátyás Rákosi war.

Internationale Arbeiterhilfe

Im Rahmen seiner journalistischen Propagandaarbeit wurde Jung die Leitung der Internationalen Hungerhilfe in der Sowjetunion übertragen. Leiter dieser Organisation in Deutschland war Willi Münzenberg. Auf Vorschlag von Jung wurde der Name der Organisation später in „Internationale Arbeiterhilfe" (IAH) umgewandelt. Das erste Büro dieser später zu einer riesigen Organisation angewachsenen IAH befand sich in unserem kleinen Hotelzimmer, in dem nun vom frühen Morgen bis in die späte Nacht Besprechungen, Sitzungen und Versammlungen stattfanden. Hinter dem Samtvorhang in unserem Schlafraum saß ich mit meiner Schreibmaschine und schrieb Protokolle, Aufrufe, Berichte und Briefe.

Von Franz Jung erschien in dieser Zeit eine Broschüre, „Hunger an der Wolga", in der er versuchte, die Gründe und Ausmaße der Hungerkatastrophe in den Weizengebieten des Sowjetlandes darzulegen und die Handhaben zu ihrer Bekämpfung aufzuzeigen. Um ein genaues Bild aus dem Wolgagebiet zu erhalten und aus eigener Anschauung den Umfang der Katastrophe kennenzulernen, fuhren wir für einige Wochen über Saratow die Wolga hinauf in die Wolgadeutsche Kolonie. Neben Hunger, Armut und Elend herrschten hier auch Cholera und Typhus.

Nachdem wir nach Moskau zurückgekehrt waren, arbeiteten wir weiter am Aufbau der IAH, die inzwischen ein eigenes Haus in Moskau erhalten hatte. In allen Hungerbezirken waren eigene Stationen eingerichtet worden, denen die Verteilung der aus dem Ausland kommenden Spenden oblag. In Kasan, Saratow, Samara, Zarizyn (dem heutigen Wolgograd) und Tscheljabinsk befanden sich solche Stationen, in denen meist ausländische Genossen und Emigranten arbeiteten. Auch im Ural und in Sibirien wurden Stützpunkte der IAH geschaffen. Es waren nicht so sehr die paar Lebensmittel und Textilien aus dem Ausland, die nur wie ein Tropfen auf dem heißen Stein wirkten, die der Sowjetunion zu diesem Zeitpunkt helfen konnte. Es war vielmehr der Ausdruck der internationalen Solidarität, das Gefühl der brüderlichen Hilfe, die die Kraft gaben zum Durchhalten.

Dieser Moskauer Winter 1921 war für uns eine Zeit des Lernens. In Moskau gab es eine Reihe von Theatern. Es gab das Große Moskauer Theater, das herrliche Opern- und Ballettaufführungen herausbrachte. Ich sah damals – und auch später in Leningrad – Aufführungen der Ballette „Schwanensee", „Giselle" und „Das bucklige Pferdchen" sowie die Opern „Fürst Igor" und „Zar Saltan". Daneben brachten die Studios von Stanislawski, Tairow und Meyerhold Aufführungen, die versuchten, eine neue Form zu finden. So sah ich einmal eine Dramatisierung von Jack Londons Roman „Die eiserne Ferse", in der der Versuch gemacht wurde, den Film in das Bühnengeschehen einzubeziehen. Es wurde beispielsweise eine Agitationsszene unter Arbeitern auf der Straße dargestellt. Mitten in einer wilden Diskussion erschien plötzlich Polizei, es entwickelte sich ein Kampf zwischen Arbeitern und Polizisten, der Führer der Arbeiter sollte verhaftet werden – ein Schuß, ein gellender Schrei – die Bühne verdunkelte sich und der Film, der sofort aufblendete, nahm die Handlung auf und zeigte eine wilde Verfolgung durch Straßen und Häuser. In dieser Technik wickelte sich die gesamte Handlung ab: die Dialoge wurden von den Schauspielern auf der Bühne gesprochen, dann nahm der Film die weitere Handlung auf. Ich erinnere mich, daß diese Aufführung auf mich einen außerordentlichen Eindruck machte. Franz Jung dagegen, mit dem ich ein zweites Mal das Stück sah, lehnte die Aufführung ab. Ich kann heute nicht mehr sagen, welches seine Argumente dagegen waren.

Eine andere Aufführung war die von „Turandot". Bei dieser Aufführung wurde die Handlung durch zwei Sprecher, die rechts und links an der Rampe standen, erklärt. Als der Vorhang sich hob, erschienen die Schauspieler auf der Bühne und kleideten sich um. Der Prinz trat in einem Frack auf, wand sich ein grünes Tuch als Turban um den Kopf und ein ebensolches um die Hüften, um ein orientalisches Kostüm anzudeuten. Turandot selbst trug zu einem langen weiten Gesellschaftskleid nur einen Schleier über dem Kopf. Die Kulissen wurden von einer Gruppe junger Mädchen in dunkelblauen Arbeitsanzügen bei offener Bühne aufgestellt, ähnlich vielleicht wie es zur Zeit von Shakespeare gewesen sein mochte. Diese Gruppe von Bühnenarbeiterinnen wiederholte nach jedem Akt die Handlung auf der Bühne in pantomimischer und leicht karikierender Form.

Ich habe später einmal Piscator von dieser Aufführung erzählt. In seiner Inszenierung von Friedrich Wolfs Schauspiel „Tai Yang erwacht“ im Berliner Wallner-Theater hat er einzelne Anregungen aufgenommen. Zu Beginn der Aufführung war auf der Bühne der Garderobenraum der Schauspieler zu sehen. Die Künstler erschienen einer nach dem anderen, als kämen sie von der Straße, legten Hut und Mantel ab und setzten sich vor den Garderobenspiegel, um sich zu schminken. Dabei unterhielten sie sich über das aufzuführende Stück und diskutierten lebhaft seine Probleme. Während ihres Gespräches glitten sie allmählich in die Handlung des Dramas hinein.

Eine weitere Bühne in Moskau war das Jiddische Theater, in das mich einmal ein Freund mitnahm. Es war nicht größer als ein Filmtheater. Die Wände hatte Marc Chagall ausgemalt. Das Besondere daran war, daß auf die Längswände des Theaters je eine riesige Figur gemalt war, die mit ihrer Gestalt die ganze Höhe der Wand ausfüllte, und deren Köpfe in der Mitte der Deckenwölbung zusammenstießen.

Hier wurden kleine Sketche in jiddischer Sprache gespielt. Ich erinnere mich noch zweier dieser kleinen Stücke: auf der mit den allereinfachsten Mitteln und nur ganz wenigen Requisiten ausgestatteten Bühne gaben zwei Schauspieler eine Unterhaltung wieder, die auf einem kleinen Bahnhof stattfand. Auf einer winzigen Bank sitzend unterhielten sie sich, bis das Bähnle kam. Ihr Gespräch drehte sich um irgendwelche Bekannte und Verwandte. So redeten sie aufeinander ein, Geschichten von der Familie Cohn, und meinten dabei zwei ganz verschiedene Familien Cohn. Sie stritten heftig, erzählten haarsträubende Dinge und einigten sich am Ende jeder Replik darüber, daß es ja völlig gleich sei, worum es ginge, Hauptsache war, die Zeit zu verbringen, bis der Zug kam. Sie schlossen jede Streitfrage mit dem Satz: „Nu, mir schmusen ja bloß.“

Im zweiten Sketch wurde ein Eisenbahnabteil gezeigt, in dem mehrere Versicherungsagenten zusammen reisten. Während der Fahrt versuchte jeder, den anderen gegen irgendetwas zu versichern. Die Schauspieler saßen auf zwei kleinen Bänken einander gegenüber. Sie entfalteten mit viel Geschrei und großen Gesten ihre Prospekte und versuchten, einander von der Sicherheit und Güte ihres Unternehmens zu überzeugen. Dabei führten sie die Bewegungen von Menschen aus, die sich in einem fahrenden Zug befinden. So klein und unbedeutend Dialog und Handlung gewesen sein mögen, so waren sie doch unerhört eindrucksvoll und überzeugend. Sie gaben ein glänzendes Beispiel von den „physischen Handlungen" der Schauspielkunst.

Einmal sah ich Lenin. Es war im Winter des Jahres 1921. Da mich alles, was ich vom sowjetischen Leben sehen und lernen konnte, sehr interessierte, begrüßte ich freudig die Gelegenheit, zur Revolutionsfeier im Großen Moskauer Theater die Karte eines Bekannten zu erhalten, der an der Teilnahme verhindert war.

Als die festliche Musik verklungen war, herrschte eine verhaltene Spannung in dem riesigen Theaterraum. Die Bühne war offen, mit Blumen geschmückt. Um einen langen Tisch, den eine rote Fahne bedeckte, saßen Vertreter von Partei und Regierung. Alle Augen waren auf die Bühne gerichtet. Der Beginn verzögerte sich, man schien zu warten. Dann – aus einer Tür im Hintergrund der Bühne trat Lenin hervor. Er ging mit kurzen schnellen Schritten bis an die Rampe. In diesem Augenblick erhoben sich alle von ihren Plätzen, um Lenin zu begrüßen. „Wladimir Iljitsch!" so jubelten sie ihm immer wieder zu. Er wollte sprechen, aber seine Stimme konnte sich gegen diese begeisterten Ovationen nicht durchsetzen. Da hob er die Hände, winkte einen Gruß. Es wurde still, und Lenin sprach.

Es war keine lange Rede. Lenin hatte zu dieser Zeit gerade eine schwere Krankheit überstanden, und alle wußten, daß er nicht viel sprechen durfte. (Bekanntlich hatte er bei einem Attentat, das eine Frau auf ihn verübt hatte, einen Streifschuß am Kopf erhalten.)

Doch es war auch keine lange Rede nötig, denn alle diese Menschen, die hier versammelt waren, wußten sich eins mit Lenin. Ich, die Deutsche, habe damals kein Wort von seiner Rede verstehen können, weil ich die russische Sprache nicht beherrschte. Aber ich habe gefühlt, was auch ohne Worte zu verstehen war: das Vertrauen, das von dem Mann, der dort vor uns auf der Bühne sprach, zu denen strömte, die ihm zuhörten, und von ihnen zurückging zu ihm.

Im Sommer 1922 wurde die Versorgungsbasis der IAH für den Ural in Perm, Wjatka (Kirow) und Jekaterinburg (dem heutigen Swerdlowsk) aufgebaut. Jung und ich gingen deshalb zunächst nach Perm.

Das Leben und Arbeiten in den Hungergebieten war schwer und

auch keineswegs gefahrlos. Es herrschten neben dem Hunger Seuchen, und infolge der Not waren Verbrechen an der Tagesordnung. Nicht selten peitschten durch eine Straße plötzlich Schüsse, nach deren Ursache zu fragen nicht immer klug war. Es waren die Jahre, in denen der große sowjetische Pädagoge A.S. Makarenko die Gorki-Kolonie für die verwahrlosten Jugendlichen schuf.

Für das ganze Gebiet des Ural galt es, hundert Kinderheime aufzubauen. Mühsam war der Kampf gegen Unwissenheit und Bürokratismus, noch schwieriger die Bewältigung des ständigen Kleinkrieges, der Intrigen der Emigranten untereinander. Zunächst war eine mühevolle organisatorische Kleinarbeit zu leisten. Jung mußte häufig für Wochen nach Moskau fahren, um mit der zentralen Organisation und den sowjetischen Stellen in Fühlung zu bleiben. In der IAH in Perm arbeiteten Genossen aus Italien, Ungarn, Polen und Deutschland. Schon die Verständigung machte große Mühe. Die italienischen Genossen zum Beispiel sprachen keine andere Sprache als ihre eigene, und so verständigten wir uns denn alle zusammen in einem gebrochenen Russisch. Aber Kameraden verstehen einander auch so.

Ich muß erzählen, wie ich zu meinem Bären Mischa gekommen bin. Jeden Tag auf dem Weg zur Arbeit hörte ich hinter einem hohen Zaun die Stimme eines Tieres, die ich zunächst nicht erkennen konnte. Dann stellte ich fest, daß es sich um einen kleinen Bären handelte, den Soldaten der Roten Armee bei Übungen im Wald gefunden hatten. Sie hielten das kleine Tier in einem Garten, angebunden an einem Baum und neckten ihn mit etwas groben Späßen. So gut er konnte, wehrte sich der kleine Kerl. Da die Soldaten selbst nicht genügend zum Essen hatten, war es für sie schwierig, das Tier richtig zu ernähren. Der Bär war hungrig und schrie auch deshalb. Mit Hilfe einer Dolmetscherin nahm ich Verhandlungen mit dem Hauptmann der Soldaten auf, dem der Bär gehörte. Ich bot dem Hauptmann an, ihm das Tier abzukaufen, wobei ich die Absicht hatte, ihn wieder im Wald freizulassen. Nach langem Hin und Her und für gutes Geld gelang es mir, den Bären zu erhalten. Ich dachte mir, man sollte ihn mit dem Wagen, der uns zur Verfügung stand, in den Wald fahren und laufen lassen. Aber die Dolmetscherin, deren Vater früher auf seinem Gut selbst zwei Jahre lang einen Bären gehalten hatte, erklärte mir, daß das Tier zu jung sei, um sich selbst zu erhalten. Er mußte also zunächst bei uns bleiben. Auf dem Hof wurde er nun angebunden und mit Brot und Wasser ernährt. Wir sammelten alle Reste von Obst und Süßigkeiten, um sie ihm zu geben. Abends spielten wir alle manchmal stundenlang mit ihm und tollten auf dem Hof herum. Der Bär spielte richtig eine Art Versteck mit uns. Er stellte sich hinter einen Baum oder einen Verschlag und linste dahinter hervor. Wenn wir ihn fangen wollten, lief er in ein anderes Versteck und das Spiel begann von neuem. Er liebte Gesellschaft über alles. Er versuchte, mit anderen Tieren Freundschaft zu schließen, aber alle, das Pferd, die Ziege, die Kuh und die Hunde flüchteten vor dem „Raubtier" oder griffen ihn an. Der Bär selbst zeigte niemals Angriffslust. Zweimal hat er mich geschlagen, es war allerdings ein Mißverständnis zwischen uns. Einmal hatte ich ihm eine Birne gegeben. Durch seine Hast, die Frucht zu erlangen, fiel sie mir aus der Hand und rollte von ihm weg. Ich bückte mich, um sie wieder in seine Reichweite zu bringen. Mischa muß wohl geglaubt haben, ich wollte ihm die Frucht wieder entreißen, jedenfalls holte er mit der Pranke aus und schlug mir aufs Ohr. Tagelang war ich völlig taub auf diesem Ohr. Ich war überrascht, welch ungeheure Wucht das kleine Tier in seiner Pranke hatte, denn er war damals nicht größer als etwa ein mittelgroßer Hund. Nach einiger Zeit gefiel es ihm nicht mehr, immer an der Kette zu liegen. Er versuchte, die eisernen Kettenglieder durchzubeißen, was natürlich nicht gelang. Einmal aber schaffte er es, mit einem Ruck die ganze Kette von der Befestigung abzureißen und von da ab ließ er sich nicht mehr anbinden. Er lief frei im Hof herum, auf die Straße wagte er sich nicht. Täglich kamen unzählige Kinder auf den Hof und spielten mit ihm. Zuerst fürchteten wir, daß er den Kindern ein Leid tun könnte, dann aber mußte ich ihn vor den Kinder schützen, die sehr bald herausgefunden hatten, daß die einzige verwundbare Stelle seine Nase war und ihn verletzten, worauf er schleunigst die Flucht ergriff. Dann kroch er auf einen Baum.

Eines Abends riefen mich die Bewohner des Hauses auf den Hof und erklärten mit vielen Gesten, Mischa hätte irgendetwas angestellt. Tatsächlich war er auf einen kleinen Verschlag geklettert, über dem Wäsche zum Trocknen aufgehängt war. Er hatte sie heruntergerissen und in seine Hütte geschleppt, um sich ein weiches Lager zu machen. Er war sehr unzufrieden, als ich ihm die Wäsche wieder wegnahm und ihn auf sein Heulager wies. Ergrimmt schlug er mir die brennende Kerze aus, mit der ich in seine Hütte leuchtete.

Als ich nach drei Monaten nach Jekaterinburg übersiedelte, um dort zu arbeiten, wurde Mischa mittransportiert. Später allerdings, als ich von dort wegging, mußte ich ihn zurücklassen. Zu meinem größten Leidwesen, denn ich hatte Mischa ins Herz geschlossen.

In meinem ganzen Leben haben Tiere immer eine große Rolle gespielt. Als Kind war ich in einem Haus aufgewachsen, wo es Pferde, Katzen, Hunde und Tauben gab. Und immer, wenn ich es einrichten konnte, habe ich mit Tieren zusammengelebt. Man kann von ihnen lernen und sie sind gute Freunde.

Vielleicht dachten die Leute im Ort, wenn die verrückte Ausländerin schon einen Bären durchfüttert, kann sie auch noch ein Füchschen zu sich nehmen. So brachte ein kleiner Junge eines Tages ein Holzkästchen, in dem ein junger Fuchs eingesperrt war und verlangte dafür zehn Rubel. Als er ihn brachte, war es gerade Mittagszeit, und wir sperrten den Fuchs schnell in ein Zimmer, um ihn später in einem richtigen Stall unterbringen zu können. Als wir aber nach einer knappen Viertelstunde wieder in das Zimmer kamen, hatte das Tier den Versuch gemacht, zum geschlossenen Fenster hinauszuflüchten. Er sah durch die Glasscheiben die Straße, den Weg in die Freiheit, und nichts konnte ihn zurückhalten, weder Milch noch Fleisch, noch Ei oder andere Nahrungsmittel, er wollte ins Freie. Er versuchte das auf seine Weise, indem er das Glas, das ihn von der Straße trennte, wegscharren und wegkratzen wollte. Aber je mehr er sich bemühte, um so blinder wurde das Glas. Verzweifelt sah er die Aussicht auf die Freiheit immer mehr schwinden und immer rasender wurden seine Bemühungen. Die Genossen und ich, wir alle hatten in Gefängnissen gesessen und waren uns einig, der Fuchs gehört in die Freiheit. Er wurde mit viel Mühe gefangen, in sein Kästchen verpackt und im Wagen in den Wald gefahren.

Meine Erzählung „Stanislaw Tscherwinsky" spielt in Perm und Jekaterinburg. Der Kamillenduft, der den ganzen Sommer über in Perm zu spüren war, die Schönheit des Stromes Kama habe ich versucht, in dieser Erzählung einzufangen. Von der Arbeit in den Kinderheimen und in der Organisation habe ich dort gesprochen, vom sibirischen Winter, der über das Land hereingebrochen war, als wir in Jekaterinburg lebten. Die Stadt, die unter dem Namen Swerdlowsk Mittelpunkt eines riesigen Industriegebietes ist, war auch damals die Hauptstadt des Bezirks. Sie hatte ein ausgezeichnetes Theater, das wir zuweilen besuchten. Ich habe dort „Madame Butterfly“ gehört, „Tosca“ und „Boris Godunow“. Es waren hervorragende Aufführungen. Es gab auch ein Kino, in das wir zuweilen des Abends gingen, und eine Rennbahn.

Die IAH war aus ihren kleinen Anfängen zu einer großen Organisation geworden. Aus allen Ländern kamen Menschen, die mitarbeiten wollten. Bekanntlich ist diese Organisation später in Deutschland zu einem Mittelpunkt geworden, zu der auch eine Reihe kultureller Abteilungen gehörten, ein Verlag und eine Filmorganisation. Leiter der IAH in Berlin war immer noch Willi Münzenberg. Wenn ein Unternehmen, eine Institution groß wird, dann locken plötzlich gute Arbeitsmöglichkeiten, das heißt leitende Stellungen, mit einem Wort Positionen, um die es sich zu kämpfen lohnt. Es besteht kein Zweifel, daß bei vielen Menschen das sozialistische Bewußtsein noch nicht sehr tief unter die Haut gedrungen ist, als daß solche Erwägungen für sie nicht von Bedeutung wären. So kam eines Tages Jung in ziemlich starker Depression aus Moskau zurück und sagte mir, daß er seine Stellung als Leiter der Moskauer IAH zur Verfügung gestellt hätte, da ihm die ständigen Intrigen die Arbeit unmöglich machten und auch in der Berliner Zentralleitung keine Unterstützung zu erreichen sei. Es gibt Menschen, deren ganze Arbeit darauf gerichtet ist, neuen Ideen zum Durchbruch zu verhelfen und lebendige Ansätze zu schaffen. Andere Menschen sind dazu geeignet, solche Keime zu entwickeln, solche Ansätze auszubauen. Nach allen Erfahrungen unseres Lebens gehören Jung und ich zweifellos zum ersten Typ. Wir haben uns immer als Vorläufer, als Pioniere in einer neuen Zeit empfunden.

Während in dem riesigen Kamin unseres Hauses in Jekaterinburg, in dem die brennenden Holzstämme aufrecht standen, ein starkes Feuer brannte, berieten Franz und ich, die Augen auf das Spiel der Flammen gerichtet, was zu tun sei. Ich fuhr dann zunächst nach Moskau, um mit einigen Leuten zu sprechen und dann weiter nach Leningrad. Moskau, das war die Stadt, von der ich immer das Gefühl hatte, ich werde mich stets nach ihr zurücksehnen. Aber Leningrad ist mir dann viel mehr Heimat geworden. Ein Jahr war es her, daß ich Leningrad nicht gesehen hatte, und wie hatte sich diese Stadt verändert. Im Jahre 1921 war sie tot und still, die Läden geschlossen, die Menschen bedrückt und hungrig. Und nun flutete das Leben durch die hellen Straßen, in den Läden konnte man vielerlei kaufen, der Verkehr brauste durch die Stadt. Ich suchte den Genossen Landa auf.

Max Moissejewitsch Landa war damals Leiter der Nowgoroder Zentralen Wirtschaftsorganisation, in der russischen Abkürzung genannt Nowtrustorg. Er hatte Jung bei seinem ersten Aufenthalt in Moskau im Jahre 1920 kennengelernt und Franz verdankte ihm viele wertvolle Informationen über die sowjetische Wirtschaft. In Landa lernte ich einen wirklichen Genossen kennen, einen Kommunisten, wie man ihn sich als Idealtyp vorstellt. Er war einer der besten Wirtschaftsfachleute. Franz hatte mich zu ihm geschickt, um ihn zu fragen, ob er eine Aufgabe für uns hätte. Landa, der zu Franz ein äußerst freundschaftliches Verhältnis hatte und seine Kenntnisse und Arbeit hoch einschätzte, erklärte sofort seine freudige Bereitschaft, uns in seinen Mitarbeiterstab aufzunehmen. So fuhr ich wieder nach dem Ural zurück und wir bereiteten alles für die Übersiedlung nach Leningrad vor. Es war kurz vor Weihnachten 1922, als wir in Leningrad ankamen.

In dem Nowgoroder Wirtschaftsgebiet, das Landa unterstand, gab es viele Projekte, die einer intensiven Aufbauarbeit bedurften. Eines der schwierigsten Probleme war die Umorganisierung der Zündholzfabrik „Sonne“ in Tschudowo bei Nowgorod. Landa erklärte die Schwierigkeiten, unter denen diese Fabrik zu leiden hatte, besonders dadurch, daß das schwedische Zündholzsyndikat, an dessen Spitze der allmächtige Ivar Kreuger (der bekanntlich später Selbstmord beging) versuchte, um die künftige Konkurrenz der Sowjetunion auf dem Zündholzmarkt von vornherein auszuschalten, die russische Zündholzindustrie in die Tasche zu stecken. Damit hätte er wirklich den Weltzündholzmarkt beherrscht. Es stellte sich auch heraus, daß Kreuger in Tschudowo in der Fabrik „Sonne“ eine Reihe von Ingenieuren und Agenten unterhielt, die ihn ständig auf dem Laufenden hielten und, wenn notwendig, auch sabotierten. Dies war die Lage, als Landa mit Jung über die Reorganisation des Werkes sprach.

Ich konnte dieser Unterredung nur als stummer Zuhörer, wenn auch keineswegs unbeteiligt, folgen. Wieder gab es für mich eine der Überraschungen, die in dem Zusammenleben mit Jung bei der unerhörten Vielfältigkeit seiner Begabungen und Beschäftigungen auftraten: es stellte sich heraus, daß Jung auf dem Gebiete der Zündholzfabrikation ein Fachmann war. Er hatte einmal eine Doktorarbeit über dieses Problem geschrieben. Da er aber damals für die Veröffentlichung dieser Arbeit und ihre Drucklegung das nötige Geld nicht hatte aufbringen können, hatte er das Manuskript – das ich heute noch besitze – an die „Frankfurter Zeitung" verkauft. Damit war die Voraussetzung für die Erlangung des Doktortitels hinfällig geworden.

Jung erklärte sich also bereit, mit zwei deutschen Emigrantengenossen nach Tschudowo zu gehen.

Mit Beginn des neuen Jahres fuhr Jung mit den beiden deutschen Genossen Emil Larisch und Muschik sowie einem jungen deutschen Arbeiter aus der Jugendbewegung, dessen Namen ich nicht mehr weiß, nach Tschudowo. Die Zündholzfabrik „Sonne" arbeitete zu dieser Zeit im Handbetrieb, während die neuzeitlichen Maschineneinrichtungen stillgelegt waren. Insgesamt beschäftigte sie annähernd 400 Arbeiter. Die beiden deutschen Emigranten waren Monteure und konnten hier ihre großartige Begabung zeigen, sich in die technischen Gegebenheiten einfühlen zu können. Unter unendlichen Schwierigkeiten gelang es den vier deutschen Genossen, das Werk wieder auf Maschinenbetrieb umzustellen. Sie stießen dabei auf größten Widerstand und es war anscheinend auch nicht ganz ungefährlich. Denn einmal, als Jung über das Wochenende nach Leningrad zu Besuch kam, bemerkte ich, daß ihm Augenbrauen, Wimpern und Haare fast gänzlich abgebrannt waren. Wie er sagte, von einer Stichflamme, hervorgerufen durch explodierende Zündmasse.

Es war eine schwere Arbeit, aber am Schluß konnte Jung in seinem Buch „Geschichte einer Fabrik" darüber schreiben: „Die Fabrik arbeitet seit Juni 1923 mit steigender Produktionsziffer und alles mit Maschinen. Längst ist dort ein neues Fabrik-Komitee und auch die Gründung eines kommunistischen Kollektivs in der Fabrik möglich geworden. ... Die feindliche Propaganda und die schwedische Spionage hat aufgehört. ... Es gibt einen eigenen Klub, in dem Theateraufführungen mit Konzerten und Tanz abwechseln. Das Leben der Arbeiter in Tschudowo hat sich von Grund auf verändert. Aber Tschudowo ist nur ein kleiner Punkt im Wiederaufbau Sowjetrußlands."

Damit war die gestellte Aufgabe gelöst, und Jung kam mit den Genossen nach Leningrad zurück. Auch das nächste wichtige Problem, nämlich der Absatz der Zündhölzer, konnte gelöst werden. Wir hatten in Moskau seinerzeit die Bekanntschaft eines englischen Genossen gemacht, der der Genossenschaftsbewegung in England angehörte. Durch diese Verbindung wurde in den englischen Co-ops eine Abnehmerorganisation für russische Zündhölzer geschaffen.

Landa wollte Jung eine leitende Stellung in der Leningrader Abteilung des Nowtrustorg geben, aber Franz, der dort neue Intrigen fürchtete, lehnte ab. Er betrachtete seine Arbeit und das gelungene Experiment als einen selbstverständlichen, wenn auch winzig kleinen Teil des Dankes an die sowjetischen Freunde, die uns geholfen hatten.

Mit denselben Genossen, Larisch und Muschik, ging Jung nun daran, in Leningrad eine Fabrik aufzubauen. Vom Leningrader Wirtschaftsamt wurde ihnen die Metallurgische Fabrik „Ressora“ übergeben, die zur Zeit stillag. Die Fabrik lag etwas außerhalb des Leningrader Zentrums. Sie machte einen sehr traurigen Eindruck: Die Hallen waren eingefallen, die wertvollen Maschinen standen im Regen, vieles lag unter Schutt und Steinen. Die einzige Werkstatt, die sofort arbeitsfähig war, war die Schmiede. Larisch übernahm in der Schmiede Reparaturarbeiten für Schiffe, die im Leningrader Hafen lagen. Gleichzeitig wurde damit begonnen, das Gelände der Fabrik zu enttrümmern und die Präzisionsmaschinen wieder arbeitsfähig zu machen. Als einziger Verwaltungsraum konnte das frühere Pförtnerhäuschen am Eingang des Werkes bezogen werden, und so setzte ich mich denn mit meiner Schreibmaschine an das kleine Fensterchen und schrieb die ersten notwendigen Briefe, Statistiken und Verordnungen betrieblicher Art. Nach einigen Monaten arbeitete die „Ressora“ mit etwa 120 Menschen. Hergestellt wurden zunächst Metallbrenner für Petroleumlampen auf den Stanzmaschinen, etwas später kam die Produktion von Petroleumfässern dazu, während die Schmiede nach wie vor für die Schiffsreparaturen arbeitete.

Zu unserer Freude tauchte eines Tages in Leningrad Hermann Knüfken auf, der ehemalige Steuermann der „Senator Schröder“, der in Fuhlsbüttel zweieinhalb Jahre abgesessen hatte und dann amnestiert worden war. Es war ein herzliches Wiedersehen.

Während Jung der Leiter der Fabrik „Ressora“ war, unterstand das Werk als technischem Leiter Emil Larisch. Es war eine schöne beglückende Aufbauarbeit. Ich selbst konnte allerdings nicht mehr als Sekretärin arbeiten, da ich nicht genügend russisch konnte. Es hatten mich zwei russische Kolleginnen abgelöst. So „avancierte“ ich zur Kassiererin.

Der „Ressora“ wurde auch ein Dienstauto zur Verfügung gestellt. Da wir keinen Chauffeur hatten, setzten sich Larisch und Knüfken abwechselnd an das Lenkrad. Ich erinnere mich noch mit einigem Schrecken an die erste Fahrt. Knüfken, der alte Steuermann, war der Meinung, Steuer ist Steuer. Wenn er ein Schiff lenken konnte, mußte es wohl ein Leichtes sein, auch ein Auto zu lenken. Den schwarzen steifen Hut im Genick, die Zigarette im Mund, machte er sich also ans Werk, wir saßen hinten im Fond des alten, etwas wackligen Autos und nun ging es los über das holprige Kopfsteinpflaster der Straße. Zunächst fuhr das Auto weniger geradeaus als vielmehr im Kreis herum, denn Knüfken drehte das Steuerrad wie auf einem Schiff mit gewaltiger Vehemenz. Als wir protestieren wollten, versicherte er, daß er gleich die Schaltungen heraushätte, und wirklich, nach einer Weile waren wir soweit, daß wir die Straße entlangfahren konnten, ohne jemand zu überfahren und uns oder das Auto zu beschädigen.

Wir wohnten in Leningrad im Hotel „Astoria“. Zwar hatten wir nur ein kleines Zimmer, aber es war immer voller fröhlicher Gäste. Hinter dem Samtvorhang, der die Betten abtrennte, kochte ich Kaffee oder deutsche Gerichte, die unsere Freunde in der russischen Küche vermißten, wie zum Beispiel eine richtige deutsche Erbsensuppe oder Bohnen mit Speck. Ein Kätzchen hatten wir auch.

Dann wurden wir nach Deutschland zurückberufen.

Wieder in Berlin

Im Spätherbst 1923 hatten sich die Arbeiter Hamburgs unter der Führung von Ernst Thälmann gegen Ausbeutung und Unterdrückung erhoben. Ganz Deutschland war erfaßt von der Hoffnung auf den Durchbruch der Revolution, die das Leben verbessern und den Sieg der werktätigen Menschen bringen sollte. Man glaubte damals, am Vorabend der Geburt eines sozialistischen Deutschland zu stehen.

Der Genosse J., der während der ganzen Jahre in Berlin propagandistische Arbeit gemacht hatte, forderte Franz und mich zur Mitarbeit an.

Wir hatten in Leningrad eine gute Arbeit beim Aufbau der Fabrik „Ressora", wir hatten Freunde und das Leben wurde reicher und besser mit jedem Tag. Aber da wir in Deutschland gebraucht wurden, konnte kein Zweifel bestehen, daß wir sofort dahin zurückkehren mußten. Es gab darüber keinerlei Bedenken oder Zögern. Wir brachen sofort auf, nachdem Jung seine Arbeit in die Hände der anderen deutschen Genossen gelegt hatte.

Ich war während der fast zweieinhalb Jahre unseres Aufenthaltes in der Sowjetunion einmal für ein paar Tage in Deutschland gewesen, um Verbindung mit Freunden wiederherzustellen. Das war im Frühjahr 1923 gewesen. Ich besuchte meine Familie und fuhr auch nach Schlesien, um den Vater von Franz in Neiße aufzusuchen. Seine Mutter war ein Jahr vorher gestorben. Der Vater war sehr einsam geworden und freute sich, möglichst viel über Franz zu hören. Wir hatten zwar die ganze Zeit mit unseren Familien in einem brieflichen Kontakt gestanden, aber die Post ging langsam und über das Leben in der Sowjetunion, das so ganz anders war als das deutsche, war unendlich viel zu berichten. Am meisten freute sich der kleine Sohn von Franz, der beim Großvater aufgewachsen und zwölf Jahre alt war, über meinen Besuch.

In Berlin sah ich viele alte Freunde wieder und sprach mit ihnen. Aber etwas war da, was mich erschütterte: Es schien, als ob die Zeit während unseres Lebens in der Sowjetunion hier in Deutschland stehengeblieben war. Es hatte sich nichts verändert. Während in Moskau oder Leningrad ein Jahr, nein schon ein paar Monate oder Wochen genügten, um die Stadt verändert wiederzufinden, die mitreißende Bewegung des ganzen Lebens fühlbar werden zu lassen, war es in Berlin so, als säßen dieselben Menschen noch wie früher in denselben Cafés, bei den gleichen Gesprächen. Es hatte den Anschein, als wäre man selbst nur auf einen Augenblick hinausgegangen.

So war ich über alle Maßen froh, als ich wieder abfuhr „nach Hause", nach Leningrad. (Wir waren inzwischen auch Sowjetbürger geworden.)

Ich war glücklich, als ich wieder bei Franz in Leningrad war. Wir standen lange an der Newa und sahen dem Eisgang zu. Vom Ladogasee herunter kommt das Eis in gewaltigen Blöcken, die knirschend und mahlend sich übereinander schichten, zuweilen brechen, ins Wasser zurückstrudeln und weiter treiben. Drei Tage lang. Bis die letzten Eisschollen immer dünner und kleiner werden, das freie Meer gewinnen und schmelzend versinken.

Die Heimreise nach Deutschland traten wir getrennt an. Ich über den Landweg, da schwere Herbststürme die Seefahrt gefährlich machten, Franz trotzdem wieder als blinder Passagier auf einem Schiff, da er illegal fahren mußte. Seine Prozeßangelegenheit in Deutschland war noch nicht erledigt. Seine Sache war seinerzeit in Hamburg von der der anderen Angeklagten abgetrennt worden und er war, da gegen ihn ein Urteil nicht ergangen war, auch nicht amnestiert worden. Auch die ersten Jahre in Berlin mußten wir illegal leben.

Während ich im Zuge über Reval nach Berlin fuhr, war Jung im Kettenkasten eines Dampfers, der nach Hamburg fuhr, versteckt. Nur ein einziger Matrose auf dem Schiff wußte von seiner Anwesenheit. Er hatte ihn selbst untergebracht und für zwei Tage mit Lebensmitteln und einem Licht versorgt, und dann eine schwere Kabelrolle auf die Einstiegsluke gerollt. Während vier andere blinde Passagiere von Bord geholt wurden, war es Jung auf diese Weise gelungen, unbemerkt zu bleiben. Wegen der schweren Stürme dauerte die Fahrt jedoch drei Tage länger als vorgesehen. So lag Jung ohne Licht und ohne Essen drei Tage im Kettenkasten. Dazu bestand die Gefahr, daß, wenn das Schiff ankern mußte, die Ankerkette ihn mit sich ins Meer risse. In solchen Augenblicken äußerster Gefahr denkt ein Mensch über sein Leben nach. In diesen Tagen und Nächten faßte Jung den Plan zu seiner Erzählung „Das Erbe“, in der er die Bilanz seines Lebens zog. „Das Erbe“ wurde später von dem Berliner Verlag „Der Bücherkreis“ herausgebracht. Einzelne Abschnitte der Erzählung sind auch in der Kulturzeitschrift „Der Oberschlesier“ erschienen.

An dem Tage, an dem wir nach Berlin kamen, fand die Inflation der Deutschen Mark ein Ende. Die Stabilisierung der Währung war erfolgt, Tausende und Abertausende hatten ihr Vermögen verloren.

Mit dem Zusammenbruch des Hamburger Aufstandes war auch eine große Hoffnung zusammengebrochen. Das war die Situation, die wir bei unserer Ankunft in Berlin antrafen.

Es galt, sich sofort wieder in eine Arbeit hineinzufinden. Der Genosse J. beauftragte Franz und mich, im Verlag für Literatur und Politik mitzuarbeiten. Dieser Verlag brachte in erster Linie deutsche Übersetzungen sowjetischer Werke heraus. Darunter eine Reihe neuer Erzählungen aus dem Leben der Sowjetunion. So erschienen deutsche Ausgaben von Dybenkos „Die Rebellen", von Pawel Dochorow „Golgatha", von Wsewolod Iwanow „Farbige Winde" und „Panzerzug Nr. 14-69", außerdem viele politische Werke, darunter das berühmte Buch von John Reed „Zehn Tage, die die Welt erschütterten". Von Franz Jung erschien eine kleine Schrift „Der neue Mensch im neuen Rußland", ein Rückblick über die erste Etappe proletarischer Erzählungskunst. Ferner gab Jung ein kleines Buch über Jack London heraus, das den amerikanischen Dichter der deutschen Arbeiterklasse näherbringen sollte. Das Buch enthielt einige Abschnitte aus Jack Londons Werken in der Übersetzung von Dr. Josef Grabisch und Erwin Magnus.

Die Herausgabe der kleinen Jack-London-Broschüre hatte für uns persönlich noch eine besondere Bedeutung. Kurz nach dem Erscheinen des Buches gelangte an den Verlag für Literatur und Politik ein Brief von Margot Jung aus Löwenberg in Schlesien, wo sie mit ihrer alten Mutter und der kleinen Dagny, die damals acht Jahre alt war, lebte. Margot bat den Verlag, eine Verbindung zu Jung und mir herzustellen. Dem Brief war auch ein Bild beigelegt von ihr und dem Kind. In meiner Freude darüber schickte ich an das Kind ein kleines Paket und schrieb an Margot. Wenige Tage darauf besuchte ich sie in Löwenberg. Von diesem Besuch brachte ich Dagny mit nach Berlin, wo sie bei uns die Weihnachtsferien verlebte. Aus Neiße war auch ihr Bruder Franz zu Besuch gekommen. Die Freude der Kinder war groß. Zum ersten Male in ihrem Leben feierten sie ein Weihnachtsfest zusammen. Wir lebten damals in einem kleinen Haus in der Nähe von Friedrichshagen.

In dem Verlag arbeitete ich als Sekretärin. Bei dieser Tätigkeit habe ich unendlich viel gelernt. So mußte ich einmal Lenins Werk „Empiriokritizismus" abschreiben und wurde auf diese Weise mit Lenins Philosophie weit besser bekannt, als das beim bloßen Lesen des Buches der Fall gewesen wäre.

Einmal schickte mich unser Freund J. zu Wladimir Majakowski, der im Sommer 1924 nach Berlin gekommen war. Ich sollte ihn bitten, ein paar seiner Gedichte der Zeitschrift „Arbeiter-Literatur“ zu geben, die in unserem Verlag erschien. Es war, soviel ich weiß, die erste deutsche Übersetzung seiner Gedichte, die wir dann in diesen Blättern kennenlernten. Zum ersten Mal erhielten deutsche Leser einen Eindruck von der Kraft und dem Rhythmus seiner Sprache, lernten etwas von dem Werk eines Dichters kennen, der, wie er von sich selbst sagte, nicht *über* die Revolution, sondern *für* sie schrieb.

Ich kam zu Majakowski, der in einer kleinen Berliner Pension wohnte. Wir konnten uns nur mühsam verständigen, ich mit meinem schlechten Russisch und er in seinem gebrochenen Deutsch. Aber wir unterhielten uns trotzdem stundenlang miteinander, als wären wir gute alte Freunde. So war Majakowski: unmittelbar, alles, was ihn bewegte, mit Leidenschaft ergreifend.

Ich fragte ihn, wie ihm Berlin gefalle, dessen Einwohner doch eben erst die Inflation überstanden hatten.

„Ich kenne die Stadt von früheren Besuchen her“, war seine Antwort, „und ich reise viel in anderen Ländern, Frankreich, Amerika, Tschechoslowakei und Polen. Ich will die Welt sehen und beschreiben, erkennen und vergleichen, verstehen Sie. Ich liebe Deutschland“, fuhr er dann lebhaft fort, „ich bin sehr gern in Berlin. Aber ich möchte sagen, es ist nirgends so wie in Rußland. Wenn ich nach Jahren zu meinen Freunden ins Ausland komme, dann scheint es mir, als träfe ich sie alle unverändert wieder. Deutschland hat einen furchtbaren Krieg durchgemacht und eine Revolution, es ist durch eine Inflation gegangen, aber seine Menschen haben sich nicht gewandelt. Es ist, als wäre dies alles nicht gewesen. Wenn ich dagegen nur wenige Wochen von Moskau fort bin und dann zurück komme, hat sich dort immer wieder etwas verändert, neu entwickelt, ist etwas aufgeblüht, gewachsen. Ich weiß nicht, ob Sie verstehen, was ich meine?“

(Wie gut verstand ich ihn, wie gut wußte ich, was er meinte, hatte ich es nicht selbst erlebt?)

Der Dichter gab mir dann ein paar von seinen Gedichten. „Ich hoffe, daß Sie sie gebrauchen können“, sagte er, „ich möchte den Menschen sagen, wie es bei uns in der Sowjetunion ist. Am liebsten möchte ich viele Sprachen sprechen, damit sie mich alle gut verstehen können.“

Majakowski wurde lebhaft, als er von seinen Büchern sprach. „Zur Zeit arbeite ich an einer Dichtung ‘Wladimir Iljitsch Lenin’“, sagte Majakowski, „ich habe alle seine Werke dazu studiert, viel Material gesammelt, es soll so werden wie ein Bildnis von ihm.“

Wir sprachen dann über deutsche Lyrik, und Majakowski sagte: „Es tut mir leid, daß ich die deutschen Dichter nicht lesen kann, weil ich zu wenig ihre Sprache beherrsche. Ich möchte die Gedichte von Becher, Toller oder Mühsam im Original lesen können und die Satiren eines Walter Mehring oder eines Erich Weinert.“

Ich mußte mich verabschieden. „Kommen Sie wieder“, sagte Majakowski, „wir haben noch so viel zu sprechen.“

Ich traf den Dichter dann ein zweites Mal, als er unsere Redaktion besuchte, er sprach von der Vergangenheit, von den Kämpfen, die er und seine Schule gegen die überlieferte Literatur geführt hatten, von seinen Büchern „Krieg und Welt“ und „Chronik der Februar-Revolution“. Er versuchte, uns auseinanderzusetzen, wie er seine Kunst, seine Satire in den Dienst des Kampfes stellte. Er hatte eine Broschüre geschrieben gegen das Trinken, gegen die bürgerliche Versklavung der Liebe, gegen Bürokratismus und Verfallserscheinungen. Seine Schule gewann in der Sowjetunion immer größere Bedeutung.

Das nächste Buch, das Jung herausbrachte, erschien im Ullstein-Verlag in der Sammlung „Wege zum Wissen“. Es hatte den Titel „Das geistige Rußland von heute“. Obwohl nicht besonders umfangreich, kam ihm doch eine besondere Bedeutung zu, da es das erste war, das zu dieser Zeit in einem bürgerlichen Verlag über die Sowjetunion erschien. Es gab den interessierten Lesern einen Überblick über Fundamente des neuen Rußland, den Umbildungsprozeß der Gesellschaft, die neue Literaturbewegung, die schönen Künste, Theater und Kino.

Die Herausgabe dieses Buches brachte Jung zum ersten Mal mit Paul Wiegler zusammen, dem klugen, vielseitigen und gütigen Menschen, der bei Ullstein Cheflektor war. Es war eine Verbindung, die bis an das Lebensende von Wiegler mich mit einer verehrungsvollen Freundschaft zu diesem Mann erfüllte.

Es war für uns schwer, den Anschluß an die geistige Bewegung in Deutschland wiederzugewinnen.

Wir versuchten trotz der Illegalität, in der wir leben mußten, uns eine unabhängige Existenz aufzubauen. Jung bemühte sich, wieder eine Wirtschaftskorrespondenz aufzuziehen. Nachdem ein erster Versuch mit der Gründung von „Rosams Korrespondenzbüro", das mit einigen alten Freunden geschaffen werden sollte, fehlgeschlagen war, wurde eine neue Korrespondenz unter dem Namen „Kontinent-Korrespondenz" aufgezogen.

Mit unserem Freund Dr. Josef Grabisch zusammen fuhr Jung damals nach London und stellte die Verbindung zu einer Reihe von englischen Presseorganen her. Von dieser Londoner Reise brachte Jung eine kleine Monographie über England mit, die in der Reihe „Wege zum Wissen" bei Ullstein unter dem Namen von Dr. Grabisch erscheinen sollte. Die Herausgabe der kleinen Schrift (die ich heute noch im Manuskript besitze) kam dann leider nicht zustande.

Im Oktober 1924 war die „Kontinent-Korrespondenz" soweit fundiert, daß wir im Zeitungsviertel Berlins ein eigenes Büro einrichten konnten. Jungs engster Mitarbeiter war unser Freund Dr. Alexander Schwab. Ich selbst war Geschäftsführerin in dieser Korrespondenz, die auch einen eigenen Feuilleton-Dienst aufgezogen hatte, und verdiente mir dort meine ersten redaktionellen und journalistischen Sporen.

Von der politischen Arbeit hatten wir uns ganz zurückgezogen. Franz bereitete seine Versuche zu einer neuen Dramatik vor.

So begann wieder ein neuer Lebensabschnitt unter anderen Perspektiven.

Jung und das Theater

„Mancher Leser wird finden, daß die Entwicklung der Gedanken eine ungezwungene fröhliche Empfindung des Einverständnisses hemmt. Es dauert alles so lange, und ehe alles heruntergeschrieben und gelesen ist, sind die anfangs noch gefesselten Gedanken längst woanders. Es muß eine Form des Schreibens gefunden werden, die die Schlußfolgerung technisch an die Spitze stellt, und es muß jedem überlassen bleiben, aus dem Nachfolgenden sich die Assoziation herauszusuchen, die ihm noch interessant erscheint. Dies wird das exakte Nebeneinander der Buchstaben und Worte aufheben. Wie man nicht mehr jeden Vorgang mit Worten begleiten wird, zu allem sprechen und sprechen, so wird man auch anders schreiben müssen der gleichen Umordnung und demselben psychischen Tempo entsprechend. Satzbau und Gedankenentwicklung werden bildhafter und gleichzeitiger."

Diese kurzen Betrachtungen über eine neue Form der Literatur und des Schreibens stellte Franz Jung einem Szenarium zu einem Film voran, an dem er sich versuchte. Diese Arbeit mit dem Titel „Im Kampf gegen das Verhängnis" ist zwar nie zur Ausführung gelangt. Dennoch hat sie eine wesentliche Bedeutung für dieses Buch – für unser Leben. Jetzt, nach dreißig Jahren, habe ich das Manuskript wieder gelesen und habe vieles davon verstanden, was mir damals entgangen war. Ich hatte es zwar abgeschrieben, gelesen, darüber gesprochen, aber ich hatte es nicht verstanden. Ich will den Inhalt kurz skizzieren: Ein Physiker und seine Frau arbeiten gemeinsam an einer großen wissenschaftlichen Entdeckung. Es besteht zwischen ihnen das tiefste Einverständnis. Dann aber entsteht über irgendeine Geringfügigkeit eine an sich völlig belanglose Differenz. Diese führt nicht nur dazu, daß das ganze Werk gefährdet wird, sondern daß im Verlauf des Konfliktes der Mann zugrunde geht. „Nur das Gemeinsame beseitigt den Widerstand!" Das ist die Quintessenz. Und solange diese Einheit selbst zwischen zwei Menschen nicht restlos gegeben ist, wie soll eine Gemeinschaft aller bestehen? Darauf kam es an. Ich habe das damals nicht verstanden.

Nach der Inflation begann das Leben sich wieder zu konsolidieren, eine Art wirtschaftlicher Scheinblüte erfolgte. Ich war zu dieser Zeit vollkommen ausgefüllt von der Arbeit in der „Kontinent-Korrespondenz", der Betreuung von Jungs literarischen Arbeiten, der Freude an den beiden Kindern Franz und Dagny, die in den Ferien bei uns waren und der Versorgung unserer Wohnung in Berlin und des Grundstückes, das wir in Wandlitzsee hatten. Nachdem auch alle Konflikte innerhalb unserer Familien beseitigt waren, erschien mir alles in bester Harmonie. Auch der Vater von Franz besuchte uns verschiedene Male und freute sich des allgemeinen Einverständnisses. Einmal fuhren wir mit ihm gemeinsam nach München, wo wir auch Schrimpf und Graf besuchten. Dabei lernte ich Schrimpfs zweite Frau Hedwig und den damals einjährigen Sohn Peter kennen.

Schrimpf zeigte uns seine neuen Bilder, reine stille Landschaften aus dem Bayrischen. Es war eine großartige Entwicklung, die er seit seinen Anfängen genommen hatte. Schrimpf erfüllte die bewegende Forderung der Zeit: eine Einheit ohne Gegensatz. Der Zustand, den das Volk erstritt und erträumte, war in diesen Bildern bereits vollendet. Er bestätigte das Daseiende in der Gemeinschaft, in der Kameradschaft von Mensch zu Mensch, von Mensch zu Natur, von Natur und Geist. Er hob den Einzelnen aus der Gegensätzlichkeit und stellte die Zusammenhänge wieder her. Wie in der Lyrik Eichendorffs und Mörikes klang in den Bildern Schrimpfs das Lied des Volkes in einem höheren Sinne wieder auf.

Nach den avantgardistischen revolutionären Kämpfen in Kunst und Literatur während der Vorkriegs- und Kriegsjahre war die Bewegung des Neuen zum Stillstand gekommen. Dafür brachte die Technik einen neuen Rhythmus in das Leben: Radio, Tonfilm und Jazz. Das Weltbild hatte sich erweitert.

Jung, der eigentlich in seiner frühesten Jugend Musiker hatten werden wollen, war besonders empfänglich dafür und so ist seine Forderung zu verstehen, daß man „wird anders schreiben müssen der gleichen Umordnung und demselben psychischen Tempo entsprechend". Das Verständnis der Bücher von Jung wird erst vollkommen, wenn man das Musikalisch-Kompositorische ihres Aufbaus begreift. In seinem Buch „Die Technik des Glücks" ist – für mein Gefühl – der Satzbau einer Sinfonie deutlich erkennbar. Vielfach bezeichnet er selbst Arbeiten als „Variationen über ein Thema". Das Schauspiel „Geschäfte" von Jung ist ausgesprochen jazzmäßig geschrieben: Die Stimmen des Dialoges sind zuweilen in scharfen Dissonanzen gegeneinander gesetzt. Dieses Stück, das im Gustav Kiepenheuer-Verlag erschienen ist, ist eben aus dem Rhythmus dieser Zeit zu verstehen.

Im Winter 1925 besuchte uns der Vater von Jung noch einmal in Berlin, zusammen mit dem Jungen. Auch Margot war mit Dagny zu uns gekommen. Sie und der alte Jung vereinbarten, daß der Großvater das Mädchen mit nach Neiße nahm, damit die beiden Geschwister zusammen erzogen wurden. Als er jedoch einige Monate darauf starb, holten wir die beiden Kinder nach Berlin, wo sie zunächst

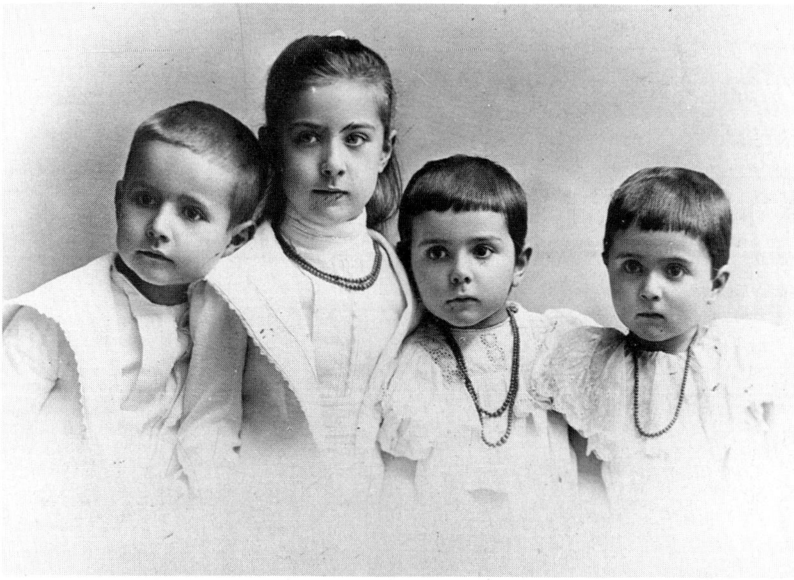

oben: Klara Marie (Cläre), 2. von links, mit ihren Geschwistern. Ca. 1902.
Seite vorher: Cläre Jung, ca. 1912.

Die Familie Otto, ca. 1898. Hinten Mitte der Großvater Gustav Busch mit seiner Frau Henriette. Neben ihm links sein Schwiegersohn Ernst Otto, Cläre Jungs Vater; zwischen den beiden Männern: seine Frau Emmy. Klara Marie (Cläre Jung) in der 1. Reihe rechts außen.

Revolutionsball der „Aktion". Links stehend: Hildegard Krohn, Cläre Jung, neben ihr Franz Pfemfert und Richard Oehring.

links: Fritz Oehring
unten: Richard Oehring

nächste Seite: Hochzeitsfoto
Cläre und Richard Oehring.

oben: Cläre Jung vor ihrer Atelierwohnung in Friedenau 1918.

links: Cläre Jung ca. 1915. Das Foto hatte Richard Oehrung im Krieg bei sich. Cläre trägt hier das erwähnte Samtkostüm, in dem sie verhaftet wurde.

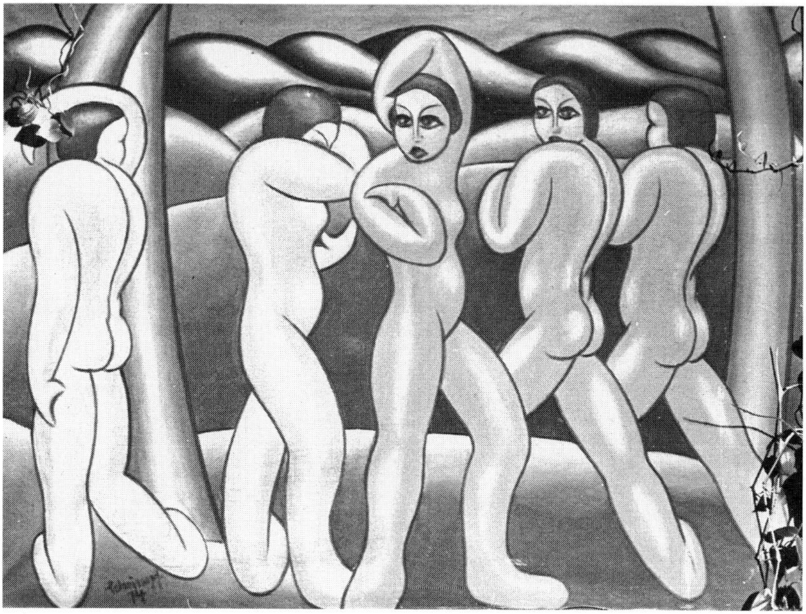

oben: Georg Schrimpf, „Kameraden", 1915, Öl.
unten: „De Telegraaf" vom 1.7.1921 berichtet über den Prozeß gegen Franz Jung.

DE TELEGRAAF VA

DE ZAAK-JUNG VOOR DE RECHTBANK

DE VERVOLGING VAN EEN IDEALIST.

POLITIEK OF WERKELIJK MISDADIGER?

(Van onzen correspondent).

BREDA, 1 Juli.

Heden werd voor de civiele kamer der arrondissements rechtbank alhier de uitleveringsaanvraag van de Duitsche regeering in zake Franz Jung bepleit. Mr. W. A. J. van den Hurk, uit Breda, was de gekozen verdediger. De rechtbank was samengesteld als volgt: President mr. P. Bloemarts; rechters: jhr. mr. L. J. M. van Sasse van Ysselt en mr. dr. W. Fick;

Franz Jung.

gelegd aan een deliquent en aan een delict, om het tot staatkundig delict en hem tot staatkundig misdadiger te stempelen, werd reeds terloops onder de oogen gezien. Men moge het zoeken in het oogmerk van den dader, in het beoogde doel, men moge het kenmerk zoeken in het misdrijf zelf en het relatief staatkundig noemen. De Vos van Steenwijk komt tot de slotsom, dat niet uitgeleverd mag worden voor die handelingen, die bij gelegenheid van burgeroorlogen of staatkundige onlusten worden gepleegd en die, zoo zij in een geregelden oorlog gepleegd waren, volgens het Volkenrecht zouden geoorloofd zijn. Ook als de wet een lijst van misdrijven opneemt, is uitdrukkelijke reserve noodzakelijk voor de bovengenoemde gevallen, en de reserve vinden we in art. 6 van het tractaat. Had dit artikel niet die ruime strekking, dan was het overbodig na de in

nächste Seite: Franz und Cläre Jung vor dem Kreml in Moskau 1921 (Foto: John Graudenz).

oben: Cläre, Dagny, Franz (jun.) und Franz Jung ca. 1924, wahrscheinlich in Wandlitzsee.

oben: Cläre und Felix Scherret.
links: Cläre Jung mit ihrem Bären Mischa im Kreis von Mitarbeitern der IAH 1922 im Ural.

Cläre Jung in Lankwitz 1927.

Georg Schrimpf einen Tag vor seinem Tod 1938.

Deutscher Feuilleton Dienst 3 28/29. August 1944

In welche Bäume schlägt der Blitz?

df) Mancher Wanderer konnte das Einschlagen des Blitzes in einen Baum beobachten und nicht selten sind die Fälle, daß Personen und Tiere, die sich während eines Gewitters unter das vermeintlich schützende Laubdach eines Baumes flüchteten, mehr oder minder verletzt oder getötet worden sind. Die verborgenen Geheimnisse über diese nicht ungefährliche Naturkräfte geben zu manchen abergläubischen Vorstellungen Anlaß. So war bei den alten Germanen die Eiche, die besonders häufig vom Blitzschlag heimgesucht wird, dem Gott Donar geweiht. Diese volkstümliche Anschauung wurde, wie die "Blätter für Naturkunde und Naturschutz" mitteilen, von der wissenschaftlichen Forschung bestätigt. Neben Eichen werden auch Pappeln häufig vom Blitz getroffen. Im Übrigen kann man auf Grund gesammelter Beobachtungen drei Stufen unterscheiden. In der ersten stehen die vom Blitz bevorzugten Bäume, die auch nicht selten zersplittert werden, wie etwa die Nadelhölzer Tanne, Fichte, Föhre, Zirbe, Lärche und Eibe und daneben von den Laubhölzern Eiche, Pappel, Birnbaum, Ulme, Weide, Esche und Akazie. In der zweiten Baumstufe werden die Baumarten zusammengefaßt, die nur gelegentlich vom Blitz getroffen werden, wie Linde, Kirsche, Apfel, Nußbaum und Edelkastanie. In der dritten Stufe sind endlich die Baumarten aneinandergereiht, die am wenigsten vom Blitz beschädigt werden, so Erle, Vogelbeerbaum, Ahorn, Roßkastanie und Buche. Die Angaben über die Birke lauten sehr verschieden. Zur Erklärung dieser Tatsache ist folgendes zu sagen: Bäume, bei denen nicht nur die Krone, sondern auch die Rindenoberfläche nach kurzen Regengüssen naß wird, sind als notdürftiger Unterstand ungefährlich, weil das am Stamm herabrinnende Wasser einen langsamen Spannungsausgleich herzustellen vermag und daher die Wahrscheinlichkeit des Einschlagens geringer ist. Die glattrindigen Bäume sind also eher als Schutz zu betrachten, während die rauh-und zerrissenrindigen aus ihrer Blitzgefährlichkeit heraus auch eine nicht unbedenkliche Nachbarschaft für Gebäude darstellen. Es ist daher für alle Fälle zu raten, Nadelhölzer, Eichen, Birnbäume, Akazien, Ulmen und Weiden nicht zu nahe an Baulichkeiten zu setzen.

Untersuchungen zur germanischen Landnahme

df) Unter dem Titel "Die Alamannen in ihrer Auseinandersetzung mit der römischen Welt" legt jetzt Gerhard Weis ein Werk vor, daß das Ergebnis von Untersuchungen zur germanischen Landnahme ist. Das Buch erscheint im Verlag Ahnenerbe-Stiftung.

Eine Auswahl der Werke Friedrichs des Großen

df) In der Reihe "Das Meisterwerk" erscheint im Hohenstaufen Verlag Stuttgart eine Auswahl der Werke Friedrichs des Großen in drei Bänden. Die Herausgabe besorgt Prof. Otto Westphal, die neue Übertragung Wilhelm Willige. Als erster Band erscheint zunächst "Jugend und Sanssouci".

Wiener Verlagswerke in ausländischer Sprache

df) Von den Erscheinungen des Wiener Verlages wird der letzte große Roman von Ernst Kratzmann "Die Götter" in niederländischer Sprache erscheinen, ebenso der Roman von Heinrich von Bohn "Aufruhr an den Grenzen". Von dem rumänischen Romanwerk Liviu Rebreanu "Der Aufstand" wird eine französische Ausgabe vorbereitet.

Neue Auswahl aus Werken von Heinrich von Kleist

df) Demnächst erscheint eine Auswahl aus den Werken von Heinrich von Kleist unter Benutzung der neuesten Forschung zusammengestellt und herausgegeben von Paul Smolny. Die neue Auswahl wird herausgegeben in dem Bibliographischen Institut Leipzig.

Seite aus dem Deutschen Feuilleton-Dienst.
rechts: Cläre Jung in ihren letzten Lebensjahren.

Georg Schrimpf, Bildnis Cläre Jung, 1916.

auf Wunsch von Margot im Haus meiner Mutter lebten. Ich war sehr glücklich, daß die Kinder in Berlin waren und besuchte mit ihnen Theater- und Filmvorstellungen. Oder wir fuhren in die Umgebung Berlins hinaus und machten weite Spaziergänge. Im Sommer lebten wir wochenlang in Wandlitzsee, wo die Kinder die Möglichkeit hatten, zu rudern und zu schwimmen. Häufig besuchte uns auch Margot. Es waren schöne Sommertage.

Die Probleme des Theaters waren es, die Franz Jung während der nächsten Jahre immer wieder fesselten. Das Theater suchte in dieser Zeit nach neuen Formen, und Jung, dessen Ziel eine Erneuerung der literarischen Aussage war, fühlte sich dem verbunden.

Reinhardt war damals nach dem Ende des Naturalismus auf der Bühne über die Wiedererweckung der Klassik und der Form des Antiken Theaters zur großen Schau der Festspiele gelangt. Von hier aus aber gab es kein künstlerisches Weiter.

Piscator war es gelungen, im Nollendorftheater eine eigene Bühne zu gründen, in der er eine Reihe höchst interessanter Bühnenwerke herausbrachte, so Tollers „Hoppla, wir leben!“, „Rasputin“, Brechts „Mann ist Mann“ und später Hašeks „Soldaten Schweijk“. Bei diesen Inszenierungen, die Film und Fotographie als funktionelle Bestandteile verwendeten, arbeiteten der Filmregisseur und Fotograf Curt Oertel und John Heartfield mit. Auch Jung gehörte eine Zeitlang zu Piscators engsten Mitarbeitern.

Jung hatte eine Reihe von Stücken geschrieben. Da war zunächst die schon erwähnte Komödie „Geschäfte“, von der die „Welt am Abend“ schrieb: „Franz Jung, neben Becher und Kläber, der stärkste Dichter des Proletariats, hat lange geschwiegen. Man hat lange nichts mehr von ihm gelesen. Jetzt wurde seine ‚Legende‘ in Dresden uraufgeführt. Seine ‚Geschäfte‘, eine Komödie aus der Schieberwelt, liegen jetzt vor. Das Stück bringt Menschen und Unternehmungen aus der Inflationszeit; aber trotzdem ist es sehr aktuell und wichtig. Kein einziger Arbeiter tritt in den ‚Geschäften‘ auf, hat mit ihnen etwas zu tun, aber sie stehen unsichtbar im Hintergrunde aller Szenen, um das Stichwort abzuwarten und dann aufzuräumen, auszufegen. Franz Jung, der nicht nur ein ausgezeichneter Techniker des Dramas ist, verfügt über eine große schöpferische Begabung.“

Das nächste Werk, „Abenteuer eines Fremden", erzählt die Geschichte einer verhinderten Erfindung. Weitere Stücke waren „Astoria", „Der verlorene Sohn" und „Heimweh".

Mit unserem Freund Theodor Beye hatte Franz versucht, Verbindung zu einigen Theatern aufzunehmen. Mit der Volksbühne in Berlin waren dann einmal die Verhandlungen so weit gediehen, daß die Annahme eines Stückes gesichert schien. Es wurden bereits für alle zwölf Aufsichtsratsmitglieder entsprechende Exemplare zum Lesen des Stückes angefordert. Zwei unserer Sekretärinnen, die Frau von Beye und ich schrieben das Stück in der Nacht ab, um es am Morgen pünktlich in der verlangten Anzahl abliefern zu können. Aber die alte Volksweisheit, die behauptet, wo viele Köpfe wären, wären auch viele Sinne, hat Recht behalten: Das Stück wurde an der Volksbühne nie zur Aufführung gebracht.

Am 13. Oktober 1927 brachte die „Aktuelle Bühne" des Dresdener Schauspielhauses zu ihrer Eröffnung Jungs „Legende". Da Franz nicht wollte, daß ich mit nach Dresden käme, habe ich diese Aufführung leider nicht miterlebt. In der Nacht rief mich Theo Beye aus Dresden an, um mir zu sagen, daß es ein Erfolg gewesen sei. Ich besitze heute noch Dutzende von Kritiken über das Stück, die sich in der Mehrzahl sehr positiv äußerten. In einem Brief an Beye schrieb der bekannte Kritiker der „Deutschen Allgemeinen Zeitung" Paul Fechter: „Ich habe nun die 'Legende' von Franz Jung gelesen. Ich finde das Schauspiel bis auf zwei Stellen, die mich stören, so konsequent gemacht, daß schon die Lektüre absolut zeigt, wie es aus dem Visuellen der Theatervorstellung heraus und eigentlich wesentlich aus diesem entwickelt ist. ... Was mich interessiert hat, ist einmal die Ausschaltung des Regisseurs, die Jung vornimmt, er gibt ihm nur eine Arbeitsanweisung und sichert sich gegen jeglichen Phantasieexzeß des Helfers. Sodann sehr eigen die merkwürdig halbrunde Gestaltung der Menschen; er versucht, mit dem Material des Lebens ohne Konzessionen an die Perspektive des Theaters und die Indiskretion des Theaters Menschen zu formen und zwar so halbrund zu formen, wie wir sie gewöhnlich, wenn sie vor uns auftauchen, in der wirklichen Welt auffassen. Was der Zuschauer nur erfahren kann, bleibt ungesagt. Dafür versucht Jung, durch Dinge, die zwischen anderen oder gar nicht gesagt werden, ihn das Wesen erleben zu lassen. Das Ganze ist mir doch ein bißchen zu sehr Proletarierdrama alten Stils – trotz der neuen Formkombination mit Film und Musik und Bildwirkungen, deren Jung sich ebenfalls bedient."

Die Piscator-Bühne hatte ein Studio eingerichtet. Die Aufführung von Jungs „Heimweh" am Sonntag dem 8. Januar 1928 als Matinee, fand eine geteilte Aufnahme. So schrieb Herbert Ihering als Kritiker des „Berliner Börsen-Courier" u.a.: „Franz ist ein Mann, nüchtern bis zur Phantastik, die er in Taten umsetzen muß, sachlich bis zu ökonomischen Traumvorstellungen, bewandert in Abenteuern und Statistiken, hart und weich, jedem Gedanken- und Gefühlsspiel hingegeben, systematisch und sprunghaft, heutig mit seiner Kraft, seinem Verstande, seiner Phantasie, gestrig mit seinem Gefühl, seinen Nerven. Jung nimmt schnell auf, er ist ein hervorragender Empfangsapparat – so reagiert er sofort auf alle Stil- und Formprobleme, auf alle technischen Erfindungen und szenischen Möglichkeiten des Theaters. Aber er paßt dieser entwickelten Technik den Inhalt, die Anschauung seiner Stücke nicht an." Und Erwin Piscator sagt in seinem Buch „Das Politische Theater": „Das Stück war auf Vorschlag der Theaterleitung gewählt worden. Franz Jung war einer der ersten gewesen, der mit seinen Stücken revolutionär zu wirken versucht hatte. Das 'Proletarische Theater' hatte seine ersten Stücke zur Aufführung gebracht. Wir haben viel von ihm erwartet, aber seine Unrast, die ihn von der Gründung seltsamer Bürounternehmungen zur Leitung von Zündholzfabriken, vom Journalismus zu geschäftlichen Transaktionen trieb, hat ihn bis jetzt nicht zur Reife kommen lassen. Eine lose Verbindung mit ihm bestand die ganzen Jahre hindurch. Sein Bergwerksdrama 'Annemarie' war auf meinen Vorschlag bei der Volksbühne für eine Matinee angenommen worden. Mein Ausscheiden dort ließ es nicht mehr zur Aufführung kommen. Jetzt, wo mir ein eigenes Theater zur Verfügung stand, erschien es mir als Pflicht, ihm das Wort zu geben. Das Stück selbst blieb mir fremd. Alle Stücke der Zwischenzeit, 'Geschäfte', 'Legende' und 'Heimweh', waren Stücke der Auflösung, in denen alles auf vage Gesten, abgebrochene Sätze, halbe Worte gestellt war. Man hatte den Eindruck, als ob einer den Mund bewegte, um seine letzten und besten Gedanken zu sagen, ohne daß jemand auch nur ein Wort zu hören bekam. Es war erschütternd für mich, Jung den Sinn von 'Heimweh', worauf er am meisten Wert legte, erklären zu hören ..."

Damit soll nicht gesagt sein, daß nicht „Heimweh" auch als Aufführung Qualitäten gehabt hätte. Steckel, der die Regie führte, hatte die technische Ausstattung und das Dekorative vollkommen John Heartfield überlassen, der namentlich in der Projektion, wo er mit seinem ihm vertrauten fotografischen Material arbeiten konnte, Ausgezeichnetes leistete. Allerdings kam die Aufführung nicht über die ästhetische Wirkung hinaus.

Das Drama, das Jung über Jahre hinaus beschäftigte und das er auch zu einem Roman verarbeitet hat, ist „Der verlorene Sohn", von dem drei verschiedene Fassungen vorliegen. Während die erste Fassung 1927 geschrieben wurde, entstand die dritte zwanzig Jahre später und führt den Titel „Samtkragen".

Die Fabel dieses Stückes ist einer wahren Begebenheit entnommen, die sich im Jahre 1926 in Springsfield im amerikanischen Staate Massachussets zugetragen hat: Ein junger amerikanischer Soldat aus dem ersten Weltkrieg, der als vermißt gemeldet war, wurde von seiner Mutter gesucht. Sie ließ nichts unversucht, ihn wieder aufzufinden und konnte sich nicht mit dem Gedanken abfinden, daß er tot sei. Als sie von einem Verwundeten erfuhr, der in einem französischen Lazarett lag und sein Gedächtnis verloren hatte, veranlaßte sie ihren Mann, hinüberzufahren, um Erkundigung einzuholen. Der Mann, der das Leid um den verlorenen Sohn kaum noch ertragen konnte, fand einen jungen Menschen vor, der dem Sohne ähnlich war und brachte ihn nach Amerika. Als die Zeitungen den sensationellen Fall des Wiedergefundenen aufgriffen und große Bilder von seinen Eltern und ihm brachten, geschah etwas Unerwartetes: Die Polizei meldete sich und reklamierte den Verwundeten als einen lange gesuchten Autoräuber. Er wurde verhaftet und die Mutter kämpfte nun mit dem ganzen Einfluß, den ihr Mann als hochangesehener Bürger hatte, um den „Sohn".

Das waren die Tatsachen, auf die Jung sein Drama aufbaute. Es ist auf der einen Seite das Drama der alles überwindenden mütterlichen Liebe. Auf der anderen Seite aber das des Sohnes, der einmal in den Schutz dieser mütterlichen Liebe hineinflüchtete, und zum anderen sich ihr wieder entzieht, um ein selbständiger Mensch zu bleiben.

Ohne daß ich damals wußte warum, habe ich zu diesem Drama immer die stärkste Beziehung gehabt. Ich nannte es „mein" Drama.

Und es war auch wirklich das meine. Denn es ist die symbolische Darstellung unserer Beziehung, die ich wohl gefühlt habe, aber in der damaligen Zeit mit dem Verstand nicht erfaßte. Mit diesem Stück, mit dieser literarischen Arbeit nahm Franz schon Jahre vorher vorweg, was später Wirklichkeit wurde.

Wir haben es in vielen Fällen erlebt, daß der künstlerisch schaffende Mensch für sein Werk die schützende Hülle suchen muß, die er später ebenso naturnotwendig wieder zu durchbrechen gezwungen ist. Es gibt viele Beispiele dafür, die ich hier nicht anzuführen brauche, sie sind bekannt.

Auch das Motiv der „Legende“ hat Franz in seinem Roman „Arbeiter Thomas“ noch einmal aufgegriffen. Es war die Geschichte von der Lebensunfähigkeit der deutschen Revolution.

Auch mit den technischen, ideologischen und dramaturgischen Problemen des Gegenwartstheaters hat sich Jung jahrelang beschäftigt und darüber in verschiedenen Zeitungen und Zeitschriften geschrieben. So erschien in der „Literarischen Welt" im Juli 1927 ein Artikel „Zurück zum Theater“, im gleichen Jahr in der „Deutschen Allgemeinen Zeitung“ eine Arbeit über „Theater-Probleme der Gegenwart“, in der Zeitschrift „Der Bücherkreis“ 1929 ein längerer Beitrag „Der Wille zum Stil im Drama der Gegenwart“ und schließlich im Jahre 1935 in der Reihe „Die Welt im Fortschritt“ des Verlages F.A. Herbig, Berlin, ein Essay über „Die neue Bühnentechnik und ihr Einfluß auf das Schauspiel der Zukunft“ mit Szenenfotos von neuen technischen Bühneneinrichtungen.

Deutscher Feuilleton-Dienst in Lankwitz

Eines Tages sagte Franz, er wolle überhaupt nicht mehr journalistisch arbeiten und die „Kontinent-Korrespondenz“ verkaufen. Er schlug mir vor, selbständig zu arbeiten. Ich ging bereitwillig auf diesen Plan ein. Nach einiger Zeit gelang es denn auch, in Dr. Haßberger einen Mann zu finden, der sich für die „Kontinent-Korrespondenz“ interessierte und sie kaufte.

In dieser Zeit betrieben wir die Legalisierung, nachdem wir vier Jahre illegal gelebt hatten. Mit Hilfe des Rechtsanwalts Dr. Herzfeld gelang es endlich unter vielen Mühen, eine Amnestierung für Jung durchzusetzen, das heißt, das Verfahren gegen ihn wurde niedergeschlagen.

Wir wohnten in einem Haus mit Garten in Lankwitz, nahmen die beiden Kinder zu uns und lebten inmitten von Tieren, Bäumen und Blumen.

Zunächst arbeitete Franz eng mit Piscator zusammen. Es war geplant, Theodore Dreisers „Amerikanische Tragödie" zu dramatisieren. Piscator kam häufig nach Lankwitz, ebenso wie Hanns Eisler, der einige Monate bei uns lebte. Ein paar Mal brachte Franz auch Erich Mühsam zu uns, und wir haben dann die ganze Nacht miteinander gesprochen.

Durch Beye hatten wir Verbindung zu einem großen Pressefoto-Archiv, das seine Inhaber, die Brüder Züchner, verkaufen wollten. Es war geplant, einen Presse-Foto-Dienst zu schaffen, das sollte meine neue Arbeit sein.

Um zunächst einige Kenntnisse in der Kunst und Technik des Fotografierens zu gewinnen, wurde eine Arbeitsgemeinschaft mit einem der besten und bekanntesten Fotografen, dem Filmregisseur Curt Oertel, geschaffen. Zu dieser Zeit war Oertel Standfotograf bei der Terra-Filmgesellschaft und bei anderen Filmproduktionsgesellschaften, bevor er dann etwas später in Holland seinen ersten eigenen Film drehte.

1927 war noch die Zeit des Stummfilms. Erst kurze Zeit später kam der Tonfilm auf. Das erste Filmatelier, das ich sah, war in der Belle-Alliance-Straße am Halleschen Tor im 5. Stockwerk eines Hauses. Wie von jeder Kunst, von jedem Neuen war ich auch von der Welt des Films sehr fasziniert.

Dann versuchten wir zusammen mit Oertel, dessen Kunst des Fotografierens ich immer sehr bewunderte, künstlerische Materialfotos für die großen illustrierten Zeitschriften zu machen, wie sie in den amerikanischen Journalen üblich waren. Die deutschen Zeitschriften öffneten sich dieser Technik jedoch erst später im großen Stil.

Mit einem größeren Kollektiv gründeten wir Ende 1927 als Foto-Presse-Dienst den „Deutschen Foto-Dienst", als dessen Inhaberin ich eingetragen wurde. Es ließ aber Franz keine Ruhe, andere journalistische Möglichkeiten ungenutzt zu lassen, und so wurden bald der „Deutsche Feuilleton-Dienst" und die „Deutschen-Wirtschafts-Berichte" angeschlossen. Im Hause Jägerstraße 10/11 befand sich unser Büro, und mit einem umfangreichen Mitarbeiterstab wurde von neuem ein täglich erscheinender Nachrichtendienst für Wirtschafts- und Kulturnachrichten aufgezogen.

Da ich eine Generalvollmacht von Jung besaß, führte ich alle Verhandlungen, konferierte mit Anwälten, schloß Verträge. Zuweilen ging ich gemeinsam mit unserem alten Freund Dr. Otto Ehrlich, mit dem Jung vor Jahren den „Industrie-Kurier" gegründet hatte, und der heute noch Inhaber dieses Organs war, zu einer Besprechung. Während wir im Vorzimmer warten mußten, unterwies mich Ehrlich in der Kunst, geschäftliche Verhandlungen zu führen. Ich will dazu eine kleine Geschichte erzählen, die mir in Erinnerung geblieben ist.

Zur Ausführung unseres Planes, große Fotos für die Schaufensterwerbung einzuführen, schlug Ehrlich vor, zum Warenhaus Hertie zu gehen, dessen früheren Inhaber Oskar Tietz er noch gekannt hatte. Zu dieser Zeit war sein Schwiegersohn Dr. Zwillenberg der Leiter des Unternehmens. Dr. Ehrlich und ich gingen also zur Leipziger Straße in das Warenhaus Hertie und wurden in das fünfte Stockwerk gewiesen, wo Dr. Zwillenberg sein Büro hatte. Es erwies sich als nicht ganz einfach, einen so beschäftigten prominenten Mann zu sprechen. Dr. Ehrlich brachte seine ganze Kunst auf, zu einem solchen Mann vorzudringen.

Während wir im Vorzimmer warteten, begann er ein Gespräch mit mir darüber, wie ihn früher in diesem Raum der alte Chef des Hauses, Oskar Tietz persönlich, immer empfangen hatte. Er sprach von ihm nur als mein „guter alter väterlicher Freund". Dies blieb wohl nicht ohne Wirkung auf die Angestellten, die nicht recht wußten, mit wem sie es zu tun hatten. Als schließlich der erste Sekretär die Tür zum Zimmer Dr. Zwillenbergs öffnete, um uns anzumelden, ging Dr. Ehrlich einfach mit ihm zusammen hinein. An der Tür blieb er stehen, wie überwältigt von der Erinnerung an seinen „väterlichen Freund" und erzählte nun Zwillenberg, wie oft er an diesem bescheidenen Tisch dem alten Oskar gegenüber gesessen und von ihm Ratschläge und Unterstützung für seine Arbeit erhalten hatte. Das Entrée war gelungen. Zwillenberg hörte uns an. Leider habe ich die Lehren Ehrlichs nie so recht anzuwenden verstanden.

Dann kam das Jahr 1929, in dem in der ganzen Welt die große Wirtschaftskrise begann. In Amerika brachte der berüchtigte schwarze Freitag Konkurse und Zusammenbrüche. In unserem „Deutschen Feuilleton-Dienst" tauchten immer mehr Nachrichten auf, die mit dem Wort „Abbau" begannen. Abbau beim Orchester, Abbau am Theater, überall Abbau. Selbstverständlich wirkte sich diese allgemeine Krise auch bei den Zeitungen und ebenso bei uns aus. Zunächst trennten wir unsere Korrespondenz von dem „Deutschen Foto-Dienst" und versuchten, durch eine Verkleinerung des Mitarbeiterstabes die Korrespondenz zu halten. Als das nicht genügte, gaben wir das Stadtbüro auf, ebenso den Wirtschaftsteil und brachten den verbliebenen Rest, den „Feuilleton-Dienst", nach Lankwitz in unsere Wohnung. Auch waren wir gezwungen, unser schönes Grundstück in Wandlitz zu verkaufen. Aber so gelang es uns wenigstens, die Korrespondenz zu halten. Als Franz den Wunsch äußerte, nur noch seine Arbeit bei Piscator weiterzuführen, übernahm ich allein die redaktionelle Tätigkeit an der Korrespondenz, indem ich die Arbeiten des Redakteurs, Herausgebers, der Sekretärin und des Expedienten selbst übernahm. So hatte ich wenigstens die Möglichkeit, innerhalb eines Jahres sämtliche Verpflichtungen in Höhe von 6.000 Mark zu begleichen.

Auch Piscator hatte inzwischen das Theater am Nollendorfplatz aufgegeben und spielte im alten Theater in der Wallnerstraße. Und zwar spielte sein Kollektiv auf Anteile, das heißt, die Einnahmen wurden am Schluß jeder Vorstellung unter das Ensemble aufgeteilt. Wenn zu wenig Karten verkauft waren, wurden sie an große Betriebe oder Institutionen weggeschenkt und die Einnahmen bestanden aus der Pachtabgabe für die Garderobe und die Kantine. Das künstlerische Niveau konnte durch die Krise nicht beeinträchtigt werden.

Ich erinnere mich an drei hervorragende Aufführungen: „Mond von links", eine sowjetische Komödie, die großen Erfolg hatte, „Leutnant Blumenthal" und schließlich Friedrich Wolfs Schauspiel „Tai Yang erwacht". Unter den Mitwirkenden befanden sich Lotte Loebinger, Werner Kepich, Heinrich Greif, Konstanze Menz, Ilse Trautschold, Ernst Ginsberg, Günter Hadank und Albert Venohr. Das Bühnenbild stammte von John Heartfield.

Wieder hatten sich eine Reihe neuer Verbindungen für die literarische Arbeit ergeben. Unser Freund Karl Schröder war zu dieser Zeit Leiter der Zeitschrift „Der Bücherkreis". Im Verlag gleichen Namens erschien in einem der Sammelbände Franz Jungs Erzählung „Das Erbe". 1931 kam dort sein Buch „Hausierer" heraus. Franz schrieb zwei weitere Romane: „Arbeiter Thomas", der nur in einer russischen Ausgabe herauskam, die wir allerdings nie gesehen haben, und „Volk unterm Kreuz", ein Roman aus Oberschlesien. Über letzteren hatte Jung Vertragsverhandlungen mit der Büchergilde geführt, sie dann aber als unfruchtbar abgebrochen. Ein Auszug aus dem Buch erschien in der Zeitschrift „Der Oberschlesier". Die Arbeit mit dem Bücherkreis verband Jung wieder enger mit den alten Freunden Karl Schröder und Arthur Goldstein.

Durch die Arbeit des „Deutschen Feuilleton-Dienstes", der inzwischen eine Reihe von Beilagen herausbrachte, die einmal wöchentlich erschienen – so eine besondere Seite: Film, Funk, Literatur, Wissenschaft, Kunst und Musik – hatten wir Verbindung aufgenommen zu dem alten Freund Rudolf Kurtz, dem späteren Chefredakteur des „Nachtexpreß", den wir noch aus der Zeit vor dem ersten Weltkrieg vom Aktionskreis her kannten.

Es war Jungs Wunsch, wieder eine eigene Zeitschrift zu haben. Mit den Freunden des Malik-Verlages, die den „Gegner" herausbrachten, traf er eine Vereinbarung zur Überlassung der Zeitschrift. Damit verbunden war wiederum die Gründung eines Verlages, des „Deutschen Korrespondenz-Verlags" (Deko-Verlag), der gemeinsam mit Theo Beye und Fritz Schönherr geschaffen wurde. Beabsichtigt war ein größeres Unternehmen mit verschiedenen Abteilungen. Um den „Gegner" scharten sich wieder neue Mitarbeiter, von denen einer Adrien Turel war.

Während ich ganz und gar an die Arbeit im „Deutschen Feuilleton-Dienst" gefesselt war und kaum aus Lankwitz herauskam, wo auch noch für Tiere und Haus zu sorgen war, arbeitete Jung im Deko-Verlag, der ein Büro in der Charlottenstraße hatte. Seine Sehnsucht nach der Arbeit am Theater hatte zu einer Verbindung mit Ernst Aufricht geführt, der im Theater am Kurfürstendamm eine Aufführung des Stückes „Mahagonny" von Brecht-Weill vorbereitete. In diesem Stück, das einen außerordentlichen Erfolg hatte, wurden die Hauptrollen von Trude Hesterberg, Harald Paulsen und Lotte Lenya gespielt.

Eine Reihe von Arbeiten veröffentlichte Jung in der von Gert von Gontard herausgegebenen „Neuen Revue", zu deren Mitarbeitern unter andern Franz Blei, George Grosz, Elisabeth Langgässer, Anton Kuh, Johannes Wüsten, Walter Meckauer, Roland Schacht und Willi Wolfradt gehörten. Diese Zeitschrift, ebenso wie der „Gegner“, hatte politisch-satirischen Charakter. Beide führten einen scharfen Kampf gegen den aufkommenden Faschismus, gegen Hitler, sie zeigten die herannahende Gefahr und versuchten eine Sammlung der Geistigen.

Wenn zwei Menschen sich voneinander trennen, dann sucht die gesellschaftliche Konvention nach einer Schuld, forscht das Gesetz nach einem Fehl, dem Mangel, nach einer Sünde gegen die Gemeinschaft. Ist es nicht möglich und denkbar, daß Partner sich zuweilen scheiden müssen, weil sie zu eng verbunden waren?

Im physikalischen Weltbild gibt es eine Entwertung der Energie, wenn in zwei Körpern sich ein absoluter Temperaturausgleich vollzogen hat. Es muß, damit ein Nutzeffekt entstehen kann, damit sich Wärme in Energie verwandelt, damit sich eine Kraft entwickeln kann, die treibt und Arbeit wird, eine Verschiedenheit der Temperaturen vorhanden sein. Es muß ein Gegensatz der Pole bestehen, damit Bewegung ist. Anziehung und Abstoßung. Ein Wechselspiel. In der Energetik gibt es nicht Schuld und Unschuld und keinen Begriff der Wertung dafür, wenn sich zwei Körper zu sehr gleichen. Gesetz ist: Spannung, Energie und Wärme kann nur entstehen, wo Unordnung in der Materie ist. Gelänge es zum Beispiel, kleinste Eisenteilchen, die sich wie Liliputmagnete verhalten, die sich gegenseitig nur anziehen, restlos zu ordnen, so wäre der kälteste Punkt erreicht. Der tote Punkt. Auch bei den Kristallen ist es so, daß sie zu wachsen aufhören, wenn sie mit der Substanz, aus der sie sich gebildet haben, restlos gesättigt sind.

Vielleicht ist es darum auch ein Unding, nur einen ständigen Gleichklang zwischen zwei Menschen, zwei Herzen zu erstreben, nur Harmonie und Übereinstimmung, und es ist möglich, daß eine Trennung ein Mehr bedeuten kann, ein Positivum.

Als letzte Früchte des Herbstes reiften die Quitten im Garten. Es waren eine Apfelquitte und eine Birnenquitte ihrer Form nach, und tagelang durchzog das ganze Haus ihr intensiver süßer Duft, als sie gekocht wurden. Den langen Sommer hindurch hatte ich mich darauf gefreut, Franz das erste Schälchen Quittenmarmelade zu bringen, so wie er immer die ersten Früchte von jedem Baum bekam. Aber in diesen Tagen war Franz sehr selten zu Hause, er blieb meist in der Stadt.

Ich hatte wohl bemerkt, daß etwas in seiner Seele vorging. Franz war sehr verändert. Aber zuweilen, wenn er an einem neuen Buch arbeitete, konnte er so abgekapselt sein, so abgeschlossen und im Innern fern. Ich hatte dann stets das Gefühl, ihn nicht stören zu dürfen und behütete sein Schweigen, seine Zurückgezogenheit auch vor anderen Menschen. So stellte ich auch diesmal keine Fragen.

Eines Nachts kam Franz nach Hause. Ich schlief schon. Er weckte mich und sagte mir, daß er am anderen Tag verreisen würde. Auch dies war nichts Besonderes. Es war oft vorgekommen, daß er überraschend irgendwohin gefahren war. Aber am nächsten Morgen, in der Frische des anbrechenden Herbsttages, während er auf einen Wagen wartete, der ihn zur Reise abholen sollte, ging Franz noch einmal durch das Haus und durch den Garten, über dessen Boden eine leichte Hülle aus weißem Nebel lag. Und da bemerkte ich, daß seine Augen dies alles, seinen Garten, sein Haus mit einem Blick umfaßten, der wie ein Abschied war, ein Abschied für immer. Unruhe befiel mich, die ich mir nicht erklären konnte. In wenigen Wochen würde er doch wiederkommen, nur kurze Zeit würde es dauern, dann war er wieder zurück, wollte er wieder zurück sein. – So war dieser Blick, der an den tropfenden Ästen der Bäume hängen blieb und über die kahlen Sträucher ging, von denen das Obst nun abgeerntet für ihn in Gläsern aufbewahrt lag, so, daß ich in der aufsteigenden Unruhe die Arme um seinen Hals legte und sagte: „Bleib hier, Franz."

Für eine winzige Spanne Zeit weiteten sich seine Augen. Irgendein Mißtrauen sprang auf –

Ich sagte zärtlich: „Vielleicht ist es gar nicht nötig, daß du fährst. Etwas quält dich doch. Wenn du ..."

In diesem Augenblick fuhr der Wagen vor. Franz streichelte mit einer fahrigen Bewegung über mein Haar: „Lebwohl". Das Auto ruckte ein wenig scharf an, so daß er in den Sitz zurückfiel. Sein Koffer schien zu Boden gefallen zu sein. Er war damit beschäftigt, ihn aufzuheben und sah deshalb nicht mehr zum Fenster hinaus. Dann bog der Wagen um die Straßenecke.

Als ich ins Haus zurückging, hatte ich gegen ein so starkes Gefühl der Einsamkeit zu kämpfen, wie ich es nie gekannt hatte in den ganzen

Jahren unseres Zusammenseins. Es schien, als wäre ich in einem Dschungel, in dem kein anderer Laut zu hören war als das Klopfen meines Herzens, so allein war ich. Dabei hatte ich eine jahrelange Übung im Alleinsein, eine große Technik. Ich liebte es sogar. Dazu hatte ich meine Arbeit, das Haus, die Tiere. Diesmal aber litt ich darunter, daß Franz mir fern war. Ich hätte gern mit ihm gesprochen wie in früheren Zeiten. Vielleicht hatte ich etwas versäumt. – Wir waren so eng verbunden gewesen – so schien es mir wenigstens –, daß es der Worte nicht mehr bedurfte, siebzehn oder achtzehn Jahre lang. Und nun wußte ich nicht, was in ihm vorging.

Und dann mit einem Mal wußte ich es, erfuhr ich, was ich schon lange hätte wissen müssen und irgendwie nur nicht wahrhaben wollte: Franz hatte sich von mir getrennt.

Er hatte mir kein Wort gesagt, nicht eine Andeutung gemacht. Und ebenso schrieb er dann auch nichts, keine einzige Zeile, die etwas aufklären konnte. Nur eine Karte kam von ihm mit einem Gruß.

Ich wußte, daß sich Franz darauf verließ, ich würde ihn verstehen. Und ich verstand ihn auch, in dem, was ihn betraf, verstand ich ihn sehr gut und hätte nie daran gezweifelt, daß er nicht anders handeln konnte. Deshalb war in meinem Herzen niemals ein Gefühl von Bitterkeit oder ein böser Gedanke gegen ihn, sondern höchstens Verwirrung darüber, daß es so gekommen war. Liebe, das war es nicht und daran hatte sich zwischen uns auch nichts geändert. In unserer Liebe zueinander war keine Wandlung eingetreten, sie war Voraussetzung.

Alle die Jahre hatten wir zusammen Leid und Freude getragen. Wenn uns gemeinsame Sorgen quälten, hatten wir beide darüber nachgedacht, wie wir damit fertig werden könnten. Zuweilen, wenn am Ende eines Tages noch keine Klarheit gefunden war, dann überließen wir der Nacht die Fragen. Und so nahe waren wir uns gewesen, daß der Schlaf in den Regionen des Unbewußten unsere Gedanken einander anglich. Am nächsten Morgen erwies es sich, daß wir beide den gleichen Ausweg gefunden hatten.

In dieser Zeit machte ich eine völlige Verwandlung durch. Bis an die Grenze –

Vielleicht aber war alles dies gerade notwendig. Der Keim, den Jung in mich gelegt hatte, nun ausgewachsen wie eine Pflanze, die erblüht war und die der Hand des Gärtners nicht mehr bedurfte. Ein Werk, von seinem Schöpfer aus sich herausgestellt, das ohne ihn selbständig lebt. Immer eingedenk der auferlegten Pflichten, nie frei von dem Bewußtsein der Verantwortung, die auf mir ruhte.

Unsere Generation ist noch in eine Zeit hineingeboren worden, die den festen Fortschrittsglauben an eine geradlinige Entwicklung hatte. Im ersten Weltkrieg hatte sie ihre Opfer gebracht, dann hatten die Nachkriegsjahre mit ihren Enttäuschungen viel vom revolutionären Elan genommen, und es mochte auch sein, daß sich die ersten Ermüdungserscheinungen der Vierzigjährigen, die ihre Lebensmitte überschritten hatten, bemerkbar machten.

Noch sind viel zu wenig die allgemeinen organischen Entwicklungsgesetze bekannt, um damit praktisch arbeiten zu können. Denn wie der menschliche Embryo in seiner Entwicklung alle Phasen der organischen Gesamtentwicklung noch einmal durchmacht, so durchläuft auch die Entwicklung einer neuen Gesellschaftsform frühere Stufen, ehe sie selbstschöpferisch eine eigene Gestalt bilden kann. Sie nimmt, als biologische Voraussetzung, ein bereits durchlaufenes Stadium zunächst wieder auf, um es in sich überwinden zu können und zu einer höheren Ebene zu gelangen.

„An irgendeiner Stelle des Lebenslaufes ist jedes Wesen scheint's bestimmt, das Verbundensein zu fühlen mit allem, was zu wenig, was ungerecht ist und lastend in Leid, dazu bestimmt mitzuleiden und mitzutun, Gutes und Böses, früher oder später. Der eine nimmt's nur im Vorüberhuschen, der andere trägt's länger, wenige stellen die Erkenntnis ihres geistigen Tagewerks darauf ein", so hat es Franz Jung in einer späteren Arbeit einmal ausgedrückt und von sich selbst gesagt: „Inmitten eines Dschungels von Gesetzen und Verordnungen, Grundsätzen der Erziehung, zurechtgestutzt nach gesellschaftlichen Konventionen, habe ich jeweils irgendwann in meinem Leben, wahrscheinlich zeitgerecht, mich gegen alles das aufgelehnt. Aber etwas kann nicht gestimmt haben, trotzdem zu früh oder zu spät, im Zweifel und vielleicht zu wenig überzeugend, selbstüberzeugend. – Dazu kommen noch die eigenen Gesetze, die zu allen Zeiten und Gelegenheiten der Mensch sich selbst gibt, und mit denen es schwieriger ist zu akkordieren. Gleichgültig ob man ihnen folgt oder nicht – sie spießen einen an die Wand, sie nageln dich fest.

Nach diesen Gesetzen, die wir unserem Leben gegeben haben, war es von wesentlicher Bedeutung, immer wieder von neuem anzufangen, keine Reserven anzulegen, sich nicht auf eine Reserve zu stützen, nicht mit Gepäck anzutreten von Verdiensten und gutem Willen, wenn der Kampf beginnt. Muß ich erst beweisen, daß ich im Recht bin, daß ich den Anspruch habe, gehört, geachtet und vielleicht sogar geduldet zu werden, dann habe ich nicht die Kraft eingesetzt, die notwendig ist, die Spannung der inneren Entwicklung über mich hinaus auf dem Wege zur Vervollkommnung zu halten.

Das Leben geht weiter. Es geht alles weiter."

Es ist vom heutigen Standpunkt aus gesehen das Problem unserer Generation.

Dieser Teil der Geschichte meines Lebens beginnt mit dem Jahr 1932.

Am Bahnhof Lichterfelde standen Männer in braunen Hemden mit Hakenkreuzbinden um den Arm und verkauften Zeitungen. Mit der Stimme von Heilsarmeesoldaten verkündeten sie das baldige Kommen des „Dritten Reiches". Die Leute gingen kopfschüttelnd an ihnen vorüber. Kaum einer nahm ihnen eine Zeitung ab. Manche lächelten verächtlich, lachten, schimpften. Es gab Stimmen, die warnten. Aber es gab wohl keinen einzigen unter allen, der in der Lage gewesen wäre, sich die unvorstellbare Katastrophe, die heraufzog, in ihrem ganzen Ausmaß vorzustellen.

Die wirtschaftliche Krise verschärfte sich ständig, die allgemeine Arbeitslosigkeit nahm täglich zu.

Mit der anwachsenden Unruhe komplizierte sich auch unsere eigene Lage, da die Krise unseres Lebens mit der politischen zusammenfiel. Jung hatte sich mit Harriet Scherret verbunden, die sich von ihrem Mann, dem Schriftsteller Felix Scherret, getrennt hatte. Ich lebte zunächst noch in unserem Haus in Lankwitz, gebunden an die tägliche Arbeit im „Deutschen Feuilleton-Dienst". Die Zeitungen, die unsere Korrespondenz bediente, litten immer stärker unter den Schwankungen der wirtschaftlichen Depression und in ihrem Gefolge unser Nachrichtendienst ebenfalls.

Wenn ich an diese Zeit zurückdenke, scheint es mir, als hätte ich nie so viel gearbeitet wie damals. Ich kannte kaum noch Schlaf. Die Arbeit an der Korrespondenz, die zu einem großen Teil auch aus wissenschaftlicher Berichterstattung bestand, zwang mich zu neuen intensiven Studien. Biologie, Astrophysik, die Lehre von den Atomen, Medizin und die Forschungsergebnisse in vielen anderen wissenschaftlichen Disziplinen waren die Gebiete, die ich zu bearbeiten hatte. Ich fing noch einmal an zu lernen, machte Auszüge aus Büchern, bearbeitete ganze Wissenschaftskomplexe. Und wieder war das Leben neu und vielfältig. Ein Mensch, der schon die Mitte seines Lebens überschritten hat und Schüler? Mir schien, mein Vater hätte niemals diese Möglichkeit gehabt, versuchte, mir meinen Großvater vorzustellen, nachdem er die vierzig hinter sich gebracht hatte: ein Mensch, in allem festgelegt, vielleicht ein wenig starr schon. In diesem Alter hatten unsere Vorfahren ungefähr alles erreicht, waren bereits im sicheren Hafen.

Fast zwanzig Jahre habe ich diese Arbeit, die Herausgabe einer Korrespondenz mit Kulturnachrichten, gemacht – und mache sie heute wieder – und ich muß sagen: ich liebe diese Arbeit. Man mag sie vielleicht nicht so sehr eigenschöpferisch nennen, aber ständig mit der Entwicklung aller kulturellen Erscheinungen vertraut sein zu müssen, verschafft demjenigen, der sich ihr widmet, einen großartigen Überblick. In der knappen konkreten Form der einfachen Berichterstattung liegt eine ausgezeichnete Erziehung zum Sachlichen. Es sei mir gestattet, eine kleine Anekdote dazu zu berichten:

Ich lernte einmal Iwan Goll kennen, der damals in Paris lebte. Er war nach Berlin gekommen, um sich über Theater, Musik, Literatur und so weiter zu unterrichten. Ich glaube, er wollte in einer Pariser Zeitung darüber schreiben. Wir kamen ins Gespräch. Ich berichtete von verschiedenen Aufführungen unserer Bühnen, von Problemen der neuen Musik, von Filmen, Büchern, Ausstellungen. Plötzlich unterbrach mich Goll: „Ich bin seit Wochen in Berlin", sagte er, „und bemühe mich, bei allen möglichen Leuten Auskünfte zu erhalten. Wie ist es möglich, daß Sie über so viele Dinge informiert sind, während ich überall herumgelaufen bin und kaum etwas Wesentliches erfahren konnte." Wir lachten beide, als ich ihm erzählte, daß ich eine Korrespondenz herausgäbe und infolgedessen von Berufs wegen dies alles wissen mußte.

Felix Scherret und Adrien Turel

Das erste, was ich von Felix Scherret kennenlernte, war seine Stimme. Eines Tages rief er mich an und bat um eine Zusammenkunft. Durch die Verbindung seiner Frau mit meinem Mann war unser Schicksal ein gemeinsames geworden. So trafen wir uns zunächst einige Male, um Schwierigkeiten, die aufgetreten waren, zu beheben. Aber sehr bald waren es nicht mehr nur unsere persönlichen Konflikte, über die wir sprachen, sondern es erwuchs aus diesem Zusammensein eine Freundschaft, gegründet auf gemeinsame künstlerische Interessen.

Ich hatte, getreu unseren Grundsätzen, immer von neuem anzufangen, wieder begonnen zu schreiben. Man hat mir oft den Vorwurf gemacht, ich sei zu „weich" und zu nachgiebig, ich sei keine „kämpferische" Natur. Ich bestreite das. Mein Leben war immer Kampf. Nur: jedes Wesen hat seine eigenen Waffen, biologisch bedingte. Meine Form des Kampfes ist die der erhöhten Leistung. In dieser Zeit entstand die Erzählung „Stanislaw Tscherwinsky".

Als ich Scherret kennenlernte, hatte ich die ersten sechs Seiten des Buches geschrieben. Ich zeigte sie ihm. Und nun half er mir, täglich weiter zu schreiben, kritisierte, fragte, besprach mit mir, nahm Anteil, machte mir Mut, wenn ich nicht mehr weiter konnte. Bis die Arbeit fertig war.

Eigentlich war es Felix Scherrets Sehnsucht gewesen, Schauspieler oder noch lieber Sänger zu werden. Er war in beiden Fächern bis zur Bühnenreife ausgebildet worden. Seine Stimme war ungewöhnlich modulationsfähig, mit einem leichten ostpreußischen Akzent in manchen Momenten, mit einer Spur von Heiserkeit, die ein besonderes Timbre verlieh. Infolge seines kranken Herzens blieb die Bühnenlaufbahn ein Traum. Er hatte dann Kunstgeschichte studiert, Philosophie, Musik- und Literaturgeschichte und wollte Theaterwissenschaftler werden. Krieg und Inflation hatten seine Studien unterbrochen, und so war er Journalist und Schriftsteller geworden. Als ich ihn kennenlernte, war er Theater-, Film-, Funk- und Literaturkritiker am Berliner „Vorwärts" und hatte drei Romane geschrieben. Im Urania-Freidenker-Verlag, Jena, war gerade sein Buch „Götter stürzen", ein Roman aus der kleinbürgerlichen Welt der „Systemzeit", erschienen. Das Titelblatt des Buches zeigt ein Bild, auf dem ein dicker Mann mit einem

Zylinderhut tot ausgestreckt am Boden liegt, neben ihm eine Flasche mit der Aufschrift 'Gift'. Über ihn gebeugt kniet ein SA-Mann mit Hakenkreuzbinde am Arm. Es war gut, daß dieses Buch nur einem relativ kleinen Kreis von Lesern bekannt wurde und nicht in einem der größeren Verlage erschienen war, so entging es der Aufmerksamkeit der nazistischen Organe. Denn dieses den Inhalt kennzeichnende Bild hätte sicher Repressalien gegen Scherret zur Folge gehabt. Auf jeden Fall trug es dazu bei, ihm während der Nazizeit ein ständiges Gefühl der Unsicherheit zu geben.

Scherret hatte schon sehr früh die Gefahr erkannt, die mit Hitler über Deutschland kam. In Artikeln, die in den Jahren 1923/24 in der „Danziger Rundschau" erschienen waren, hatte er bereits gewarnt und später im „Vorwärts" hörte er niemals auf, auf die Leichtfertigkeit hinzuweisen, mit der die Sozialdemokraten dieser ganzen Bewegung zusahen. Das brachte ihn stets in scharfen Gegensatz zu Stampfer und Wels, die sich dann auch beeilten, ihn bei einer unbedeutenden Gelegenheit loszuwerden. In den sieben Jahren seiner Tätigkeit an der Zeitung hatten sie sich nie entschließen können, ihn fest anzustellen, obwohl seine außerordentliche Vielseitigkeit bekannt und besonders bei Fachleuten von der Bühne geschätzt war. Verschiedentlich wurde Scherret von prominenten Schauspielern ausdrücklich als Kritiker angefordert, wenn eine wesentliche Premiere stattfand.

Seine Artikel und Kritiken hat Scherret stets gesammelt und in Mappen aufbewahrt. Nach der ersten Haussuchung, die bei uns stattfand, entschlossen wir uns, alle politischen Artikel, die gegen den aufkommenden Nazismus gerichtet waren, zu verbrennen, da ihre Aufbewahrung tatsächlich eine Art Selbstmord gewesen wäre. Die Bände mit Scherrets Theaterkritiken schenkte er unserem Freund Walter Unruh, der sie seiner riesigen Theatersammlung eingliederte.

Nach seinem Fortgang vom „Vorwärts" arbeitete Felix Scherret im „Deutschen Feuilleton-Dienst" mit. Besonders die wissenschaftliche Berichterstattung baute er aus. Waren seine Interessen bis dahin mehr auf die geistigen Wissenschaften gerichtet, begann er jetzt mit Leidenschaft, sich den Naturwissenschaften zu widmen. Tagelang studierte er Bücher und Zeitschriften und eignete sich auf diesen Gebieten ein umfassendes Wissen an. Jahrelang holte ich fast täglich aus der Staatsbibliothek Nachschub.

So wie Franz Jung und ich über all die Jahre und Entfernungen hinweg in inniger Freundschaft verbunden blieben, bestand auch zwischen Scherret und Harriet bis zum Schluß ein herzliches Band fast geschwisterlicher Liebe. Beide aus Danzig stammend, waren sie für einander immer ein Stück Heimat, ein Stück Jugend. Scherret nannte die Beziehung, die uns alle miteinander verband, unseren 'Klan'. Wir lebten und arbeiteten zusammen in einer unlöslichen Zusammengehörigkeit.

Die ständige Beschäftigung mit wissenschaftlichen Problemen brachte eine neue Seite meines Wesens zum Klingen und eine Reihe von Essays und Versuchen hervor. Werke von Leo Frobenius und Josef Beyer, Jakob v. Uexküll und Carl Ludwig Schleich und die Bekanntschaft mit Ernst Fuhrmann, Hugo Hertwig und Adrien Turel waren es, die meinen Arbeiten eine ganz andere Richtung gaben als bisher.

Mit Adrien Turel verband Scherret und mich eine enge Freundschaft, die dazu führte, daß wir über zwei Jahre ein gemeinsames Leben führten. In den Sommermonaten 1932, während Franz und Harriet für einige Zeit von Berlin fortgezogen waren, lebten Turel, Scherret und ich in dem Haus in Lankwitz und arbeiteten zusammen.

Der Berliner Schriftsteller und Psychoanalytiker Adrien Turel hatte damals bereits eine Reihe von Büchern veröffentlicht: einen Band Gedichte „Es nahet gen den Tag" im Verlag „Der Kentaur", Wolgast 1918, „Selbsterlösung" im S. Fischer-Verlag 1919, „Wiedergeburt der Macht aus dem Können", Drei-Masken-Verlag, München 1921, „Christi Weltleidenschaft", Verlag „Die Schmiede", Berlin 1923 und „Eroberung des Jenseits", Rowohlt-Verlag, Berlin 1931. Im Jahre 1928 war noch eine kleine Broschüre von Turel im Selbstverlag unter dem Titel „Keinen Gott als nur die Menschheit" erschienen. Alle Titel seiner Werke waren gewissermaßen Programme dessen, was er ausdrücken wollte.

Die Zeit nach dem ersten Weltkrieg, Zusammenbruch der bürgerlichen Gesellschaft und Revolution und der Versuch zur Schaffung einer neuen lebendigen Gesellschaftsform, verlangte nach Deutungen, nach dem Aufzeigen von Zusammenhängen und lebenswerten Perspektiven. Im Gegensatz zu dem damals weit überschätzten Buch von Oswald Spengler, „Untergang des Abendlandes", sprach Turel von dem „Kunstwerk der Menschheit". In seinem Werk „Selbsterlösung" definiert er: „Die Menschheit als werdendes Kunstwerk, als werdender Organismus. Die Familien als Bausteine, die Nationen als Kapellen, die Menschheit als sich auftürmende, alles überkuppelnde Kathedrale.

Schon lange ist dieses Werden, diese planetarische Gestaltung, dieser Kristallisationsprozeß im Gange. Streng genommen schon seit Anbeginn des Lebens. Das Pflanzenreich baut sich über dem anorganischen Leben auf. Das Tierreich über dem pflanzlichen. Die Fauna insgesamt beherrscht in gewissem Sinne die Flora. Aber es ist keine demokratische Herrschaft der Arten nebeneinander. Der Mensch hat im Wipfelkampf ganz entscheidend gesiegt. Er hat den Vegetationspunkt ergriffen und führt nun die anderen Arten zum Ziel, alles Leben des Planeten allmählich in den Rhythmus seiner Entwicklung zusammenfassend. Diese Organisation der allmenschlichen Kräfte, gleichbedeutend mit einer Organisation des Lebens überhaupt, bedeutet keinen absoluten Fortschritt für unsere Gattung, und ganz besonders nicht für das individuelle Leben. Sie wird erreicht durch Hirnarbeit, also durch fortschreitende Verschiebung des Energiezentrums aus dem Rückenmark zum Kopfe ...

Das ist die Kurvenrichtung: Vergeistigung des Individuums, das somit immer wirksamer mit seinesgleichen zur Arbeitsgemeinschaft zusammengefaßt werden kann. Und auf Grund dieser Zusammenfassung Aufsaugung des Erdballebens durch die sich steigernde Organisation der Menschheit."

In Lankwitz begann Adrien eine neue Broschüre zu schreiben: „Recht auf Revolution". Ich half ihm bei der Arbeit, das heißt, er diktierte mir jeden Vormittag, während der arme Scherret allein die Arbeit an der Korrespondenz machen mußte. An den schönen Sommerabenden gingen wir zu dritt durch die Felder und ein kleines Gehölz, manchmal bis Lichterfelde-Süd, philosophierten und machten Pläne für eine gemeinsame Arbeit. Da Turel während der Münchener Räterepublik in München gewesen war, hatten wir auch viele gleiche Freunde. So ging der Sommer dahin.

In diesem Herbst konnten wir die Früchte unseres Gartens nicht mehr ernten. Die wirtschaftliche Krise, die immer stärker fühlbar wurde, zwang mich, das Haus aufzugeben, in dem wir vier Jahre gelebt hatten. Einmal hatte ich die wirtschaftlichen Schwierigkeiten überwinden können, nun aber, da eine beziehungsmäßige Bestätigung nicht vorhanden war, gelang es nicht noch mal. Wir vertauschten dieses fast ländliche Idyll des abseits stehenden Hauses (in der Gegend wurde es die „Villa zum einsamen Mann“ genannt) mit dem Garten und seinen alten Obstbäumen und den vielen Tieren gegen eine geräumige Wohnung in der Stadt am Bahnhof Halensee.

Die sublimen Sensationen der Erwartung: wie sehen die Blüten eines Quittenbaumes aus? Wie werden die kleinen Hühnchen werden, die aus den Eiern kriechen sollen? Was wird der Hahn tun, wenn er die jungen Entchen sieht, die von der Glucke ausgebrütet werden? Alle diese zarten Freuden wurden jetzt eingetauscht gegen den Blick auf ein Bahngelände, an dessen Rand kümmerliche Laubengärtchen waren, durch die in jeder Nacht der „Train bleu“, Warschau–Paris, raste, der Speisewagen erhellt von kleinen Lämpchen – es gab auch andere Welten.

Die Trennung von den Tieren war am schwersten. Mit einer kleinen Katze auf dem Arm waren wir eingezogen, nun waren es zwölf Hühner und drei Enten, Hund und Katze. Von allen mußten wir uns trennen. Nur den Hund nahmen wir mit in die Stadt.

In den letzten Wochen des Jahres 1932 waren Franz und Harriet wieder nach Berlin zurückgekehrt. Harriet erwartete ein Kind. Am 3. Dezember wurde dann Peter geboren. Die ersten Monate lebten die beiden mit uns zusammen in der Wohnung Ringbahnstraße 8b. Unser ‘Klan’ hatte sich vergrößert. Jeder arbeitete auf seine Weise.

Scherret schrieb an einem neuen Roman „Die Vettern“, der zwar in großen Teilen fertiggestellt wurde, aber nie zum Druck kam. Ich hatte eine kleine Erzählung geschrieben: „Withold gegen Withold oder Die glückliche Scheidung“. Adrien war mit der Arbeit an einem neuen Essay beschäftigt: „Technokratie, Autarkie, Genetokratie“. Es erschien 1934 im Waldemar-Hoffmann-Verlag, Berlin. Adriens sehr persönliche Ausdrucksweise, sein zuweilen durch wissenschaftliche Diktionen bestimmter Stil erschwerte die Allgemeinverständlichkeit seiner Arbeiten. Freunde rieten ihm manchmal scherzhaft, seine Bücher aus dem Turelschen ins Deutsche zu übersetzen, um eine leichtere Lesbarkeit zu erreichen. Aus technischen Gründen mußte das Werk etwa um die Hälfte gekürzt werden, so daß es durch die summarisch durchgeführte Reduzierung an Klarheit und Vollständigkeit Einbuße erlitt. Für mich selbst bedeuteten die Zusammenarbeit und die Freundschaft mit Turel eine außerordentliche Anregung und neue Impulse, die sich in späteren Arbeiten von mir entschieden auswirkten. Die alltäglichen langen

Diskussionen mit Scherret und Turel legten den ersten Grund zu einer längeren essayistischen Arbeit von mir, aus der später die Broschüre „Die Eroberung des Menschen“ entstand.

Neben den Arbeiten an seinen Büchern schrieb Turel zu dieser Zeit auch eine Reihe von Beiträgen für die Zeitschrift „Gegner“, die von Harro Schulze-Boysen übernommen und herausgebracht wurde.

Boysen, der damals fast täglich bei uns war, hatte es sich zum Ziel gesetzt, durch die Vertreter der Jugend der ganzen Welt und aller Parteirichtungen eine feste Phalanx zu bilden, die, durch alle Nationen und Klassen gehend, künftige Kriege unmöglich machen und im internationalen Maßstabe eine Verbindung herstellen sollte. Dieses Programm legte er im „Gegner“ und in einer Broschüre nieder und warb dafür in Versammlungen, die in einem kleinen Café am Dönhoffplatz stattfanden. Ich habe einige dieser Versammlungen mitgemacht, in denen Vertreter der verschiedensten Richtungen zu Worte kamen. Boysen, erfüllt von seinen idealen Forderungen, überzeugt von der Richtigkeit der Idee internationaler Verbindung der Jugend, glaubte, auch die Nationalsozialisten, die zu der Zeit ein Programm des Friedens vertraten, gewinnen zu können. So folgte er einer Einladung in das „Braune Haus“ nach München und erklärte dort öffentlich seine Thesen über eine Vereinigung der Jugend. Ich erinnere mich noch, wie er uns darüber berichtete und keinerlei Warnungen oder Bedenken gelten lassen wollte. Die Reaktion der Nazis kam schneller, als er dachte.

An einem Abend zu Beginn des Jahres 1933 – Scherret und Turel waren noch einmal aus dem Haus gegangen, um einen kurzen Spaziergang zu machen und vielleicht eine „einsame Molle zu trinken“, wie Adrien es nannte –, hielt vor unserem Haus ein großes Auto mit einem Aufgebot von SS- oder SA-Leuten. Ich sah aus dem Fenster, zitternd für die Menschen, die von dieser „Invasion“ betroffen werden würden. Dann polterten etwa zehn Mann oder noch mehr die Treppe unseres Hauses herauf. Schon glaubte ich die Gefahr vorüber, als an unserer Wohnungstür Sturm geläutet wurde, gleichzeitig erfolgten Schläge an die Tür. Ich öffnete, und an mir vorbei stürmten bereits die ersten der SS-Männer, die nach Turel als einem Mitarbeiter am „Gegner“ suchten. In wenigen Minuten hatten sie sein Zimmer ausgeräumt und alle seine Manuskripte und Bücher in der Mitte des

Raumes auf dem Teppich zu einem Haufen zusammengestapelt und verschnürt. In diesem Augenblick betraten Scherret und Turel die Wohnung.

Adrien war völlig ruhig, als er verhaftet wurde. Ich machte den Anführer der Schar darauf aufmerksam, daß Turel ein Schweizer Bürger sei und seine Verhaftung für sie Folgen haben könnte. Darauf antwortete der Mann: „Das wissen wir. Und es befinden sich deshalb auch ein paar Kriminalbeamte unter uns, die aufpassen müssen, damit nichts passiert."

Sie nahmen Turel mit und brachten ihn zusammen mit all seinem Material in das Auto. In unserer Wohnung erfolgte dann die erste Haussuchung.

Während Scherret und ich berieten, wie wir Turel helfen könnten und noch während der Nacht und am anderen Morgen Verbindungen zu allen möglichen Leuten aufnahmen, von denen wir glaubten, daß sie ihm nutzen könnten, wurde Adrien bereits am nächsten Vormittag in einer großen Limousine mitsamt seinen Manuskripten wieder nach Hause gebracht. Sie hatten es wohl doch nicht gewagt (wenigstens zu dieser Zeit noch nicht), sich an einem Schweizer zu vergreifen.

Was aus den anderen Mitarbeitern des „Gegner" geworden war, konnten wir zunächst nicht erfahren, sicher war nur, daß Schulze-Boysen verhaftet war und blieb. Erst Wochen später erschien er wieder bei uns und berichtete, daß man ihn hatte Spießruten laufen lassen, Tag und Nacht „verhört" und daß einer der jungen Freunde, ein jüdischer Mitarbeiter, Erlanger, erschossen worden war. Nachdem alle Verhafteten wieder auf freiem Fuß waren, erschien die Mutter des jungen Erlanger mehrmals bei uns, um sich nach dem Schicksal ihres Sohnes zu erkundigen. Niemand hatte den Mut, ihr zu erklären, daß er erschossen worden war.

Eine Reihe unserer sozialistischen Freunde war ebenfalls verhaftet worden, so unser guter alter Kamerad Adolf Kolata, der in Oranienburg im Lager war.

Es war selbstverständlich, daß unsere Post, unser Telefon überwacht wurden und daß auch wir, als alte Sozialisten bekannt, ständig mit dem Zugriff durch die SS rechnen mußten.

Das Leben wurde täglich schwerer. Nachdem zunächst sämtliche „linke“ Zeitungen eingestellt worden waren, die zum großen Teil zu unseren Abonnenten gehörten, richtete sich nun der Angriff auf die Blätter, die in jüdischem Besitz waren. Zudem mußte ich den Nachweis führen, daß ich die Korrespondenz weiter leiten durfte, und mich um die Zulassung zur sogenannten Schrifttumskammer bemühen. Endlose Fragebögen mußten ausgefüllt, Dokumente beschafft werden. Scherret verzichtete von vornherein darauf, als „Schriftleiter“ anerkannt zu werden.

Es gab Tage, wo wir, um das Porto für den täglichen „Dienst“ aufbringen zu können, nur von trockenem Brot und Kartoffeln leben mußten. Das Wichtigste war, die regelmäßige Herausgabe des „Deutschen Feuilleton-Dienstes“ aufrechtzuerhalten, damit uns wenigstens die – wenn auch noch so schmale – Basis einer einigermaßen selbständigen Existenz gewährleistet war. Trotz angestrengtester Arbeit mußten uns öfters Freunde über einige Tage hinweghelfen.

Neben seinen publizistischen und wissenschaftlichen Arbeiten übte Adrien Turel auch noch eine psychoanalytische Praxis aus. Er war der Meinung, daß, während in den früheren Jahren meist nur die wohlhabenden Menschen es sich leisten konnten, ihre Neurosen behandeln zu lassen, der Psychotherapie neue und schwierige Aufgaben erwachsen durch die seelischen Krankheitserscheinungen, die in dieser Zeit zu einem tiefgreifenden sozialen Problem geworden seien. Waren der klassischen Psychoanalyse die individuellen Komplexbildungen bekannt, so tauchten jetzt bei großen Schichten von Menschen Neurosen und Zwangsvorstellungen auf, die auf gesellschaftliche Verfalls- und Entartungserscheinungen zurückzuführen seien. In einem Presse-Interview mit Gertrud Isolani äußerte Turel, daß „die Masse der Arbeitslosen, die entwurzelt und überschüssig ist, in gewissem Sinne einer Auswanderermenge gleichkommt. Es sind Menschen, die aus dem Arbeitsprozeß auswandern, entweder in die neue Krankheitserscheinung des Gangstertums, oder sie treten, da die Expansion nach außen gestoppt wird, eine Wanderung nach innen an. Das schafft einen großen Gefahrenherd.

All die Jugendlichen, die sonst nach ihrer Schul- und Ausbildungszeit normalerweise vom Produktionsprozeß aufgefangen und dauernd diszipliniert werden, hängen jetzt in der Luft und kehren vielfach in ein infantiles Entwicklungsstadium zurück, das früher nur vereinzelten Neurotikern, besonders im gefährlichen Alter, vorbehalten war. Diese aus ihrer Bahn geworfenen Jugendlichen wandern in eine fiktive Kindheit und Unmündigkeit ab, in eine Lebenshaltung ohne Arbeit, sie werden gedrängt, in einen völlig passiven und embryonalen Zustand zurückzukehren."

Im Sommer 1934 trennte sich Adrien dann von uns und ging zunächst nach Paris. Da es ihm jedoch wirtschaftlich nicht möglich war, sich dort zu halten, siedelte er nach Zürich über, wo auch sein Bruder Serge lebte. So viel ich weiß, ist er auch heute noch in Zürich, leider ist unsere Verbindung völlig abgerissen. Freunde schenkten mir später sein Buch „Bachofen – Freud" mit dem Untertitel „Zur Emanzipation des Mannes vom Reich der Mütter", das im Verlag Hans Huber, Bern, in der von Paul Federn, New York, und Heinrich Meng, Basel, herausgegebenen Reihe „Bücher der Werdenden" 1939 erschienen ist.

Palme von Halensee

Nachdem Adrien und Harriet mit Peter von uns weggezogen waren, tauschten Scherret und ich, um unseren Lebensstandard noch weiter einzuschränken, die große Wohnung in eine kleinere im gleichen Hause.

Die stille Straße machte an dieser Stelle einen Bogen, und auf der anderen unbebauten Seite war eine Böschung, die zum Bahndamm hinunterführte, auf dem die Stadtbahnzüge vorübersausten, an kleinen Schrebergärten vorbei. Darin blühten im Frühjahr Obstbäume, von denen ein leichter Duft zuweilen zu uns herüberfächelte.

Mitten auf dem Bahngelände und den im Umkreis liegenden Laubenkolonien ragte der Funkturm auf. Sein Scheinwerfer kreiste wie die tröstlichen Blinkfeuer der Leuchttürme heimatlicher Häfen durch das Dunkel, und schwebend wie ein Vogel senkte sich das helle Viereck des Fahrstuhls in dem stählernen Gerüst des Turmes aus der Höhe herab zur Erde und stieg nach einer kleinen Weile wieder leicht empor.

Diese im Erdgeschoß gelegene Wohnung erhielt sehr bald von Freunden den Namen „Palme von Halensee", weil sie durch ihre Lage an der Straße, Tag und Nacht gleich gut erreichbar, eine Art von freundschaftlichem Asyl für Obdachlose war. In den Jahren des Nazismus und des Krieges bot sie den ausgebombten oder in Not geratenen Freunden Quartier. Zuweilen schliefen Bekannte für ein paar Tage bei uns, die durch die Unruhe der Zeit hin und her geworfen wurden oder irgendwie für den Augenblick ein Dach über dem Kopf brauchten. Manchmal auch währte ein Aufenthalt, der vielleicht nur für eine Nacht gedacht war, Wochen oder Monate. Siebzehn Jahre wohnten wir in dieser Wohnung – siebzehn Jahre „Palme von Halensee".

Dazu die Freunde Tiere nicht zu vergessen, Hund und Katze, die zehn Jahre unseres Lebens mit uns teilten, mehr schlechte als gute Zeiten, Freud und Leid.

Ich habe schon früher erzählt, daß wir vom Lankwitzer Haus den Hund in die Stadt mitgenommen hatten. Eigentlich hieß er Mohrchen, aber er hörte auch (oder hörte nicht) auf die vielen anderen Namen, mit denen er gerufen wurde: Moritz oder, wie Wolfgang Goetz ihn genannt hatte, Mohrüpel und als besonders zärtlichen Namen Möhrlein oder Möhrke. Er kam sowieso nicht, wenn man ihn rief, sondern gehörte zu den Hunden, zu denen man sagen mußte: „Entweder du kommst sofort hierher oder du bleibst da", wenn man sich nicht blamieren wollte.

Ich habe es immer gern gehabt, wenn Tiere sich ihre Selbständigkeit erhalten haben. Mohrchen hatte entschieden Charakter. Er konnte sich nicht gerade einer reinen Rasse rühmen, am nächsten kam er einem Spitz, einem sogenannten Wolfsspitz. Sein Fell war schwarz und glänzend und auf dem Rücken etwas lockig, als trüge er eine Dauerwelle. Kehle und Pfoten waren von lichtem Braun. Seine Augen erinnerten an Affenaugen. Zuweilen lachte er wirklich. Meist aber war er ernst und würdig.

Mohrchen hatte eine Geschichte:

In der Weihnachtsnacht im ersten Jahr unseres Lebens im Lankwitzer Haus wurde bei uns ein Einbruch verübt. Als ich am Morgen des Heiligen Abend aus dem oberen Stockwerk, in dem wir schliefen, herunterkam, sah ich zu meinem Schrecken, daß aus der Diele alle unsere Mäntel verschwunden waren, dazu acht Paar Schuhe, die Jung, den beiden Kindern und mir gehörten. Aus der Küche waren sämtliche versilberten Bestecke gestohlen worden und Lebensmittel. Wir besaßen nur noch ein Küchenmesser und einen Löffel, der im Honig steckte. Für uns war der Verlust in dieser Zeit sehr schwerwiegend.

Als wir bei der Polizei den Diebstahl meldeten, vor allem, da auch der Personalausweis von Jung, der im Mantel gesteckt hatte, fort war, erklärte man uns, es sei bekannt, daß in dieser Gegend eine Diebesbande seit langem ihr Unwesen triebe. Bisher aber war es noch nie gelungen, sie auf frischer Tat zu ertappen.

Heute ist die ganze Straße, in der wir damals wohnten, bebaut. Auf dem großen Feld, das unserem Hause gegenüberlag, steht Villa neben Villa. Schon einmal hatte früher eine Baugesellschaft dort Steine für den Bau von Häusern zu einer kleinen Siedlung angefahren, dann hatte das Geld gefehlt – und schließlich waren aus der ganzen Umgegend die Leute gekommen und hatten die Steine weggeschleppt, während die Baugesellschaft noch mit allen möglichen Stellen herumprozessierte. Es sollen eine Million Steine gewesen sein. Die Leute bauten sich damit ihre Lauben aus, die dadurch zu höchst seltsamen Gebilden wurden, wie sich denken läßt. Was tat's. Die Baugesellschaft war ja sowieso schon pleite. Unruhige Zeiten. Krisenzeiten.

Nach etwa einer Woche kam ein Kriminalbeamter zu uns ins Haus, um nach Spuren von den Dieben zu suchen. Mit einer riesigen Lupe beäugte er die Türklinken und war sehr ungehalten, daß wir die Fingerabdrücke, die sie möglicherweise aufwiesen, verwischt hatten. Er konnte uns aber auch nicht sagen, wie wir denn sonst zur Tür herein- oder herausgekommen wären. Gleichviel – es war nichts festzustellen, die Sachen waren weg, was sollte man tun?

Wir brauchten einen Hund, das war uns klar.

Nicht weit von unserem Haus befand sich das Lankwitzer Tierheim. An einem Tag in jeder Woche wurden dort Hunde versteigert. Findlinge oder Tiere, die ihre Besitzer aus irgendeinem Grunde nicht weiter halten konnten. Man hatte uns gesagt, daß man für wenige Mark schon einen Hund erwerben könnte, und so ging ich zu einer solchen Versteigerung. Die Versteigerung war schon im Gange. Einer der ersten Hunde, die ausgeboten wurden, war ein kleiner schwarzer Hund, von einem Wärter an einer Schnur in den Kreis der Menschen geführt, die auf einem freien Platz auf dem Gelände versammelt waren.

Der Auktionator verlangte ein Angebot.

Zunächst erhob sich keine Stimme.

Ich sagte: „Eine Mark."

Der Auktionator, froh, daß endlich ein Anfang gemacht war, schrie: „Eine Mark zum ersten –"

„Zwei Mark", rief ein Mann mit etwas unsicherer Stimme.

„Drei Mark", sagte ich.

Schon schwang der Auktionator den Hammer.

Noch einmal versuchte der andere Interessent, mich zu überbieten.

Der Hund wurde unruhig. Er versuchte von der Leine loszukommen.

Mitgefühl oder ich weiß nicht, wie ich es nennen soll, zwang mich zu einem neuen Angebot: „Fünf Mark."

Schnell schlug der Auktionator zu. Der Hund gehörte mir.

Mohrchen war ein Pfandhund. Die Erlebnisse der Pfändung und der Versteigerung hatten genügt, um ihn gegen Hunde und Menschen mißtrauisch zu machen. Dagegen war er, im Gegensatz zu vielen seiner Artgenossen, ein großer Katzenfreund.

Während der ersten Tage, die er bei uns war, versuchte er immer, sich zu verkriechen. Gab keinen Laut von sich. Das richtige für einen Wachhund, dachten wir. Dann aber faßte er Vertrauen zu mir, und nachdem es uns zweimal gelungen war, ihn vom Tode gesund zu pflegen (einmal hatte er sich anscheinend vergiftet, das andere Mal bekam er eine Genickstarre), war er mir bis zu seinem letzten Atemzug mit der sprichwörtlichen Hundetreue zugetan.

Als wir in die Stadt gezogen waren, fehlte ihm die Katze. Sah er eine auf der Straße, lief er auf sie zu, bezeigte ihr seine Freundschaft und ließ sich auch durch ihr Fauchen oder Kratzen nicht beirren. Um seine Sehnsucht zu erfüllen, beschlossen wir, eine neue Katze ins Haus zu nehmen, und eines Tages brachte ich einen kleinen gestromten Kater an, etwa drei Monate alt, die Beine ein bißchen rachitisch gebogen, mit einem Wort: ein nettes Tierchen, das Willi hieß. Der Hund war selig.

Die beiden Tiere spielten miteinander, sie fraßen aus einem Napf, schliefen in einem Korb, das heißt, Willichen schlief im Hundekorb, und Mohrchen mußte sich einen anderen Platz suchen. Die Katze stahl die Wurst, und der Hund fraß sie auf. Wenn einer von beiden gerufen wurde, kamen immer gleich beide. Das waren die Freunde Tiere.

Mohrchen hatte übrigens wieder Pech: es blieb ihm auch bei uns nicht erspart, wegen nicht gezahlter Hundesteuer gepfändet zu werden. Aber wir haben ihn wenigstens vor der Versteigerung bewahrt. Der Steuerbeamte, der zu uns kam, verlangte für den Pfändungsakt die genaue Definierung von Mohrchens Rasse.

„Er ist ein Wolfsspitz."

„Nee", sagte der Mann, „fürn Spitz ist er zu dick. Ich schreibe Wolfspudel." Und ließ sich auch durch meine Argumente, daß es eine solche Hunderasse gar nicht gäbe, nicht davon abbringen. Dann sollte am Platz des Hundes die Pfändungsmarke angebracht werden, der berüchtigte Kuckuck. Aber unser Mohrchen hatte viele Plätze. Er hatte sich nach seinen zwei Krankheiten angewöhnt, alle Plätze, die weich und bequem waren, zu okkupieren ...

Es gab allerlei Schwierigkeiten, die „Korrespondenz" immer durch alle Fährnisse von Zensur und verschiedenen Steuern und Abgaben, Fragebögen, Verordnungen und Schikanen durchzubringen.

Als Herausgeberin und Inhaberin des „Deutschen Feuilleton-Dienstes" wurde ich alle Augenblicke auf die diversen Ministerien, Ämter und Verbände bestellt. Einmal war es ein junger blonder Mann, der wissen wollte, was wir täten, woher das Material käme, wer die Abnehmer der Korrespondenz seien und so weiter. Ich gab mir große Mühe, ihm geduldig alles auseinanderzusetzen, bis er sich zufrieden gab. Er hatte keine Ahnung von solcher Arbeit, erkannte zum Schluß nur wohlwollend an, daß dazu doch wohl sehr viele Kenntnisse und Erfahrungen gehörten und protokollierte das. Eine andere Unterredung war dagegen weniger reibungslos. Wir hatten einen kurzen Bericht über den Bau der Moskauer Untergrundbahn gebracht. „Wissen Sie nicht", fauchte der Referent mich an, „daß in Rußland überhaupt nichts aufgebaut wird, sondern alles nur verfällt und zusammenbricht. Wenn Sie noch einmal solche Meldungen bringen, dann ..."

Der Fremde sieht in einer Riesenstadt wie Berlin nur den gewaltigen Komplex, die kilometerweite Ausdehnung, soundsoviele Millionen Einwohner, den ihr eigenen Rhythmus, ihre Atmosphäre (Herz mit Schnauze, wie man so schön und treffend von den Berlinern sagt) – nicht so der Einheimische. Jeder Berliner lebt in seinem „Kietz", er weiß, daß jeder Stadtteil sein eigenes Gesicht hat, seinen eigenen unverwechselbaren Charakter.

Ich habe Freunde in Neukölln gehabt, die nie im Westen ihrer Vaterstadt gewesen sind, den Kurfürstendamm nur dem Namen nach kannten. Im Krieg zeigte sich, daß von der Theorie der Entwurzelung des Stadtmenschen nichts stimmte. Ein Charlottenburger zum Beispiel, in seinem Stadtbezirk ausgebombt, blieb im Keller seines Hauses wohnen, weil er sich nur dort „heimisch" fühlte. Eine Familie, alte Halenseer, deren Heim zerstört war und die nach Moabit umgesiedelt wurden, kämpften zäh und lange, bis sie wieder „zu Hause" waren, in Halensee, weil sie anderswo sich nicht eingewöhnen konnten.

Lichterfelde beispielsweise hatte einen völlig anderen Charakter als das benachbarte Lankwitz (einen militärischen nämlich), während wiederum Lankwitz vollkommen verschieden war von dem danebenliegenden Südende, das vorwiegend von Beamten und Rentnern bewohnt war oder von Steglitz, in dem viele Arbeiter wohnten.

In Halensee wehte eine eigene Luft. In der Nähe von verschiedenen Seen gelegen, des Halensees und der kleinen Seenplatte im Grunewald, hat dieser Bezirk etwas von dem alkoholfreudigen Klima aller Küstenstädte. Wer vor dem Krieg auf dem Henriettenplatz, am Bahnhof Halensee stehend, sich umsah, konnte mit einem Blick nicht weniger als dreizehn Lokale ausmachen. In der weiteren Umgebung kamen natürlich noch viel mehr dazu, ein Überbleibsel des alten Vergnügungsviertels um den ehemaligen Lunapark.

In der kleinen Probierstube hinter dem Verkaufsraum einer Weinhandlung mit den zwei Tischchen konnten wir immer Bekannte finden, wann wir sie auch aufsuchten. Das gab es früher im alten Café des Westens oder im Romanischen Café und in vielen kleinen Lokalen – heute sucht man es vergebens in Berlin – daß man genau die Leute trifft, die man sprechen will.

Eigentlich war dieser Raum im „Goldtröpfchen" bei Friedrich Meyer nur ein Durchgang, fensterlos und schmal wie eine winzige Kajüte, in der man auf den ölig glatten Wellen des Alkohols dahinschaukelte. In dieser duftenden und rauchdurchzogenen Luft kreuzten die Geister in allen Meeren der schönen Künste und der Wissenschaften umher, tauchten sie unter in ruhigere Tiefen der Vergangenheit und loteten vorsichtig die Untiefen nach einer besseren Zukunft aus.

Friedrich Meyer selbst war ein sehr kluger Mann, der sich für alles interessierte. Er war ein guter Küfer. Von seiner Arbeit sprach er wie ein Künstler von seinen Werken. Er erzählte, daß der Wein im Faß, sogar noch in den Flaschen lebendig sei, daß er zuweilen rumorte, so daß man es hören könnte. Dann müßte ihn der Küfer beruhigen. Er wußte weiter, daß Weine Charaktere haben, genau wie Menschen oder Völker, abhängig von dem Boden, dem sie entstammten, daß sie in ihrer Wirkung ebenso verschieden sind und daß man sie kennen mußte, um mit ihnen umzugehen. Es war ein auserlesenes Vergnügen, ihm zuzuhören und dann dem Schiefrigen eines steinigen Bodens, der Milde sonniger Abhänge, der Glut südlicher Ebenen in dem Geschmack des Weines nachzutasten.

Scherret und ich verbrachten viele Stunden in dieser kleinen Probierstube. Hier lernten wir Wolfgang Goetz kennen, mit dem uns dann über fünfzehn Jahre lang eine enge Freundschaft verband. Hier kamen wir täglich zusammen mit einer Reihe von künstlerisch und wissenschaftlich arbeitenden Männern, die wie wir Gegner der Nazis waren, einige sogar umso wütendere Feinde, als sie früher selbst der NSDAP angehört hatten. Es war eigentlich ein Wunder, daß unser kleiner Kreis nicht ausgehoben wurde. Nur Meyer selbst ist ein Opfer des Nazismus geworden. Man hatte ihn schon lange beobachtet und hoffte wohl, ihn einmal fassen zu können. Dieser feine sensible Mann kam ihnen aber zuvor. Er beendete dieses Leben – ebenso wie es später einer unserer alten Freunde tat – aus Gram über den deutschen Zusammenbruch. Dieser Tod erschütterte uns sehr.

Wir alle fragten uns täglich nach den Möglichkeiten eines Ansatzpunktes, der aus dem Dunkel über Deutschland hinausführen könnte. Wir waren – wie man das damals nannte – in die innere Emigration gedrängt worden, tief beunruhigt über die Entwicklung. Was tun? Alle unsere Gespräche drehten sich täglich darum. Wir fühlten uns verantwortlich, auch vor denen, die Deutschland verlassen hatten. Immer fragten wir uns bei allem: Was werden sie dazu sagen? Werden sie uns verstehen? Inmitten der Tageskämpfe lebten wir wie auf einer Insel, abgeschnitten und voller Sehnsucht –

Wir waren keineswegs der Meinung, daß es genügte, die Zeit zu überleben, und jeder suchte auf seine Weise seinen Platz in diesem Kampf. Ich selbst kämpfte in erster Linie dagegen an, daß wir uns nur in unfruchtbaren Gesprächen über das Negative zermürbten. Ich trat dafür ein, alle Bemühungen auf die Aufstellung eines positiven Programms zur Überwindung des Faschismus zu richten, auf die Schaffung einer neuen Basis, die zugleich Ziel und Ausgangspunkt sein müßte.

In den Werken von Wolfgang Goetz taucht immer wieder der Gedanke der Verantwortung vor der deutschen Tradition auf, ob im Roman „Der Mönch von Heisterbach" aus seinem tausendjährigen Schlaf aufwacht und die Frage nach dem heutigen Leben stellt oder in „Musipilli" Ahasver, der ewige Jude in unserer Zeit erscheint oder in „Eines Gottes Wiederkehr" Mahadö, der Herr der Erde, von seinem Himmel herabkommt, um Freud und Qual der Menschen mitzuerleben. Seine Werke über Goethe und Schiller, über Mozart ebenso wie seine historischen Dramen „Gneisenau", „Der Kampf ums Reich" und „Der Ministerpräsident" beschwören den Humanismus und die deutsche Vergangenheit, die verpflichtet. Wenn Goetz eine neue Arbeit beendet hatte, pflegte er sie im Freundeskreis vorzulesen. Es war ein hoher Genuß, ihn lesen zu hören. Scherret und ich waren dabei, als er einmal „Eines Gottes Wiederkehr" in der Bibliophilen-Gesellschaft vortrug. Sein Schauspiel „Der Ministerpräsident" las er uns in seinem eigenen Hause vor. In seinem großen Zimmer, das nach seinen eigenen Angaben gebaut worden war, alle Wände ringsum bis zur Decke mit Büchern vollgestellt, darin der große Flügel von seinem Großvater Carl Reinecke, dem ehemaligen berühmten Dirigenten des Leipziger Gewandhaus-Orchesters, inmitten von Bildern und Plastiken und seinen kostbaren Autographen-Sammlungen, den Schriften von Goethe und Schiller, Mozart, Schubert und Schumann und Clara Wieck, Napoleon und Bismarck, Brahms und vielen vielen anderen – in diesem Zimmer vor dem brennenden Kamin las er sein neues Werk, in dem der Ministerpräsident (Bismarck) die großartigen Worte spricht: „Erst *nach* dem 'Ich-kann-nicht' fängt das Leben an" und „Das hohe Morgen gilt und nicht das süße Neue". Wir, die Freunde, haben später das Stück mit Emil Jannings in der Hauptrolle gesehen in der Inszenierung von Gustaf Gründgens. Es war eine glänzende Aufführung. Trotzdem hat sie nicht den tiefen Eindruck auf uns hinterlassen wie an jenem Abend, da Wolfgang selber las.

Viele Stunden haben wir im Hause von Goetz in Gütergotz (dem heutigen Güterfelde) bei Stahnsdorf zugebracht. Zuweilen spielte Wolfgang uns auf dem Flügel von Carl Reinecke Mozart vor. Oder er erzählte Anekdoten über allerlei berühmte Männer, die er gekannt hatte. Wie kaum einer hatte Goetz die Gabe, Stimme und Mimik eines Menschen wiederzugeben, ebenso wie er auch ein untrügliches Gedächtnis für das Schriftbild einer Handschrift hatte. Aus fröhlichem Freundeskreis hatte er mir einmal eine Karte geschrieben, auf der er mir in der Handschrift von Goethe einen lieben Gruß sandte, als Bettina von Arnim ein Autogramm gab und auf der sich Gerhart Hauptmann, Bismarck und Napoleon verbanden, um mich mit ihren guten Wünschen zu erfreuen.

Als wir Wolfgang das erste Mal in seinem Hause besuchten, sahen wir die großartigen Plastiken, die seine Frau Elisabeth Goetz gemacht hatte. Ich war von diesen Arbeiten so sehr begeistert, daß ich den mir befreundeten Fotografen Umbo bat, Aufnahmen zu machen, die dann mit einem Artikel von Karl Otto Vitense im „Silberspiegel“ erschienen sind. Die eindrucksvollste Plastik war eine Darstellung des „Mönch von Heisterbach“, die Frau Goetz in der gleichen Zeit geschaffen hat, als Wolfgang am gleichnamigen Roman schrieb.

Elisabeth Goetz hatte in Paris Zeichnen gelernt, obwohl sie stets behauptete, nicht zeichnen zu können. Darum hatte sie sich auch eine Arbeitsweise angewöhnt, die, wie andere Bildhauer behaupteten, keineswegs die übliche ist. Ohne einen festen Plan, ohne Modell und ohne vorherige Umrißzeichnung trat sie einfach an den Stein heran und begann ihn zu bearbeiten. In ihrem Atelier, das auf den Garten hinausging, und in jedem Raum des Hauses standen die Zeugnisse ihres vielfältigen Schaffens. Ich habe später einmal versucht, Elisabeth zu bewegen, ihre Arbeiten auszustellen. Damals war schon Krieg, und die Kunstgalerie, mit der wir verhandelten, war sehr begierig, diese Ausstellung zu machen. Sie konnte natürlich nicht garantieren, daß die Werke nicht durch Bomben zerstört würden. Wohl hätten sie auch im Hause von Goetz vernichtet werden können, aber Elisabeth meinte, dann stürben sie wenigstens mit ihr zusammen. So kam die Ausstellung nicht zustande.

Im Theater einer kleineren Stadt (ich habe vergessen, welche es war), kam in dieser Zeit die Komödie „Kuckuckseier“ von Wolfgang Goetz zur Aufführung, ein Stück über Shakespeare, das die Entstehung der „Lustigen Weiber“ zum Thema hat. Das geistreiche amüsante Spiel war bei der Premiere sehr erfolgreich. Doch nach einigen Vorstellungen legte der BDM (ausgerechnet!) dagegen Verwahrung ein, weil eine junge Schauspielerin in dem Stück ein uneheliches Kind bekommt. Darin wurde eine ‘Verunglimpfung’ der Frau gesehen. Tatsächlich mußte die Komödie vom Spielplan abgesetzt werden, obgleich Wolfgang verzweifelt protestierte und von verschiedenen prominenten Persönlichkeiten Unterstützung bekam. BDM und Frauenschaft erwiesen sich als die Stärkeren.

In der besonderen Atmosphäre von Halensee gab es noch einige Originale, die zu unseren Freunden zählten. Der Mann zum Beispiel, von dem wir unser Gemüse kauften, Fritz Hohn, war früher erster Chorsänger im Rüdelschen Opernchor gewesen, und in unserer Straße wohnte ein Tapezierer, der ein ehemaliger Heldentenor und Kammersänger war: Hugo Heydenblut. Im kleinen Hinterzimmer seiner Werkstatt, in der die Bilder aus seiner Glanzzeit hingen, die ihn als Lohengrin und Tannhäuser zeigten, sang er uns zuweilen etwas vor, begleitet von seinem Freund Karl Schäffer, einem früheren Dirigenten, der viele Jahre in Stockholm Musikpädagoge gewesen war und ein Orchester geleitet hatte. Auch einige sehr zarte Kompositionen stammten von ihm. Dann gab es da noch unsern lieben Freund Fritz Breitkopf, der eigentlich Vertreter einer rheinischen Metallwarenfabrik war, nachts aber komponierte er. Er hat einige Gedichte von Morgenstern und anderen vertont und eine Reihe slawischer Tänze geschrieben. Eine Zeitlang wohnte der Pianist Gerhard Puchelt bei ihm. Durch die Gefahren dieser dunklen Zeit und die Nöte dieser Jahre trug uns alle die gegenseitige Freundschaft.

Baumann Erben

Es war im Sommer 1936, als ich meinen Roman „Baumann Erben“ zu schreiben begann. Mitten in der Unruhe der journalistischen Tagesarbeit und dem im allgemeinen wenig stillen Leben in der „Palme von Halensee“ war es ein schwieriges Unternehmen. Hertwig, dessen Schwester die Leiterin des Schriftstellerheims in Jena war, wies mich auf die Möglichkeit hin, dort zu arbeiten. Wir kamen überein, daß ich vier Wochen dort bleiben sollte. Und so fuhr ich am 20. September nach Jena.

„Das Heim liegt etwas draußen, sehr schön eingerichtet", schrieb ich am ersten Tag an Scherret. Das Heim war eine Stiftung der Stadt Jena und des Verlages von Eugen Diederichs. Es hatte sechs Zimmer für Schriftstellergäste, Küche, Bad und eine große Diele, in der man sich abends nach der Arbeit treffen und diskutieren konnte. Dann gab es natürlich auch eine riesige Bibliothek, in der viele Bücher aus dem Diederichs-Verlag zu finden waren. Während ich im Hause war, lebten dort ein Professor Kurt Kluge, Frau Olga Poehlmann aus Nürnberg, ein Wiener namens Keber, Alexander Maly und Frau Margarete Boie. Das Heim lag an der Erfurter Straße, bergige Höhenzüge zu beiden Seiten.

Ich hatte mir ein tägliches Pensum von fünf Seiten vorgenommen, die ich auch meist einhielt. Dazu kam jeden Tag ein Brief an Scherret mit dem Bericht über den Fortgang der Arbeit. „Alle Hoffnung setze ich auf dies Buch", schrieb ich, „wenn es Erfolg hat, werde ich ein besserer Mensch und unser Leben wird viel schöner sein ... Wir werden ja doch einmal alle das erreichen, was wir uns vorgenommen haben, es kann ja nicht mehr so lange dauern. Ihr wißt es genau so gut wie ich."

Die Arbeit kam voran. Aber ich mußte mich gewaltsam bemühen, nicht zu viele Gedanken an die Sorgen zuhause zu verwenden.

„Hast Du es auch nicht zu schwer, lieber Scherry", schrieb ich, „den 'Dienst' bei all der Unruhe mit den anderen immer ruhig herauszubringen? Wenn Du eine größere Arbeit schreiben willst, mußt Du auch mal fort, sonst in dem Wust des 'Dienstes' geht das auf keinen Fall. Wir werden dann die Rollen tauschen."

Und dann wieder ein paar Tage später: 6.X.36

„Der erste Teil ist fertig. Zwei Seiten von dem Buch 'Söhne' habe ich eben geschrieben und ich muß Dir jetzt erst mal mitteilen, was ich schreibe, damit Du eine Ahnung davon hast und in Gedanken mich bei der Arbeit auch etwas begleiten kannst.

Weißt Du, als ich damals abfuhr, mich von Dir verabschiedet hatte und nun allein war und wiederum Dich allein wußte, da war ich doch sehr erschüttert und alle Eindrücke auf der Fahrt trafen mich sehr lebhaft. Besonders da es doch unsere alte Strecke war, die ich fuhr: Südende, Lankwitz, Lichterfelde, Sigridshorst und dann auch wieder Jena, wo ich als neunzehnjähriges Mädchen einmal hinfuhr, um meinen Bruder, der dort studierte, zu besuchen. – Ich schrieb diese Eindrücke auf, ein bißchen mit schlechtem Gewissen, da sie doch nicht zur Sache gehörten, aber doch, weil sie einerseits so lebhaft waren, daß sie mich störten, andererseits weil es, wie mir schien, gute Einfälle waren, die man später verwenden könnte. Nun kommen mir diese Aufzeichnungen sehr gelegen: ich schreibe das 2. Kapitel dieses Buches, das Martin Baumann behandelt, gerade eben vor seiner Fahrt ins Ausland, bei der er ja bekanntlich zusammen mit seiner Frau umkommt. Auf dieser Fahrt, bei der er an den verschiedenen Stätten seines früheren Lebens vorbeikommt, kann ich sein ganzes Leben aufrollen. Seine Gedanken sind etwa so: Für einen jungen Menschen bedeutet alles Reisen Erwartung, Kennenlernen. In späteren Jahren ist es eine Fahrt durch die verschiedenen Schichten des eigenen Lebens, durch die eigenen Erlebnisse. Bis zum Auslöschen und Tod durch die Eisenbahnkatastrophe.

Hältst Du diesen Plan für gut und durchführbar? Ich werde schon noch mal schreiben lernen. Wenn ich Dich nur hier hätte. Wenn es nicht immer mit Geld so knapp wäre, hätte ich eine Sonntags-Hin- und Rückkarte genommen nach Berlin."

Und dann immer wieder viele Fragen nach dem Leben in der Halenseer Palme: „Deinen drei Seiten langen Brief habe ich erhalten. Mein lieber Scherry, am Sonnabend, Montag und Mittwoch waren es bei Euch anscheinend wieder sehr ereignisreiche Tage. Bist du auch ein ganz klein wenig eine sparsame Brigitte? Ich will unter allen Umständen mit Dir irgendwo rausziehen. Wir wollen doch endlich mal so wohnen, wie wir wollen. Wenn alles einmal besser werden und die Dummheit aufhören soll, dann müssen wir doch das unsrige dazu tun, damit es so wird. Glaube mir doch nur ein ganz kleines bißchen: So wie die von Dir so verehrten Jeans, Eddington usw. in ihren stillen Laboratorien sitzen, als wirkliche Heroen und mit eisernem Willen das erreichen, was bisher aus religiös gestimmten Komplexen heraus betrachtet, als unberechenbar galt (wie Du in Deinem Brief schreibst), genau so sitzen wir in unseren jämmerlichen Buden, den seelischen Laboratorien, und werden mathematisch genau beherrschbare Gesetze für ein ebenso unberechenbar erscheinendes Chaos, wie es der Mensch selbst ist, aufstellen."

In der Bibliothek des Heims hatte ich ein Buch gefunden von dem Schweden Birger Mörner: „Jenseitsglauben der Völker", ein wissenschaftliches Werk, in dem sich der Verfasser bemüht hatte, die Vorstellungen verschiedener Völker vom Tode und den Bestattungsriten zu analysieren. Dieses Buch machte einen außerordentlichen Eindruck auf mich. Es gab mir die ersten Anregungen zu meiner späteren Arbeit „Die Eroberung des Menschen".

Nun waren es schon die letzten Tage, die ich in Jena verbrachte. Es war recht kalt geworden, des Morgens waren alle Bäume bereift, alle Blätter gefallen und alle Gedanken wandten sich wieder dem Leben in Berlin zu. Am 17. Oktober fuhr ich heim. Vom Roman lagen 125 Seiten vor.

Mitte November, am Bußtag, erschienen wieder mal in aller Frühe vier Kriminalbeamte bei uns: Haussuchung. Stundenlang durchwühlten sie Schränke, Akten, Papiere, verhörten uns, fragten immer wieder. Diesmal schien es um den „Deutschen Feuilleton-Dienst" zu gehen.

„Haben Sie etwas über die Olympiade veröffentlicht?"

„Ja, natürlich." Im Sommer war die Olympiade 1936 das größte Ereignis in Berlin gewesen. Wir legten unsere Mappen vor, in denen Nachrichten über sportliche und kulturelle Ereignisse enthalten waren.

„Was haben Sie sonst in dieser Zeit gebracht?"

Neue Aktenstöße, Mappen aus dem Archiv. Es schien alles nicht zu genügen. (Wir wußten damals nicht, daß die Olympiade von der Widerstandsbewegung zum Treffen mit ausländischen und in anderen Städten lebenden Genossen benutzt worden war.)

„Kennen Sie Alexander Schwab?"

„Ja, wir stehen mit ihm in enger geschäftlicher Verbindung und in täglichem Austausch unserer beiden Korrespondenzen."

Franz Jung gab zu dieser Zeit zusammen mit Schwab den Wirtschaftsdienst des Deutschen Korrespondenz-Verlages heraus. Sie hatten ein Büro in der Martin-Luther-Straße.

Nun nahm das Verhör einigermaßen bedrohliche Formen an. Um die Mittagszeit zogen die vier Männer endlich ab. Wir waren in großer Unruhe. Vor allem sorgten wir uns um Franz, der bereits einmal für kurze Zeit verhaftet gewesen war. Wir riefen in seiner Wohnung an.

Am Telefon war Harriet: „Franz ist nicht da. Ist gestern nicht nach Haus gekommen.“ Wir wußten, was das bedeutete.

Jung war wochenlang in Haft. So gut wir konnten, halfen wir Harriet und dem Kind. Wir nahmen Peterchen zu uns, damit Harriet sich frei bewegen konnte, um alle Schritte für Franz zu tun.

Schwab hatte in den ganzen Jahren die Verbindung mit alten Genossen in Essen und Dortmund aufrechterhalten und hatte ihnen für ihre Propaganda gegen Hitler ständig Material und Informationen übermittelt. Als in Dortmund eine illegale Druckerei ausgehoben wurde, führte die Spur zu Schwab, und er und Franz wurden verhaftet.

Wegen des verübten „Verrates“ sollte Alexander Schwab zunächst zum Tode verurteilt werden. Dann wurde er zu acht Jahren KZ „begnadigt“, die er im Börgermoor verbrachte. Schwab, der damals etwa sechzig Jahre alt und krank war, hat davon sieben Jahre verbüßt. Seine beiden Kinder, über die unser gemeinsamer Freund Hermann Schüller die Vormundschaft übernommen hatte, erhielten eines Tages die Aufforderung, Fragebögen für ihren Vater auszufüllen. Sie hofften, daß Schwab vielleicht wegen seines angegriffenen Gesundheitszustandes ein Jahr früher entlassen würde – bis sie an einem Tag zwei Telegramme erhielten: Alexander Schwab erkrankt – Schwab verstorben. Ein guter, kluger, hilfsbereiter, aufrechter Mensch war ausgelöscht worden.

Zur gleichen Zeit und in der gleichen Sache war auch Karl Schröder, der seinerzeit zusammen mit Schwab die KAP geleitet hatte, verhaftet worden. Über seine Erlebnisse im KZ hat er ein Buch geschrieben, das 1947 im Gebrüder Weiß Verlag, Berlin, erschienen ist: „Die letzte Station“.

Nach jahrelanger Qual hat er es sich vom Herzen geschrieben, dieses Buch, das er so beendet hat:

„Dann kommt die allerletzte Nacht. Du zählst die Stunden, – die Minuten. Du hast von allen Abschied genommen, und alle haben Dir Glück gewünscht, nicht Glück, wie eine leere Floskel, die bedenkenlos dem Munde entquillt. Nein! Glückwunsch, wie er aus dem Herzen quillt, die alle im Übermaß gefüllt ...

Und dann – dann war die Ungewißheit wieder zu Ende. Am Tor

der Freiheit standen die Spitzel, die neuen Greifer der alten Gestapo.

Du gehst in die neue Ungewißheit! ...... Aber:

Sagt mal, wenn wir alles in allem bedenken, was wir erlebt und erlitten haben – in dieser letzten Station, möchtet Ihr es aus Eurem Leben missen? Ihr sollt jetzt gar nicht antworten. Für mich aber will ich es aussprechen: Um keinen Preis gebe ich es hin, was andere immer denken mögen. Und wäre es nur um dessentwillen – wenn wir jetzt nun wieder ins Leben treten –, daß wir im Käfig begreifen lernten, was Mensch und Menschlichkeit sein können und werden und tiefer werden müssen als jede Dogmatik und jede Partei .....

Bei allen Fehlern, die Menschen haben – und Menschsein ist immer getrübtes Sein – das einzig Weltüberwindende ist: uneigennützige Liebe. Das große schöpferische Geben, ohne wieder nehmen zu wollen. Mir scheint das der Punkt auf das I, den ich zu setzen früher versprochen.

Aber jetzt ist's genug. Noch einmal: lebt wohl! Ich seh euch alle, alle an. Bleibt unbestechlich, Jungens! Paßt auf bei dem Unberechenbaren, das 'dort' in uns gesät worden ist. Und nun wollen wir versuchen – nicht wahr? – immer tapfer im Leben zu sein."

Nach einer schweren Zeit wurde Jung aus der Haft entlassen. Da es besser für ihn war, nicht in Berlin zu bleiben, ging er mit Harriet und Peter nach Wien, wo er wieder journalistisch arbeitete. Sie gaben eine Art von Auslandsdienst des „Deutschen Feuilleton-Dienstes" heraus.

Durch einen Bekannten, der Einblick in die Dinge gehabt hat, erfuhren wir später, daß im Zusammenhang mit Schwabs Verhaftung auch der „Deutsche Feuilleton-Dienst" vor der Schließung gestanden hat und auch Scherret und ich verhaftet werden sollten.

Inzwischen war die Scheidung unserer Ehen ausgesprochen worden. Nach einiger Zeit heirateten Franz und Harriet.

Zunächst gab es für die beiden in Wien große Schwierigkeiten. Da ihre Abreise aus Berlin mehr einer Flucht glich, hatten sie alle ihre Sachen hierlassen müssen und besaßen nur das Allernotwendigste. Wir versuchten, die Dinge, so gut es ging, hier in Berlin zu ordnen und schickten ihnen Geld und Kisten mit Sachen nach. Im April 1937 schrieb Franz:

„Ich habe hier außerordentliche Schwierigkeiten. Meine Ausweisung von 1915 ist noch gültig und ich stehe hier unter einem Verfahren der unerlaubten Rückkehr. Es war notwendig, einen Anwalt zu nehmen, und ich habe alle möglichen Dokumente zu besorgen. Ich kann von großem Glück sagen, daß ich nicht auf der Stelle hier verhaftet worden bin. Vorläufig kann ich mich gar nicht rühren und muß das Verfahren bzw. die weiteren Maßnahmen, die man gegen mich vorbereitet, abwarten. Es ist daher auch um unsere Verbindung zum Dienst schlecht bestellt ... Ich bitte darum, den Kontakt mit Prag nicht abreißen zu lassen, noch einmal vielleicht Anfang nächster Woche die ‚Wirtschaftspost', ‚Wirtschaftsring' und ‚Deutsche Volkswirtschaft' an Fuchs zu senden." Es folgten Anweisungen, was alles noch in Berlin an Zahlungen offen und zu begleichen war. In weiteren Briefen folgten immer wieder Bitten, eine Reihe von Zeitschriften und Ausschnitten an Fuchs zu schicken, denen wir umgehend nachkamen.

Aus einem Brief von Harriet vom 18. Mai 1937: „Eure Sendungen haben wir dankend erhalten. Franz ist zur Zeit nicht anwesend, deshalb schreibe nur ich. Von Prag erhielten wir Nachricht, daß sie dort von Euch auch inzwischen die Zeitschriften erhalten haben und zufrieden sind. – In der Sache mit Franz geht alles furchtbar langsam und ist noch nichts zu übersehen. Er ist natürlich deswegen nicht so sehr beunruhigt als einfach traurig, daß immer wieder alte Sachen hervorkommen und er alles aufbieten muß, um damit fertig zu werden, anstatt an etwas Neues denken zu können. Dabei war es doch eine dumme belanglose Sache damals. Das Verhalten der ehemaligen Frau (ich meine die M.) war ebenso – gelinde gesagt – idiotisch, daß es ihm hier ein unglaubliches Protokoll eingebrockt hat, welches nun zugrunde liegt."

Wohl hatten Scherret und ich keine genaue Vorstellung von der Verwendung des Materials, das wir regelmäßig an Fuchs schickten, aber wir befolgten jedenfalls alle seine Weisungen, auch als Franz schrieb, daß wir spanische Zeitungen und alle von der Franco-Regierung herausgegebenen Zeitschriften an Wickel nach Prag senden sollten. Viel später habe ich es bestätigt erhalten, was wir damals nur ahnten (und nicht so genau wissen wollten), daß das von uns geschickte Material für die sogenannten „Grünen Berichte", die die Prager Widerstandsgruppe herausgab, diente.

Franz stand auf dem Standpunkt, je weniger er uns über seine illegale Tätigkeit sagte, je weniger er uns in alle diese Dinge einweihte, desto geringer war die Möglichkeit, daß wir im Falle einer Verhaftung oder eines Verhörs Aussagen machen konnten. Bei der bekannten Sippenhaftung, mit der die Nazis operierten, sollte uns diese Methode ein Schutz sein, und wir waren damit einverstanden. Inzwischen war unter dem Namen Harriets eine Art Zweigstelle des „Deutschen Feuilleton-Dienstes" in Wien entstanden. Der Briefwechsel zwischen Wien und Berlin aus dieser Zeit, der noch in meinen Händen ist, enthält in erster Linie Mitteilungen dieser Art von geschäftlicher Verbindung.

Für uns in Berlin war das Leben nicht weniger schwer. Wir versuchten mit allen Mitteln, unsere Korrespondenz lebensfähig zu halten, jetzt in einem verstärkten Maße, da sie die Lebensbasis für unseren ganzen „Klan" war und unserer Wiener „Familie" den Rückhalt geben mußte. Ich hatte eine Erweiterung unseres „Dienstes" nach der feuilletonistischen Seite hin angebahnt und war sehr froh, daß wir damit Erfolg hatten.

Dann machte ich einen weiteren Vorschlag: die Herausgabe eines „Jahrbuchs der Kultur", das erstmalig Ende 1937 oder 1938 erscheinen und dann alljährlich veröffentlicht werden sollte. In dem Exposé für ein solches Buch heißt es:

„Wir beliefern täglich seit 1927 etwa 100 deutsche Zeitungen mit Nachrichtenmaterial aus den Gebieten der Kunst, Wissenschaft und Technik, Film, Funk, Theater, Literatur, Musik und aus dem Leben der Frau, Volkstum und Kunst. Infolgedessen besitzen wir ein lückenloses Archiv über die kulturellen, künstlerischen und wissenschaftlichen Vorgänge der letzten zehn Jahre, das sich sowohl auf Deutschland als auch auf das Ausland bezieht. Aus diesem Grunde glauben wir, den Vorschlag machen zu können, ein „Jahrbuch der Kultur" zu schaffen, das einen umfassenden Überblick über die Ereignisse auf diesem Gebiet dem Leser bringt."

Aufstellung der einzelnen Gebiete und Proben waren beigefügt.

Mit diesem Vorschlag wandte ich mich an Ernst Rowohlt, der auch sofort das Interesse, das er an allem Neuen stets bekundet hatte, an der Herausgabe eines solchen Jahrbuchs zeigte. Ich suchte ihn auf seine Einladung hin zu einer Besprechung über die Einzelheiten auf. Rowohlt fand den Vorschlag ausgezeichnet, und wir vereinbarten eine zweite Besprechung zur Festlegung eines Vertrages, nachdem eine Rücksprache mit dem Lektorat des Verlages stattgefunden hätte. Als ich dann einige Tage später bei Rowohlt anrief, war er nicht mehr in Berlin. Er hatte Schwierigkeiten mit den Nazis bekommen. Das „Jahrbuch für Kultur" ist nie erschienen.

Felix Scherret hatte in dieser Zeit einen kritisch-satirischen Roman geschrieben, der die Mentalität der bürgerlichen Gesellschaft Amerikas glossierte. Es war im Jahre 1941 im West-Ost-Verlag, Werner Jöhren, Berlin, unter dem Titel „Unruhe um Mendoza", erschienen. Jung hatte in einer Prager Zeitung eine kleine Glosse gefunden, die von einem Vorfall berichtete, der, glaube ich, in der Tschechoslowakei sich ereignet hatte: Bei Bauarbeiten war man auf ein Skelett gestoßen, das am Kopf schwere Schlagverletzungen aufwies, die den Schluß auf eine Ermordung zuließen. Bei der Suche nach dem vermutlichen Mörder stellte sich heraus, daß das Skelett nicht, wie angenommen wurde, zwanzig Jahre, sondern vielmehr etwa zwanzigtausend in der Erde geruht hatte. Eine besondere Tonschicht hatte es solange erhalten. Diese Notiz gab Franz an Scherret und schlug ihm vor, doch daraus eine heitere Kriminalgeschichte zu schreiben, was denn auch geschah.

Das Buch hatte in der ersten Fassung den Titel „Unruhe um Rutherford" und spielte in einer kleinen amerikanischen Stadt. Später verlegte er sie nach Neu-Mexiko und änderte Titel und Namen. Der Realismus der Schilderungen des Landes und seiner Menschen bewirkte, daß Freunde, die jahrelang in Amerika gelebt hatten, Scherret fragten, wann er denn drüben gewesen sei, da er die Verhältnisse und die Psychologie so gut kenne. Sie wollten es nicht glauben, daß lediglich Scherrets großes Einfühlungsvermögen den Ton so genau getroffen hatte.

Felix hat später den Stoff dramatisiert unter dem Titel „Unruhe in einer kleinen Stadt" und über eine Aufführung des Stückes mit dem Regisseur Karlheinz Martin vom Hebbel-Theater verhandelt. Martin fand es zwar äußerst amüsant und gut gemacht, brachte es aber doch aus allerlei Gründen dann nicht heraus. In einer Studio-Aufführung der Theaterschule von Hanns Schultze wurden im Jahre 1939 einige Szenen des Stückes gespielt mit Felix Scherret in der Hauptrolle.

Ich hatte mein Buch „Baumann Erben" beendet, und da es die verschiedenen Freunde, denen ich es zu lesen gab, – Felix Scherret, Elisabeth und Wolfgang Goetz und Dr. Weiglin (Velhagen und Klasing) – gut fanden, versuchte ich, einen Verleger dafür zu finden. Nach einigen vergeblichen Ansätzen zeigte Georg Schwarz vom Vieweg-Verlag, Braunschweig, Interesse für den Roman. Schwarz, der ein Lektor war, wie ihn sich Schriftsteller wünschen, hatte das Buch nicht etwa nur allein gelesen, sondern er erprobte seine Wirkung auch auf die „Leser“, das heißt, er gab es den verschiedensten Leuten zu lesen, um ihr Urteil kennenzulernen. Danach machte er mir den Vorschlag, daraus drei in sich abgeschlossene Romane zu machen, die dann im Vieweg-Verlag erscheinen sollten. Mir gefiel sein Vorschlag, und ich begann, den ersten Teil dieser Trilogie zu schreiben. Ich war bereits dabei, die beiden anderen Bücher zu selbständigen zu erweitern, als ich die Nachricht bekam, daß Georg Schwarz gestorben sei. Irgendein Lump hatte ihn denunziert wegen einiger Vorschläge, die er dem Verlag gemacht hatte. Schwarz war damals schon sehr krank und fuhr ins Riesengebirge, um zunächst wenigstens aus Berlin zu verschwinden. An dem Tag, an dem er verhaftet werden sollte, ist er gestorben.

Nach 1945 schrieb ich noch einmal an den Vieweg-Verlag, der aber für ein so umfangreiches Buch nicht genügend Papier zum Drucken hatte, obwohl er prinzipiell zur Herausgabe bereit gewesen wäre. Auch weitere Versuche, die ich machte, scheiterten: der Verlag Ebner in Ulm, der sich interessiert gezeigt hatte, war gerade restlos ausgebombt worden. Der Aufbau-Verlag, Berlin, hatte bereits drei Trilogien angenommen (Becher, Bredel, Erpenbeck), die ähnliche Themen behandelten. So kam eine Herausgabe nicht zustande.

In der Folgezeit schrieb ich dann eine Reihe kleinerer Arbeiten, Geschichten aus der Zeit, die auf Zeitungsnachrichten zurückgingen: „Der Hexenkrieg von Ruma“, „Kid Lion, der Mann, der eine Heimat suchte“ und die Erzählung „Hammond“, nach einer Notiz im Neuen Wiener Journal. Unter dem Titel „Bigamie mit der eigenen Frau“ war dort eine kleine Nachricht über den Prozeß eines Mannes zwischen zwei Frauen veröffentlicht worden. Ich habe nur die Namen der Personen und der Städte, nichts aber an der wirklichen Fabel verändert.

Es ist nun über achtzehn Jahre her, daß ich diese Geschichte von dem kleinen irischen Mechaniker Arthur Hammond schrieb, aber ich liebe sie heute noch wie am ersten Tag. Alle meine Arbeiten sind verschiedene

Versuche über das gleiche Thema: die Eroberung des Menschen durch sich selbst, die Bekämpfung der Flucht in die Paradiessehnsucht zugunsten der Bewältigung der Realität, der gesellschaftlichen Verantwortung des einzelnen in der Welt.

Am Beispiel Arthur Hammonds versuchte ich den Konflikt der heutigen Menschheit zwischen dem Willen, ein lebenswertes, diesseitiges, gegenwärtiges und zukunftbezogenes Leben aufzubauen, und dem Wunsch, immer wieder in irrationale jenseitige Bezirke zu flüchten, aufzuzeigen. Arthur Hammond, der Mensch zwischen dem großen mütterlichen Prinzip, das ihn schützt, trägt und erhält, und dem gestalterischen schöpferischen Prinzip, das die Welt verändert. Es ist der Kampf, der heute die Menschheit in zwei Teile spaltet – in einen „politischen", der die Erde zu verschönern sich verpflichtet fühlt und in einen, der von der Verantwortung dafür nichts wissen will.

Es war für mich eine literarisch sehr fruchtbare Zeit, in der sich mir so viele Stoffe anboten, daß ich weder die Kraft noch die Zeit fand, sie alle zu verarbeiten. Ich wollte einen Roman schreiben „Schwarze Sonnen" und einen mit dem Titel „Sinn des Lebens", Variationen des gleichen Themas.

Der Sinn des Lebens ist das Leben selbst. Und jedes Leben ist in das der anderen mit tausend Fäden verknüpft und wirkt durch sein Dasein in den Geschicken aller anderen Menschen mit.

In dieser Zeit war es den unablässigen Bemühungen von Felix Scherret und mir, unsere Korrespondenz zu halten, gelungen, wieder etwas Boden zu gewinnen, aber schon drohten wieder neue Komplikationen, unser Leben zu erschüttern.

Und setzet ihr nicht das Leben ein

Ich traf eines Tages am Bahnhof Halensee eine ehemalige Schulkameradin, Marta N., die zusammen mit ihrer Schwester Elisabeth in die gleiche Klasse wie ich gegangen war. Es bestand keineswegs eine Freundschaft zwischen uns, nicht einmal ein besonders herzliches Verhältnis. Ich hatte mit diesen beiden Schwestern, die aus einer jüdischen Familie stammten, die ersten weltanschaulichen Gespräche.

Zunächst erkannte ich Marta N. nicht einmal. Sie war es, die mich ansprach. Dann stellten wir fest, daß sie in unserer Gegend wohnten, daß wir in den gleichen Geschäften einkauften. Es gibt im Leben wie im Spiel zuweilen den Begriff der Serie, wie sie jeder Spieler kennt, wenn immer wieder nur die eine Farbe herauskommt oder in ununterbrochener Folge wieder nur eine Zahl erscheint. So war es mit mir und den N.s. Obwohl wir jahrelang ziemlich nahe beieinander wohnten, hatten wir uns nie getroffen. Nachdem nun aber einmal die Serie des Aneinandervorbeilaufens durchbrochen war, begegneten wir uns häufig. Wir sprachen meist nur wenige Worte miteinander, manchmal kaum mehr als einen Gruß kurz im Vorübergehen. Dann wieder blieben wir an einer Straßenecke stehen, verweilten bei Erinnerungen, merkten, daß wir uns kaum etwas zu sagen hatten und verabschiedeten uns schnell. Wir wußten so wenig voneinander und spürten, daß wir nichts Gemeinsames hatten. Was wir sprachen, blieb an der Oberfläche. Wir waren uns fremd.

Elisabeth war damals Pädagogin an einer konfessionellen Schule, Marta führte den Haushalt und besorgte die Verwaltung des Hauses, das sie im Grunewald besaßen, und dann mußte sie noch für die alte kranke Mutter sorgen. Es schien ihnen recht gut zu gehen.

„Gut, was heißt gut“, sagte Marta einmal, als ich sie fragte. „Wir haben unser Haus, die Leute zahlen pünktlich ihre Mieten, wie es sich gehört – wir hatten niemals Schwierigkeiten.“ Und dann, so etwas nebenbei: „Und du? Wir haben gehört, du hättest einen Pressedienst. Wie ist es damit?“

„Na ja“, sagte ich, „das stimmt.“ Was sollte ich weiter sagen, wozu vor einer Fremden die Einzelheiten aller Kämpfe ausbreiten, die wir zu bestehen hatten, die die Jahre ausfüllten, die alle Arbeit immer wieder über den Haufen warfen und dazu zwangen, stets von neuem anzufangen ...

„Weißt du noch, wie du uns mal auf dem Schulhof Gedichte von dir vorgelesen hast“, fing Marta wieder an zu fragen. „Wir haben später immer gedacht, mal ein Buch von dir zu lesen. Ja, darüber haben Lisbeth und ich manchmal gesprochen: was wohl aus dir geworden sein mag.“

Darauf konnte ich mich nun wieder gar nicht besinnen.

Allmählich waren es dann nur Klagen über die Zeitläufe, die wir wechselten, wenn wir uns begegneten.

Im Rahmen unseres „Deutschen Feuilleton-Dienstes“ hatte Scherret eine umfassende wissenschaftliche Berichterstattung eingeführt. Wir hatten auch einen jüngeren Mitarbeiter, Gerhard P., gewonnen, der einen besonderen Unterhaltungsteil herausbrachte. Der Umfang der Korrespondenz hatte sich wesentlich erweitert und damit auch die Einnahmen. Neue Zeitungen waren gewonnen worden und schließlich war es so weit, daß wir zusammen mit unserem Freunde Hermann Schüller ein Büro in der Nähe des Anhalter Bahnhof am Hafenplatz nahmen, froh, die Arbeitsräume von der Wohnung trennen zu können. Die notwendigen Möbel, Maschinen, Telefone, Sekretärin und was dazu gehört, konnten auch angeschafft werden. Es schien endlich ein Erfolg nach jahrzehntelanger Arbeit. Und das Archiv, in dem Blatt auf Blatt sich häufte, füllte die Regale, bis hoch hinauf gestapelt lagen Zeitungen und Zeitschriften in verschiedenen Sprachen.

Aber schon nach kurzem verheißungsvollem Anfang war diese ganze Einrichtung gefährdet.

Scherret und ich standen in den Räumen, in denen es noch nach frischem Holz der neugezimmerten Regale roch und nach Papier und Druckerschwärze, voller Zweifel, als unser Mitarbeiter Gerhard eines Tages zur Tür hereinstürzte, erhitzt und sehr sehr nervös:

„Ich muß sofort weg“, begann er ohne weitere Begrüßung, „zu einer militärischen Übung.“ Er war sehr deprimiert und kramte in seinen Mappen, packte auf seinem Arbeitstisch alles zusammen, was er für wichtig hielt, legte es wieder zurück, indes wir ein wenig hilflos und bedrückt daneben standen. Es wäre so viel zu besprechen gewesen. So nahmen wir keinen langen Abschied voneinander. Wir versprachen, seine Beilage weiterzuführen, bis er zurückkäme. Er ging mit leeren Händen. An der Tür blieb er stehen und nahm noch einmal das Bild des Raumes in sich auf, von dem aus er den Aufbau einer hoffnungsvollen Arbeit sich versprochen hatte.

Nach einiger Zeit lösten Schüller und wir das Büro wieder auf und arbeiteten nun wie immer zu Hause weiter.

Unser Freund Georg Schrimpf war nach Berlin gekommen. Er hatte eine Professur an einer Kunstschule erhalten und lebte mit seiner Frau und ihrem Kind in der Nähe des Breitenbachplatzes. Es war nur wenige Male, daß wir uns sahen. Einmal kam er zu uns in die Wohnung.

Er freute sich sehr, als er seine alten Bilder wiedersah, das Bild „Kameraden“ und mein Porträt. Lange stand er vor seinem ersten Gemälde. „Weißt du“, sagte Schrimpf zu mir, und dabei sprach er wieder so richtig bayrisch, „mir gefallt es heut noch sehr, das Bild.“ Und dann nach einer Weile: „Ich werd wieder Menschen malen, nicht nur Landschaften. Menschen in der Landschaft ...“

Kurze Zeit darauf erfuhren wir durch eine Nachricht in der Zeitung, daß Schrimpf gestorben war. Noch nicht fünfzigjährig. An einem Herzschlag. Er hat keine Menschen mehr gemalt.

Einmal in dieser Zeit kam Harriet mit Peterchen aus Wien auf ein paar Wochen zu Besuch zu uns. Wir freuten uns sehr, die Familie wieder bei uns zu haben, und Harriet war froh, wieder einmal in Berlin zu sein.

An dem Tag, als sie abfuhr, erhielt ich eine Aufforderung, nach der Lützowstraße zu kommen und mich bei der Personal-Kontroll-Kommission der NSDAP zu melden. Es stand anscheinend wieder einmal ein Verhör bevor. Nach langem Warten wurde ich zu einem jüngeren Mann hereingeführt, der mich mit den Worten begrüßte: „Sagen Sie, Frau Jung, Sie sind Kommunistin?“

Ich hatte mir eine besondere Methode zurechtgelegt für derartige „Verhöre“. Ich ließ den anderen sprechen und versuchte, nicht hinzuhören, was er sagte. In Gedanken sprach ich Verse vor mich hin: Der Mond ist aufgegangen, die goldnen Sternlein prangen ... (das gab es ja schließlich auch immer noch). Dabei sah ich den anderen vollkommen ruhig an, so daß er den Eindruck haben mußte, ich höre ihm zu. Wenn er mit seiner Rede fertig war, sagte ich: „Sie haben natürlich vollkommen recht.“ Ich hatte ja nichts gehört von dem, was er sagte. Und recht würde er unter allen Umständen behalten. Also –

Das „Verhör“ dauerte etwa drei Stunden. Es erwies sich, daß der Mann sehr genau über alles Bescheid wußte, über Jung, Scherret und mich, ebenso über unsere Arbeit. Das Gespräch endete damit, daß er mir vorschlug, in die NSDAP einzutreten, was für meine Korrespondenz von großem Erfolg sein würde.

„Sehen Sie“, sagte ich, „ich bin nicht überzeugt von Ihrer Idee. Und ich bin kein Konjunkturmensch, ich möchte nicht zu den Märzgefallenen gehören.“ (So nannte man die Leute, die sich erst im März oder später zur Partei bekannt hatten, um die Vorteile zu genießen.)

„Wir haben festgestellt, daß Sie auch keiner unserer 'Gliederungen' angehören", er blätterte in Akten. „Für Mitarbeiter unserer Presse – Sie sollten wenigstens in die NSV eintreten."

Da ich damals noch nicht wußte, wozu die Gelder der NSV Verwendung fanden und an eine soziale Unterstützungsaktion glaubte, trat ich in die NSV ein.

„Außerdem werden Sie sich bei Ihrem Kreisbevollmächtigten melden." Das war für diesmal der Abschied. Ich hatte dem Mann wahrheitsgemäß zugegeben, daß ich der KAPD angehört hatte, ebenso daß Scherret, solange er beim „Vorwärts" gearbeitet hatte, Mitglied der SPD gewesen war. Dabei stellte ich fest, daß er von deutscher Arbeitergeschichte nicht die geringste Ahnung hatte, von verschiedenen Parteien und ihren Kämpfen untereinander nichts wußte und eben mit der ganzen Sache nicht viel anfangen konnte.

Diese Art der Unterredungen häuften sich in der nächsten Zeit. Einmal ging es darum, daß wir eine Nachricht gebracht hatten, über die in der sogenannten „Sprachregelung" des Propaganda-Ministeriums ein Verbot ausgesprochen worden war.

„Nehmen Sie denn nicht teil an unseren wöchentlichen Sprachregelungen", schrie mich der Referent an. Und als ich zugeben mußte, daß ich zuweilen keine Zeit dafür hätte, da ich ganz allein den „Dienst" machte (ich bin nicht ein einziges Mal dabei gewesen), bot sich der Referent an, für ein Monatsgehalt von tausend Mark mich ständig auf dem Laufenden zu halten. Ich erklärte ihm, daß mein ganzes Einkommen sich auf etwa fünfhundert Mark beliefe. Er sah mich verächtlich an. Es war kein Geschäft mit mir zu machen, das war klar.

Je stärker der Druck von außen war, umso fester schloß sich unser kleiner Freundeskreis zusammen. Nach Meyers Tode gingen wir auch viel seltener in die kleine Probierstube. Häufig trafen sich die Freunde in unserer Wohnung: Goetz, Walter Unruh und Eduard von Winterstein. Meist drehten sich die Gespräche um Kunst. „Man darf nicht flüchten", sagte ich, „nein, keine Flucht aus dieser Welt, in der wir leben müssen. Man muß versuchen, sie zu ändern, zu verbessern –"

Man wurde unendlich müde in dieser Zeit. Dachte: Genug, es ist genug. Das Licht auslöschen und in den Schlaf versinken gleich einem Stein, der im Wasser untersinkt und auf dem Grunde ruht. Manchmal erwacht man dann, steigt auf aus diesem unbewußten Ruhen, und plötzlich weiß die Seele in ihrer tiefsten Tiefe ein Heilmittel gegen das Leid, das man ihr zugefügt hat. So wie sich auch im ganzen körperlichen Organismus aus dem eigenen Blute heraus Gegenstoffe gegen die Gifte bilden, die in ihn eingedrungen sind. Abwehrstoffe, die die schädigenden, die tödlichen Bazillen verzehren oder austreiben, so bilden sich auch auf dem Grund des seelischen Organismus Gegengifte, und aus dem eigenen Leid entsteht das Antiserum zu seiner Heilung.

Nach der sogenannten Kristallnacht wurde die Verzweiflung allgemeiner. Alte Parteigenossen sprachen uns im Hause oder auf der Straße an und klagten, enttäuscht über die Entwicklung, die die Dinge genommen hatten.

Als in den Kinos die ersten Wochenschauen zu laufen begannen, weigerte sich Scherret, einen Film zu sehen, und auch ins Theater gingen wir nur zur Premiere von Wolfgang Goetz' „Kampf ums Reich", einem Stück aus dem Dreißigjährigen Krieg, das mit Heinrich George im Schillertheater gegeben wurde.

Eines unserer kleineren Kümmernisse war der Tod des Hundes Mohrchen. Das Tier war dreizehn Jahre alt und seit langem krank. Es hatte nach ärztlicher Diagnose Angina pectoris und litt genau wie ein Mensch, der diese Krankheit hat, an Ängsten und häufigen Erregungszuständen. Des Nachts verlangte er alle paar Stunden ins Freie, dann stand er nur auf der Straße und sah zum Himmel auf. So traurig wir über seinen Tod waren, später schien es uns gut, daß ihm die Schrecknisse der Bombennächte erspart geblieben sind. Eines Tages schrie Mohrchen plötzlich auf und fiel von der Couch, auf der er gelegen hatte. Er hatte einen richtigen Schlaganfall erlitten. Die Hinterbeine zeigten Lähmungserscheinungen. Der alte uns bekannte Tierarzt, den wir sofort riefen, erlöste ihn durch eine Spritze.

Zum zweiten Mal in unserem Leben gab es Krieg. Hatte nicht unsere ganze Generation seit Jahrzehnten für den Frieden gekämpft? Was hatten all die Bücher von Arnold Zweig und Leonhard Frank, von Remarque, Barbusse und all den anderen genützt? Die Vergeblichkeit dieser Bemühungen war niederschmetternd und trostlos.

Als die ersten Repressalien gegen die Juden begonnen hatten, baten mich meine Bekannten, die Schwestern N., für sie einige Sachen, die sie nicht haben dürften, in Verwahrung zu nehmen. Durch ihre

Vermittlung kam auch meine Freundin Hildegard Krohn wieder zu mir. Hilde hatte den Professor Gottfried Salomon geheiratet und mit ihm in Frankfurt/Main gelebt. Sie hatte einen etwa neunzehnjährigen Sohn. Professor Salomon, von dem sie getrennt lebte, war in Amerika, ihr Sohn in Frankreich. Hilde lebte mit ihrer alten Mutter zusammen, für die sie sorgte. Sie arbeitete in einem Betrieb. Als sie ihre Wohnung auflösen mußten, gab sie mir auch einige Koffer in Verwahrung. Sie hat sie nie wieder abgeholt. Monate später ging sie nach Frankfurt, um bei Freunden zu leben, nachdem ihre Mutter abgeholt worden war. Ich habe nie wieder etwas von ihr gehört. Vielleicht ist sie bei einem Angriff auf Frankfurt gestorben, der als Vergeltung für die Judenverfolgungen gedacht war.

Ich zitterte bei jeder neuen Haussuchung, daß die Sachen meiner Freunde gefunden werden könnten.

Einem Bericht, den wir im „Deutschen Feuilleton-Dienst" über das Studio von Hanns Schultze gebracht hatten, verdankten wir die Bekanntschaft mit der Theaterschule dieses ausgezeichneten Pädagogen, der selbst aus der Theaterschule des Deutschen Theaters stammte. Wir waren zu einigen Studio-Aufführungen eingeladen worden, und es ergab sich bald eine enge Zusammenarbeit von Scherret und dem Studio, in dem, wie ich schon berichtet habe, einige Szenen seines Schauspiels „Unruhe in einer kleinen Stadt" gespielt wurden. Da einige der Schüler Schultzes eingezogen wurden, sprang Felix verschiedentlich ein. Dabei entdeckte er wieder seine alte Theaterleidenschaft und spielte in den nächsten Monaten und Jahren in vielen Rollen mit. Aus der Theaterschule von Hanns Schultze sind eine Reihe guter Schauspieler hervorgegangen (u.a. Agathe Poschmann, Hans Hamacher, Peter Mohr). Schultze selbst wurde später zum Volkssturm eingezogen und ist gefallen. Als das Studio geschlossen werden mußte, spielte Scherret mit einer anderen Gruppe, die sich zum größten Teil aus Laien zusammensetzte. Die Spieler, die seit Jahren in einem der alten Theatervereine zusammengeschlossen waren, hatte Willi Zimmermann für Aufführungen vor Arbeitsinvaliden und Sozialbetreuten gewonnen. Diese Vorstellungen fanden im Schubert-Saal am Nollendorfplatz statt oder in anderen Sälen.

Zimmermann hatte den Ehrgeiz, neben klassischen Stücken wie Goethes „Mitschuldigen" oder „Geschwister", Halbes „Strom" oder

Björnssons „Zwischen den Schlachten“ auch Uraufführungen unbekannt gebliebener Werke zu bringen. So brachte er von August von Platen „Der Schatz des Rhampsinit“ und „Der Turm mit den sieben Siegeln“ heraus, ferner Karl von Holteis Liederposse „Der Kalkbrenner“, Hans Brennerts Berliner Einakter „Die Hasenpfote“, Otto Ludwigs „Die Torgauer Heide“ und eine Reihe von Stücken, die er selbst geschrieben oder dramatisiert hatte wie „Magdeburgisch Recht“, Szenen um Mozart, Leibnitz oder Fontane und „Der Sieg der toten Augen“, das auf einen Roman zurückging und das Schicksal eines Blinden behandelte. Bei diesem Stück wirkten Blinde mit, wie denn auch einige Aufführungen mit Taubstummen gemacht wurden, die als Pantomimen mit Orchesterbegleitung gespielt wurden, so zum Beispiel „Die lustigen Weiber“ von Nicolai und „Lumpazivagabundus“ von Nestroy.

Scherret trat in allen diesen Stücken auf. An einem der Abende wirkten auch Eduard von Winterstein und Wolfgang Goetz mit.

Neben Aufführungen in Berlin wurden mit jedem Stück auch Gastspiele in anderen deutschen Städten veranstaltet.

Nun waren es wieder andere Probleme: das Theater, andere Menschen, die zu uns kamen: Schauspieler und Theaterbesessene, Johannes Heymann-Matwich, der eine Reihe von großen Freilichtspielen inszeniert hatte, Anna Rubener, die seit Jahren in Eden/Oranienburg mit einer Gruppe arbeitete, Kunze-Kayser, Kaminski und Bruno Uepach, ein alter Freund von Scherret aus seiner Vaterstadt Danzig. Uepach war lange Zeit in Hagen/Westfalen Oberspielleiter gewesen, hatte in den dreißiger Jahren im Fernsehsender gespielt und ist später nach Süddeutschland gegangen. Einige Monate war er unser Wohngenosse, dann standen wir noch lange Zeit in brieflicher Verbindung, bis die Unruhe des Lebens auch diese Verbindung abreißen ließ. Bis spät in die Nacht hinein wurde bei uns nun über Rollen diskutiert, wurde rezitiert, bis die anderen Hausbewohner um Ruhe baten. –

In unserem „Deutschen Feuilleton-Dienst“ war die Berichterstattung über Filme, die sich in der Herstellung befanden, hinzugekommen. Ein Kollege hatte die Verbindung zur TOBIAS-Filmgesellschaft hergestellt, und so wurde unsere Korrespondenz ständig zu den Pressebesprechungen eingeladen. Nun stand ich wieder wie zur Zeit des Stummfilms in vielen Filmateliers und sah bei der Filmarbeit zu.

Besonders in Erinnerung sind mir zwei Filme geblieben: der Streifen um das Leben Robert Kochs mit Emil Jannings als Koch und Werner Krauß als Virchow. Ich hatte viel von der Arbeitsweise von Werner Krauß gehört, aber als wir Vertreter von der Presse in die Kantine geführt wurden, da die Aufnahmen noch nicht begonnen hatten, konnten wir voll Erschütterung erleben, wie ein Schauspieler nicht eine Rolle darstellt, sondern der Mensch *ist*, den er verkörpern soll. Inmitten des lebhaften Kantinentrubels saß wirklich der Gelehrte Virchow, in sich gekehrt wie ein Wissenschaftler, der besessen ist von seiner Arbeit. Der zweite war der Schiller-Film, in dem Horst Caspar den jungen Schiller darstellte.

Wenn es uns auch nicht gelungen war, die Bürogemeinschaft mit unserem Freund Hermann Schüller aufrechtzuerhalten, so waren wir mit ihm doch zu einer Arbeitsgemeinschaft gelangt, die über Jahre hindurch immer enger und schöpferischer wurde. Ursprünglich war mit einer Art von Austausch wissenschaftlicher Berichterstattung zwischen unserer Korrespondenz und Schüller begonnen worden. Dann fing Schüller an, selbst Bücher zu schreiben, und da seine Sekretärin in dieser Zeit Berlin verließ, erbot ich mich, ihm zu helfen. Im Rahmen dieser Arbeiten eroberten Schüller, Scherret und ich uns neue Wissensgebiete. Die beiden Männer ähnelten sich in der systematischen Art, mit der sie ihr Studium trieben. In seiner eigenen Wohnung habe ich Schüller dreimal umziehen sehen, weil seine wissenschaftliche Bibliothek von Woche zu Woche, von Monat zu Monat immer größere Dimensionen annahm.

Ausgehend von Artikeln über die Entwicklung der modernen Chemotherapie und die Wissenschaft von der Herstellung synthetischer Kunststoffe schrieb Hermann Schüller ein umfangreiches Werk „Forscher zwischen Traum und Tat“ mit dem Untertitel „Die Geburt der Wissenschaft“. Zur Bewältigung dieser Arbeit begann er die Anfänge der Atomwissenschaft von Demokrit an zu studieren und verfolgte ihren Weg über den Zeitraum von zweitausend Jahren hinweg bis zum Stand der heutigen Entwicklung. Das Buch erschien 1942 im Verlag Ebner & Ebner, Berlin-Ulm.

1947 erschien von Schüllers Buch eine zweite völlig umgearbeitete und erweiterte Auflage im gleichen Verlag unter dem Titel „Weltmacht Atom“, dem er das Wort von Marx voranstellte: „Die Welt besitzt längst den Traum von einer Sache, von der sie nur das Bewußtsein besitzen muß, um sie wirklich zu besitzen."

Ebenso wie mit Schüller verband uns auch mit seiner Frau Mary die herzlichste Freundschaft. Mary hat einmal von Scherret und mir Gipsmasken hergestellt, die ich heute noch besitze. Es waren die fruchtbarsten wissenschaftlichen Diskussionen, die wir vier gemeinsam führten. Jahrelang ging ich täglich in sein Haus. Anhand neuer Bücher, die Schüller gekauft hatte, sprach er mit mir Probleme durch, bevor er mir dann das nächste Kapitel seines Buches diktierte. Vieles in meinen eigenen Arbeiten geht auf diese Diskussionen mit ihm zurück. Häufig holte mich Scherret abends ab. Dann saßen wir eng um das Radiogerät geschart und hörten ausländische Sender ab. Zuweilen kam auch Alfred Beierle hinzu, der mit Schüllers befreundet war.

Es sei mir gestattet, eine kleine Anekdote aus dieser Zeit zu erzählen, die sich in Schüllers Haus zutrug und typisch für unsere damalige Situation war: Ein Architekt, der die Wohnung über Schüllers innehatte und ebenfalls ausländische Sender zu hören pflegte, wollte eines Abends prüfen, ob auch auf der Treppe nichts von den Sendungen zu hören sei, um nicht Gefahr zu laufen, angezeigt und verhaftet zu werden. Er stand also im Dunkeln vor seiner Tür und lauschte angestrengt mit vorgebeugtem Kopf am Schlüsselloch. Als er gar nicht wieder in seine Wohnung kam, wurde seine Frau unruhig und sah nach ihm. Entsetzt stellte sie fest, daß ihr Mann bewußtlos vor der Tür lag. Was war geschehen? Einige Tage später traf der Architekt auf der Treppe einen Mitbewohner seines Hauses, der ihm folgendes erzählte: „Denken Sie, neulich abend im Dunkeln bemerke ich einen Kerl, der vor Ihrer Tür herumspionierte. Ich habe ihm einen Kinnhaken gegeben, daß er gleich umfiel ..."

Tagelang lachten wir über diesen Fall.

Noch dankbarer bin ich Schüller, daß er mir sein Buch über Robert Mayer diktierte und mir damit die Kenntnis vom Leben dieses Mannes vermittelte. Die Übertragung der Erkenntnisse auf dem Gebiet der anorganischen Natur auf das der organischen scheint mir eine wesentliche Aufgabe. Im Zusammenhang mit dem Buch von Schüller gewann meine Arbeit an dem Essay „Eroberung des Menschen" wieder für mich Bedeutung, entstanden einige neue Kapitel.

In den ersten Tagen nach Inkrafttreten der Verordnung, die den Juden das Tragen eines gelben Sternes an sichtbarer Stelle auf der linken Seite ihrer Oberkleidung, die sie öffentlich als Juden kenntlich machte, zur Pflicht machte, war der Eindruck auf die Bevölkerung geradezu peinlich. Man schämte sich des „Judensterns“, versuchte, auf der Straße wegzusehen, begriff die Qual, die sie diesen Menschen verursachen mußte. Mit der Zeit jedoch achtete kaum noch einer darauf, man sah ihn oder sah ihn nicht, und viele Juden wußten ihn geschickt zu verbergen.

Die N.s zum Beispiel, wenn sie zu uns in die Wohnung kamen, hatten den Stern an das Kleid oder ein Kostümjackett geheftet, darüber trugen sie einen leichten Mantel, der ihn verdeckte. Sie kamen jetzt häufiger, es war sicherer, als daß man auf der Straße miteinander sprach. Zuweilen holten sie sich etwas von ihren Sachen ab, die ich für sie aufbewahrte, kramten in den Koffern herum oder brachten wieder neue Sachen. Marta arbeitete zu dieser Zeit in einer Fabrik, Elisabeth in einem Büro der Jüdischen Gemeinde. Dadurch stand sie inmitten aller Probleme und sprach oft von den Einzelheiten der Transporte ihrer Glaubensgenossen in östliche Gebiete. So wie sie selber, waren auch wir der Meinung, daß man die Juden dort in großen Ghettos zusammenschloß, so wie sie früher etwa in Warschau und anderen Städten gelebt hatten.

Ich redete den beiden Schwestern zu, auszuwandern oder zu ‘flitzen’, wie man das damals nannte. Aber sie konnten sich nicht entschließen, ihre alte kranke Mutter allein zu lassen, und sie mitzunehmen, verbot ihr Gesundheitszustand. „Wir hätten nach Peru gehen können“, sagte Marta einmal, „aber was sollen wir dort?“ Die Rücksicht auf die Mutter war selbstverständlich. „Wir lassen unsere Mutter nicht abholen“, sagte Elisabeth. „Wenn es soweit ist, werden wir dafür sorgen, daß sie nicht mehr am Leben ist.“

Als sie eines Tages in schwarzen Kleidern zu uns kamen, stand mir das Herz still vor Schreck.

„Ja“, sagte Elisabeth, bemüht, so ruhig wie möglich zu scheinen, „Mutter ist tot.“ Und dann erzählten sie mir, daß sie ihr Veronal gegeben hätten. Marta war es, die die Einzelheiten berichtete:

„Lisbeth hat das Veronal schon vor Monaten besorgt. Von einem befreundeten Arzt hat sie sich genau die Dosis und ihre Wirkung beschreiben lassen, die sicher zum Tode führt. Die fünfundzwanzig Tabletten hatten tausend Mark gekostet. Wir hatten alles vorbereitet. Am Abend des Tages, als die Nachricht von Mutters Abholung kam, haben wir ihr ein Bad gemacht, ihr Bett frisch bezogen, ihr ein gutes Abendbrot und Wein gegeben und es ihr dann gesagt. 'Das werdet ihr mir doch nicht antun', hat sie sehr ruhig gesagt, 'ihr habt mir versprochen, daß ihr es nicht zulaßt, abgeholt zu werden. Ich bin alt und krank, auf Hilfe angewiesen, kann mich nicht mehr alleine halten. Ihr werdet mich davor bewahren –'

Dann hat sie die vorgeschriebene Anzahl von Tabletten genommen und ein Glas Wein getrunken. – Einmal dachten wir, sie würde das Gift nicht bei sich behalten, sie wurde von einem Würgen gepackt – wir hatten Angst. Dann lag sie still. Siebzehn Stunden haben wir bei ihr gewacht –

Am Morgen erschienen die Leute, die Mutter abholen wollten. Wir mußten sie an ihr Bett führen. 'Ah, Selbstmord', sagte der eine Beamte sachlich. Es kam öfter vor. Der Vertreter der Jüdischen Gemeinde, der stets dabei war, wollte wissen, wer Mutter das Gift gegeben hätte oder ob wir es nicht hätten verhindern können.

Nach einer Woche haben wir die Genehmigung erhalten, Mutter zu bestatten. Wir haben alles daran gesetzt, um eine würdige Trauerfeier zu ermöglichen, Blumen und Gebete –"

Nun hielt die Schwestern nichts mehr. Elisabeth war es, die zu mir kam. „Wir haben in den nächsten Tagen die Möglichkeit, mit einem Auto bis nach Aachen zu fahren", sagte sie, „von dort können wir nach Belgien fliegen. Wir brauchen nur Papiere –"

Es war für mich wie ein unhörbarer Anruf. Eine Forderung in mir selber, der ich mich nicht entziehen konnte. „Selbstverständlich kannst du meinen Ausweis haben, wenn dir das helfen kann", sagte ich. Keinen Augenblick war ich im Zweifel, was das für mich bedeuten würde, wenn es herauskam. Aber auch keinen Augenblick konnte ich zögern, zu helfen, wo es not tat. Ich nahm meinen Ausweis aus der Handtasche und gab ihn ihr.

„Was willst du dafür haben?" fragte sie.

„Ich kann euch nur helfen, wenn ich dabei ein völlig gutes Gewissen haben kann. Ich will daraus doch keinen Vorteil für mich ziehen."

„Du weißt nicht, daß ein solches Papier für zweitausend bis zehntausend Mark gekauft wird", sagte Elisabeth noch einmal. „Vielleicht bist du dir nicht klar, was für dich entstehen kann, wenn ..."

Ich wußte es. Ich habe selbst zu lange illegal gearbeitet. „Ihr dürft nur keinen Fehler machen", sagte ich und gab ihr die ganze Brieftasche: den Ausweis mit dem Paßfoto, einem blödsinnigen Bild, bei schärfstem Licht fotografiert und daher völlig unkenntlich. Dann waren darin noch andere Dokumente zur Identifikation, die alle auf meinen Namen lauteten, Papiere, wie sie fast jeder Mensch in seinen Taschen bei sich führt, zum Beispiel eine alte Lesekarte von einer Bibliothek, Briefumschläge, längst abgelaufene Bezugskarten. Wir hatten in den Jahren politischer Arbeit gelernt, uns so zu sichern. Wenn etwas herauskam, war mir eben die ganze Tasche mit dem Inhalt gestohlen worden.

Die Schwestern fuhren allerdings nicht in den nächsten Tagen ab, wie sie gehofft hatten. Irgendetwas klappte nicht. Sie hatten auch noch zu viel zu erledigen. Es vergingen Monate, während derer Elisabeth meinen Paß mit sich herumtrug. Dann, eines Tages im September, kamen sie zu mir: „Wir fahren heute nacht", sagten sie und nahmen Abschied.

Sie wollten zuerst an den Bodensee fahren, ein wenig ausruhen und dann über einen Gebirgspaß ins Ausland gehen. Sie wußten von Freunden, die diesen Weg benutzt hatten und denen es gelungen war wegzukommen. „Wir werden dir schreiben", sagten sie. Ich beschwor sie, mir nur einen einzigen Brief zu senden, und zwar im Augenblick, wo sie die Grenze überschreiten würden, und meinen Ausweis zurückzuschicken. Jeder größere Briefwechsel war für beide Seiten eine Gefahr.

Ich war mir völlig klar darüber, daß diese Frau, die sich meines Namens bediente, nur, soweit es für ihre eigene Sicherheit nötig war, sich vorsichtig und ruhig verhalten würde. (Sie hatte mir stolz davon erzählt, daß sie während der Zeit, in der mein Paß in ihren Händen war, sich sicher genug gefühlt hatte, alle Vorschriften, die für sie bestanden, zu umgehen. Es widerstrebt mir, Einzelheiten zu berichten. Jedenfalls hat sie mir auch den Ausweis nicht zurückgeschickt, sondern versucht, einer jüdischen Freundin damit zu helfen. Diese brachte ihn mir wieder.)

Es hat für mich keine Möglichkeit gegeben, anders zu handeln, als ich es getan habe. Es war eine Aufgabe, der ich mich nicht entziehen konnte. Ich wußte nur, daß es ein Kampf war, Kampf gegen den Begriff der ewigen Vernichtung. Ich kämpfte mit den Mitteln der Erhaltung eines Lebens dagegen an. Vielleicht die erste Bresche in die Siegesreihen des Todes dieser Zeit, in die Zerstörungen –

Und doch lebte eine Angst in mir, die ich kaum noch beherrschen konnte. In einer Zeit der immer weiter um sich greifenden Vernichtung, Zerstörung einer Kultur, in der täglich der Menschheit höchste Güter, heiligste Symbole in Rauch und Schutt aufgingen, Menschen erschossen wurden, starben, unter Trümmern verschüttet und begraben, *ein* Leben retten, ein einziges nur erhalten, ganz unbesehen des Wertes, den es darstellte. Nur schützen vor Vernichtung. Nur sich dagegen stemmen gegen diese Walze: Tod, die alles niederrollte. Die fürchterliche Not, die aller Menschen Geist beherrschte, und jeden Willen, jedes Wissen und Können, Kraft und Stolz und Mut, die besten Eigenschaften nur auf Tötung anderer Menschen ausrichtete. Nur ein einziges Halt! Ein Nein. Ein erstes Hindernis, das sich dagegen warf, die Wache, die sich vor das Leben stellte und es mit ihrem eigenen Leibe deckte.

In den ersten Nächten konnte ich nicht schlafen. Dann schien alles etwas ruhiger zu werden. „Es scheint geglückt zu sein", hoffte ich. Vielleicht hatte meine Tat einen Menschen vor dem Tod errettet. Ihm das Leben neu geschenkt. Ein ruhiges freies Leben.

Indessen ging ich meiner Arbeit nach, versorgte den Haushalt, war so wie immer: ruhig und scheinbar ausgeglichen, freundlich, sprach mit Scherret, mit allen anderen Menschen. Niemand fiel irgend etwas in meinem Benehmen auf. Nur morgens in der Frühe lauschte ich auf die Geräusche: ein Wagen vor dem Haus, Schritte im Treppenflur, ein scharfes Klingeln an der Wohnungstür.

Dann kam das Lebenszeichen, das ich mit den Schwestern vereinbart hatte, die Postkarte mit freundlichen Grüßen, das Bild aus einem der vielleicht schönsten Teile Deutschlands oder auch der ganzen Welt, sonnige Landschaft voller Fruchtbarkeit und Reichtum. Und der Inhalt dieses Schreibens war sehr vergnügt und fast leichtsinnig gehalten, wie man nur von einem lustigen Ferienaufenthalt zu schreiben pflegt, das eigene Wohlbefinden voll genießend. Ich las die Karte ein paarmal durch, ehe ich sie zerriß, die Fetzen noch verbrannte, diese Zeilen, die ich auswendig wußte.

Dann vergingen lange Monate, ohne daß ich eine Nachricht von den

N.s erhielt. Nie mehr ein Lebenszeichen. Ich ging zu Bekannten der beiden Schwestern, die ihnen auch geholfen hatten, ihre Sachen zu sichern. „Nein, denken Sie nicht mehr daran", sagte der Mann zu mir. „Ich halte es für völlig ausgeschlossen, daß irgendeine Hoffnung noch besteht, daß sie am Leben sind."

Man konnte nun nichts mehr für sie tun. Sie hatten ihre Chance gehabt, davonzukommen mit dem Leben. Mehr konnte in diesen Zeiten von Gefahr und Krieg niemandem geboten werden. Wir wußten alle nicht, ob wir dieselbe Chance haben und zu den Überlebenden gehören würden.

Ich hatte Scherret nichts von alledem gesagt, um ihn nicht zu beunruhigen, obwohl er ebenso wie ich gefährdet war, wenn etwas herausgekommen wäre. Wer hätte ihm geglaubt, daß er nichts wüßte? Nur mit Goetzens hatte ich darüber gesprochen und mit meiner Freundin Marianne Lendzian, mit der wir in dieser Zeit viel zusammen waren. Jemand sollte Bescheid wissen, falls ich verhaftet werden würde.

Die Spannung, in der ich diese ganzen Monate über gelebt hatte, konnte natürlich nicht ohne Wirkung bleiben. Nicht, daß ich krank gewesen wäre, denn ich will niemals krank sein, es scheint mir so etwas Häßliches, etwas, das nicht zu mir gehört. Etwas, das die Harmonie, die Ausgeglichenheit des Wesens stört. So saß ich eines Abends wie immer vor einem Buch, den Kater Willi auf dem Schoß. Scherret lag auf der Couch und arbeitete. Es war wie jeden Abend, wie immer.

„Fühlst du dich nicht gut?" fragte Scherret plötzlich.

„Doch", sagte ich, „mir ist nichts, danke." Und ich achtete sorgfältig darauf, daß meine Stimme frei und sicher klang, denn Scherret hatte die Gabe, aus den Schwingungen einer Stimme Spannungen der Seele aufzuspüren. Schon als Kind wußte er es genau, wenn seine Mutter Schmerzen hatte, die sie vor ihm verbergen wollte.

„Was hast du denn?"

„Nichts, nichts."

Noch war nichts gesagt worden, noch war alles in Schweigen eingeschlossen: die Tage voller Unruhe, die folgen würden, diese nächsten Minuten, die Worte, die einmal gesprochen, später zu lautem Schreien wurden, zu einem wilden Streit, der ausbrach, tobte, sich überschlug in Sturzbächen von Anklagen und Beschimpfungen.

„Was ist dir denn? Sag es mir doch."

Es war wie eine Lockung. Die Lockung zum Vertrauen. Der Wunsch, vom andern aufgenommen zu werden. Das süße Verlangen nach der Hand des Kameraden, nach der bedingungslosen Treue eines Freundes.

Und dann sagte ich es Scherret. Das von den Dokumenten, die ich Elisabeth gegeben hatte. Ich sprach ruhig wie immer, bemüht um einen selbstverständlichen, gleichgültigen Ton in der Stimme.

Scherrets Gesicht war bleich geworden. „Das hast du getan?"

Er begriff, daß alles Reden überflüssig war. Es war nichts mehr an der Tatsache zu ändern, nichts mehr zurückzunehmen. Auch war ihm klar, daß ich genau so gut wie er das Schwerwiegende der Folgen schon bedacht hatte. Es blieb nichts mehr zu sagen. Und dennoch sprach er, mußte sprechen, ging im Zimmer auf und ab und redete. Ich lauschte seinen Worten nach, versuchte, etwas Tröstliches herauszuhören.

In dieser Nacht konnten wir nicht schlafen. Alle Augenblicke wurde Licht gemacht. Und immer wieder mußte Scherret fragen: „Wie konntest du das tun?"

Ich versuchte, ruhig zu bleiben, geduldig. Versuchte, es ihm zu erklären: „Man kann sich das Leben nicht aussuchen, das man retten muß. Wenn du aus einem Haus, das in Flammen steht, Geschrei hörst oder aus einer Flut die Hilferufe, du kannst dich nur hineinstürzen und retten. Dies eine Leben war in meine Hand gegeben. Ich war nicht frei zu handeln, als ich es tat. Es war ein Hilfeschrei, versteh es doch –"

„Warum hast du mich vorher nicht gefragt? Du mußtest mich ins Vertrauen ziehen." Er hatte vollkommen recht.

Ich mußte die ganze Zeit an die Nora von Henrik Ibsen denken. Nora, die an das Wunderbare geglaubt hatte, auf das Wunder des Verständnisses gehofft, auf das selbstverständliche Eintreten des Kameraden Mann für seine Frau. Nora, die auch den Weg gegangen war, den ihr das eigene Rechtsgefühl gewiesen hatte, die auch durch ihre Tat ein Leben retten wollte. Es ist immer der gleiche Gegensatz, der ewige Unterschied: der Mann hält sich an die Gesetze, die er geschaffen hat, juristische und staatliche, und nimmt sie hin als unumstößliche, die doch dem Wandel der Gesellschaftsformen unterworfen sind. Die Frau kennt nur die ewig menschlichen Gesetze, die mütterlichen, die aus ihrem Herzen kommen, die nie veränderlichen, die das Leben tragen und hüten.

Es entstand ein Riß, der immer weiter aufklaffte.

Man muß sich vorstellen, wie Scherret unter dieser Tat von mir gelitten hat. Scherret, der ein geruhsames Leben liebte, der nie erschüttert werden wollte und nicht gefährdet. Dem die stillen Wege durch einen Wald gefielen, die plötzlich abbrechen und aufhören, und der Pfad, der sanft zur Höhe führt und der in einem Ausblick auf das Meer mündet, der wie das abgebrochene Ende einer Brücke hinausragt über einen Felsen. Oder, wenn er Erschütterungen suchte, die Leidenschaft menschlicher Herzen, dann ging er in die Oper. Er war der spätgeborene einzige Sohn nicht mehr ganz junger Eltern gewesen, die einmal recht vermögend waren, und denen in ihrer frühen Ehe drei Kinder rasch hintereinander gestorben sind. Nicht mehr Erbe des Vermögens (das in der Inflation verloren ging), sondern nur noch einer Weltanschauung, die an allem Zweifel hegte, die jeder Überschätzung einer Tat mit Mißtrauen gegenüberstand und die nicht glauben konnte, das war er, Felix Scherret, der an der Häuslichkeit hing und stundenlang saß und fleißig schrieb und arbeitete. Dazu war er krank, sehr krank, damals schon.

Jetzt war alles sehr gefährdet.

Ich bemühte mich, das Gleichgewicht zu halten. Obgleich dies schon nicht mehr der Kampf war, den ich aufgenommen hatte. Vielmehr nur noch ein Nachspiel. Aber ich trug auch dafür die Verantwortung. In all den schweren Jahren, die wir zusammen verlebt hatten, in einer Art von Kriegskameradschaft, am innigsten durch das Schwere verbunden, das wir gemeinsam trugen und nicht durch leichte und zärtliche Erlebnisse eines Glücks, das schnell schal werden konnte. In all den Jahren habe ich versucht, dieses Leben zu halten, vielleicht nichts Besonderes dazu getan und möglicherweise kaum nach außen sichtbar, mehr passiv, aber eben in unerschütterlichem Glauben an das Leben.

Und immer wieder, wenn Scherret mich fragte: „Was willst du denn gegen das alles tun? Ein einzelner Mensch." Dann mußte ich sagen, auch wenn ich wußte, daß ich ihn nie überzeugen würde: „Ein einzelner Mensch vermag sehr viel. Er kann die Welt verändern helfen. Sind nicht auch in jedem Organismus Kräfte, so unvorstellbar winzig, die ihn lenken, sein Wachstum fördern oder die Entwicklung hemmen können?"

Und wenn ich es nicht aussprechen durfte, dann dachte ich es. Immer war es in meinen Gedanken gegenwärtig: Es geht doch darum, daß der

Mensch sich selbst erobern soll. Die Geschichte des Menschengeschlechtes ist die Vermenschlichung des Menschen. Der Mensch kennt sich noch nicht, weiß nichts von den Kräften, die in ihm schlummern. Noch wird er immer getrieben, aufgebrochen von unbekannten Mächten aus unbewußten Tiefen. Wir wissen es längst, daß die Formen einer alten Welt zerbrochen sind, noch aber ist das Gesetz der Trägheit des Herzens wirksam, das Beharrungsvermögen, das in allen Dingen ruht. Es kommt darauf an, den Anstoß zu geben, die Welt in Bewegung zu bringen –

Niemand kann eine in Fluß geratene Bewegung aufhalten, aber uns ist es gegeben, ihre Richtung zu bestimmen. Und dieser Aufgabe dürfen wir uns nicht entziehen.

In meinem Buch „Aus der Tiefe rufe ich“ habe ich die Chronik der Jahre von 1938 bis 1943 aufgezeichnet. Die Schicksale darin sind Schicksale von Menschen, die ich kannte, von denen ich erfuhr. Der schmale Band kam 1946 im Aufbau-Verlag, Berlin, heraus. Einige Stellen in diesem Rechenschaftsbericht lehnen sich an das Buch an.

Das Leben wurde von Tag zu Tag schwerer. Die Bombenangriffe auf Berlin nahmen ständig zu. Jeder Einsichtige mußte von dem katastrophalen Ende überzeugt sein. Schüller, der zuweilen Gelegenheit hatte, mit Leuten aus dem Propagandaministerium oder dem Auswärtigen Amt zu sprechen, erzählte, daß sie ganz offen darüber sprachen, keinen Glauben mehr zu haben. Sie hatten den Diplomatenton längst aufgegeben und sprachen wie die Landser: „Wir sind im Arsch.“ oder „Unsere Sache ist im Eimer.“.

Je mehr sich die Krise verschärfte, umso größer wurde der Terror. Täglich erfuhren wir von neuen Hinrichtungen unserer Bekannten und Freunde: Harro Schulze-Boysen war tot und John Graudenz und Alexander Westermeyer und viele andere. Wir waren verzweifelt. Schüller fühlte sich nicht länger sicher in Berlin. Er verlegte seinen Haushalt nach Oberammergau.

Im Gegensatz zu den bodenständigen Berlinern haben wir niemals in einem Stadtteil uns besonders verankert gefühlt. Unser Leben war so, daß wir in vielen Bezirken Berlins immer nur auf kurze Zeit eine Wohnung oder ein Büro gehabt haben, in allen vier Himmelsrichtungen.

In Halensee habe ich die längste Zeit meines Lebens an einem Ort verbracht. Fast neunzehn Jahre lang sahen wir von unseren Fenstern aus das Licht des Funkturms kreisen, hörten Tag und Nacht die Stadtbahnzüge rollen. Und für immer mit dieser Gegend verbunden ist die Erinnerung an die Freundschaft mit Heinz Köster, unserm treuen Helfer aus vielen Nöten.

Als wir Köster kennenlernten, lebte bei ihm der Schauspieler Eberhard Leithoff, und von da ab verging kein Tag, an dem Leithoff nicht zu uns kam. Scherret und er fühlten sich verbunden durch ihre gemeinsame Leidenschaft für das Theater.

Eberhard hatte in Zürich seine erste große Rolle gespielt, den Karl Moor in den „Räubern". Dann wollte ihn Hartung an seine Bühne holen, aber Leithoff lockte der Film, und sein Erfolg als Partner von Henny Porten in dem Film „Die Heilige und ihr Narr" schien ihm recht zu geben. Später ergaben sich für ihn viele – auch politische – Schwierigkeiten, und während der ersten Jahre der Nazizeit bekam er keine einzige Rolle. Eberhard Leithoff war ein sehr begabter Schauspieler und hatte eine herrliche Stimme, er war schön und vielseitig gebildet. Nur durch die Widersprüchlichkeit seines Wesens stand er sich selbst im Wege zum Erfolg. Endlich erhielt er in einer Reihe von Filmen zu tun und wir sahen ihn in „Gold", „Unter heißem Himmel", „Napoleon ist an allem schuld", „Schuß im Rampenlicht" und einigen anderen Streifen, von denen ich heute nicht mehr genau die Titel weiß. Am besten konnte Heinz Rühmann mit ihm arbeiten, und er holte ihn auch für einige seiner Filme.

Eberhard war der erste, der von allen unseren Freunden sofort bei Kriegsbeginn eingezogen wurde (und zwar, weil er verschiedenen Leuten „aufgefallen" war). Vier Jahre lang trieb er sich im Westen und im Osten an den Fronten herum, erkrankte dann an offener Tbc und wurde aus dem Heeresdienst entlassen. Als seine Wohnung ausgebombt wurde, hat er mit seiner Frau bei uns wochenlang gewohnt und aus unserer Freundschaft wurde eine innige Gemeinschaft. Er war überzeugt davon, daß er den Krieg nicht überleben würde. Noch einmal hatte er eine gute Rolle in einem neuen Film, er spielte einen Künstler in Ibsens „Nora" (eine Rolle übrigens, die es nur in dieser Filmbearbeitung, nicht aber im Stück gab). Es schien ein neuer verheißungsvoller Anfang für ihn. Er hat diesen Film nicht mehr gesehen.

An dem Abend, als er unsere Wohnung verließ und wieder in seine eigene übersiedelte, die wiederhergestellt war, wollte ich ihn nicht fortlassen. „Bleibt bei uns", sagte ich, „hier ist es sicherer." Unser Haus war ein Eckhaus. Ein Flieger hatte mir einmal erklärt, daß die Lage des Hauses, direkt dem Westkreuz gegenüber und an den Bahnlinien, die etwas tiefer gelegen waren, den Bomben gegenüber einen gewissen Schutz böte, da es durch einen bestimmten Sog schwer sein würde, es zu treffen. (Wir haben es bestätigt gefunden, als ein paarmal Bombenteppiche, die sicher für uns bestimmt waren, nur unsere Straße trafen.) Zudem beschäftigte sich Leithoff sehr viel und in einer wissenschaftlichen Weise mit Astrologie, und er hatte mir einmal gesagt, daß ich an einer Krankheit sterben würde, nicht aber durch die Bomben. Ich glaubte zwar nicht an die Weisheit des Horoskops, dafür er aber umso mehr. „Wenn ich leben bleibe", sagte ich also, um ihn mit seinen eigenen Waffen zu schlagen, „dann haltet euch an mich, und es kann euch nichts geschehen." Ich kämpfte mit ihm um sein Leben.

„Wir müssen gehen", sagte Eberhard, „sonst kommen wir in den Alarm." Wir haben ihn nie wieder gesehen. In der gleichen Nacht stürzte auf sein Haus ein feindliches Flugzeug mit seiner gesamten Bombenlast und begrub alle Menschen, die darin wohnten, unter sich.

Ich habe die Geschichte der Tragödie von Eberhard Leithoff in der Studie „Das gefährliche Leben" geschrieben. Ich mußte sie schreiben. Irgendetwas zwang mich dazu. Es ist die Geschichte eines Menschen, der nicht leben konnte – nicht wollte. Es ist die beispielhafte Geschichte der Paradiessehnsucht, die stärker ist als das Leben selbst. Darum habe ich sie geschrieben. Damit er wirken kann wie in den Filmen, in denen er spielte, „ein Teil von jener Kraft, die stets das Böse will und doch das Gute schafft – der Geist, der stets verneint".

Unsere Korrespondenz war geschlossen worden.

Obgleich ich bereits das fünfzigste Jahr überschritten hatte, bis zu dem Frauen arbeiten mußten, sollte ich zu einer Tätigkeit in der Rüstungsindustrie eingezogen werden. Nur ein ärztliches Attest hat mich davon befreit.

Felix Scherret schrieb an zwei wissenschaftlichen Büchern, für die er vom Verlag Jaspert Aufträge erhalten hatte: ein Buch über die Therapie der Schlangengifte und ein größeres Werk über die Naturwissenschaften in der Gegenwart.

Im Frühjahr 1944 kam Jung nach Berlin und war einige Tage bei uns. Er befand sich auf der Durchreise nach Greifswald, wo seine Tochter Dagny schwer erkrankt im Krankenhaus lag. Es war in den Tagen, als Canaris verhaftet wurde. Fast Tag und Nacht gab es Angriffe auf Berlin. Der Terror wütete. Diesmal war ich froh, daß Franz wieder abfuhr. Es erschien mir sicherer für ihn. Wir hungerten. Dieses Leben war kein Leben mehr zu nennen.

Via Katastrophalis

Bis zum bitteren Ende.

In unserer Wohnung gab es keine einzige Fensterscheibe mehr, kein Strahl des Tageslichtes drang durch die mit Pappe und Decken verhangenen Fenster. Fast der ganze Hof unseres Hauses war durch die Trümmer eines Nachbarhauses verschüttet, das eingestürzt war. Dreimal hatte unsere Hausgemeinschaft Brände gelöscht. Einmal als wir zwanzig Brandbomben auf unser Haus bekamen, dann als der Dachstuhl des Nachbargrundstücks abbrannte und das Feuer sich auf unser Haus auszudehnen drohte, und schließlich als das Dach des gegenüberliegenden Hauses in Flammen stand. Mit jedem Bombenangriff verschärfte sich die Lage.

Unseren Freund Fritz Breitkopf hatte das Verhängnis erwischt, er war verhaftet worden, als er in einem öffentlichen Luftschutzkeller wegen seiner lästerlichen Reden von einem höheren Staatsbeamten gestellt worden war. Wir taten für ihn, was wir konnten. Es war herzlich wenig. Glücklicherweise ließ man ihn nach einigen Wochen wieder frei. Die sowjetischen Truppen waren schon ganz nahe an Berlin herangerückt.

In seiner Wohnung hatte Fritz einen Freund aufgenommen, dessen Haus ausgebombt war. Man kannte ihn in unserer ganzen Gegend unter dem Namen Männe. Noch in den letzten Monaten war Männe, weil er einen Wagen besaß, als Kraftfahrer eingezogen worden.

Eines Nachts klopfte es an unser Fenster, hastig, fordernd, ein Trommelwirbel: „Macht auf! Schnell, schnell doch!“

Der Mann, der hereinkam, war kaum zu erkennen, schmutzig und unrasiert, völlig erschöpft und halb verhungert. Es war Männe.

„Laßt mich nur ein wenig schlafen", sagte er, „ich kann nicht mehr in mein Zimmer, sie suchen mich. Ich bin desertiert. Drei Tage habe ich nicht geschlafen. Aber jetzt müssen wir die Sache in die Hand nehmen. Und wir werden es schaffen, sage ich euch. Nur etwas schlafen muß ich." Und in Scherrets Bett liegend, konnte er trotzdem keine Ruhe finden: „Kinder", sagte er, „kommt, setzt euch zu mir." Er richtete sich in den Kissen auf und packte die Hand von Felix: „Scherry, wir wollen singen. Die Rote Armee steht vor Berlin. Wir haben Verbindung mit ihnen aufgenommen." Zusammen sangen sie, ganz leise, „Brüder zur Sonne, zur Freiheit" und die Internationale. Während draußen vor den Fenstern Sirenen heulten. Männe ging nie in einen Keller beim Angriff. Während die Bomben fielen, schlief er, fest und unerschütterlich.

Dann war das Ende da.

Die Menschen waren in Keller geflüchtet und hausten wochenlang in ihnen wie Höhlenbewohner unter der Erde im Schutz des steinernen Bodens und der Dunkelheit, lauschten zitternd auf die Geräusche und die Gewalten, die von oben hereinbrachen in ihre Zuflucht. Aber die Menschen ertragen vieles, auch ein menschenunwürdiges Dasein. Irgendwie ging es weiter von Tag zu Tag. Viele Tage lang, während die Kanonen bald von weither, bald wieder näher donnerten. Wir waren jetzt die Front. Hatten Wachen eingerichtet – immer zwei und zwei, Männer und Frauen, die ganze Hausgemeinschaft. Die anderen konnten inzwischen schlafen. Es gab keine Alarme mehr. Bomben und Artilleriegeschosse fielen ohne Warnung. Auf den Straßen lagen Tote, Kinder, Frauen oder Alte, die es beim Einkaufen von Lebensmitteln erwischt hatte. In manchen Läden erhielt man Brot oder anderes ohne Marken – es kam nicht mehr darauf an.

Allmählich waren alle Verbindungen zur Außenwelt abgeschnitten. Der Kreis wurde immer enger, schmolz täglich mehr zusammen wie eine kleine Insel inmitten von Hochwasser, das stetig den Boden wegfrißt. Eine Zeitlang hatte das Radio noch eine Verbindung dargestellt. Aus ihm quollen Musik und Reden, die glauben machen sollten, es sei noch nichts geschehen und alles nähme seinen gewohnten Lauf. Dann aber verstummte auch dieser letzte Anruf von außen. Und nun gab es nur noch vage Vermutungen oder Gerüchte, von denen niemand wußte, woher sie kamen und die allem Raum ließen, was man glauben wollte.

Nach den Berichten war Halensee der letzte Stadtteil Berlins, in dem noch Widerstand geleistet wurde. Die Halenseebrücke war wirklich der letzte Brückenkopf, auf dem versucht wurde, die siegreichen sowjetischen Truppen aufzuhalten. In unseren Keller stürzten noch in den letzten Tagen plötzlich SS-Leute, die uns mit vorgehaltenem Revolver zwingen wollten, Barrikaden zu bauen.

Die deutschen Soldaten waren überhaupt für uns die größte Gefahr. Ein paar Tage lang hatten sie sich in unserem Haus in den oberen Stockwerken eingenistet und beobachteten mit Ferngläsern über den Bahndamm hinweg die andere Seite, auf der ein Friedhof lag. Dort stand eine Stalinorgel und schoß zu uns herüber. Dann kamen die Soldaten zu uns in den Keller geflüchtet. Es waren meist ganz junge Burschen, die vor Angst zitterten und sehr bleich waren. Sie erhielten keine Befehle mehr, kein Essen und keine Löhnung. Was sollten sie tun? Wir gaben ihnen von unserem wenigen Essen und schickten sie weg, da sie uns gefährdeten.

Bis dann an einem unwahrscheinlich schönen Morgen, in der Dämmerung, eine Frau aus einem der Nachbarhäuser über den Hof kam, vielmehr rannte oder stolperte, wobei sie die Arme schwenkte, als wenn sie jemandem Zeichen geben wollte. Jeder verstand, obgleich die Frau kein Wort herausbrachte, sondern immer nur in die Richtung hinter sich deutete, es sollte heißen: Sie kommen! Sie sind da! Die Soldaten. Die anderen. Die Russen –

Wie eine glänzende Wand stand das Frühlicht zwischen den grauen Häusermauern im Hof. Die Menschen im Keller hockten bleich und zitternd.

Da ich etwas Russisch sprach und in den sowjetischen Soldaten nichts sah als Freunde und Befreier, erbot ich mich, als erste auf den Hof zu gehen, allein, um mit ihnen zu sprechen. Ich machte zur Bedingung, daß niemand von der Hausgemeinschaft schreien würde und alle völlig ruhig blieben. Dann ging ich, die Hände hoch erhoben, die Stufen des Kellers hinauf und sprach die ersten Soldaten, die das Gewehr im Anschlag auf mich zukamen, russisch an: „Guten Tag, Genossen."

Ich mußte ihnen erklären, woher ich russisch sprechen konnte, und erzählte, daß ich in der Sowjetunion gewesen war, fast zweieinhalb Jahre von 1921 bis 1923. Sie freuten sich, daß ich Moskau kannte und Leningrad, Saratow und den Ural, Tscheljabinsk und die Wolga, ihre Heimat. Ich konnte ein kleines Bild vorweisen, auf dem Jung und ich, vor dem Kreml stehend, zu sehen waren. Ich sagte ihnen, daß wir keine Waffen hätten, keine Soldaten bei uns wären. Dann wurden alle Hausbewohner aus dem Keller geholt, auf Waffen untersucht. Mühsam war die Verständigung. Ich bemühte mich, auf alles zu antworten, was sie fragten, aber mir fehlten viele Worte. Es wurde mir bedeutet, den Weg ins Haus zu zeigen, voranzugehen. Und ich ging in den Keller und durchs Haus, im Rücken, links, wo unter den Rippen das Herz vermutet werden konnte, die Mündung eines Revolvers. Verständlich, denn sie mußten sich ja schützen vor Verrat. Vor einer Falle, in die ich sie hätte führen können.

Und dann nahmen sie Besitz von unseren Häusern, die längst keine Wohnstätten mehr waren. In unseren Räumen richteten sie einen Gefechtsstand ein. Vier Tage lang.

Unsere Hausgemeinschaft war eine sehr gemischte Gesellschaft gewesen: Pgs und Gegner des Nazismus, eine halbjüdische Familie, dazu ein Ausländer, ein Däne. Aber wir waren eine richtige Notgemeinschaft, die jahrelang zusammen in dem großen Kellerraum, den wir uns selbst weiß getüncht hatten, die Nächte der Bombenangriffe verbrachte. Die Not hat uns verbunden. Obwohl alle wußten, daß Scherret und ich sehr entschiedene Gegner Hitlers waren, hat man uns in Ruhe gelassen, weil man wußte, daß wir halfen, wo wir konnten. Es hatte sich so etwas wie eine Kriegskameradschaft unter uns gebildet, und zum Schluß teilte einer mit dem anderen.

Aber in dem Augenblick, als die schwerste Gefahr vorüber war – es fielen keine Bomben mehr, keine Artilleriegeschosse, das Haus gehörte uns wieder und das Leben auch – da wollten die Menschen, die eben noch zusammengehalten hatten, übereinander herfallen. Sie beschuldigten sich gegenseitig, schrien sich an: „Da haben wir unseren Endsieg!“

„Bis an die Ohren habt ihr das Maul aufgerissen. Und was ist nun?“

Sie waren bereit zu einer Schlägerei in ihrer Not.

Ich hatte während dieser Tage kaum einen Augenblick geschlafen, ständig auf dem Sprung, zu vermitteln, Mißverständnissen vorzubeugen, hatte übersetzt, erklärt, versucht einzugreifen –

Dies war das Schlimmste. Draußen standen noch die sowjetischen Soldaten. Sie mußten uns hören. Was sollten sie denken. Meine Nerven rissen. „Halt!“ schrie ich (ich wußte gar nicht, daß ich so brüllen konnte). „Halt! Ihr seid wohl alle ganz und gar verrückt geworden. Jetzt ist keine Zeit für Auseinandersetzungen. Wir haben genug zu tun, damit wir uns überhaupt am Leben halten können. Es gibt im ganzen Haus keinen Tropfen Wasser. Wenn jetzt bei dieser Hitze oder dem Dreck, in dem wir uns befinden, einer krank wird oder ...“ Drei Tote lagen auf unserem Hof. Zwei Frauen hatten Selbstmord begangen in einem Nebenhaus, eine war erschossen worden, weil sie ein Gewehr verstecken wollte. „Ruhe jetzt!“ Und dann kommandierte ich ganz einfach: „Zwei Mann zum Wasserholen. Zwei Mann versuchen, Lebensmittel ranzuschaffen. Die Frauen reinigen das Haus. Den Dreck im Hof vergraben. Alles, was noch zum Essen da ist, in einen Topf. Die alten Frauen schälen Kartoffeln.“

Das war wohl das erschütterndste Erlebnis für mich: keiner hat gemuckst. Sie folgten alle diesem Kommando ohne eine Widerrede. Da war es wieder, das furchtbare „Führer befiehl, wir folgen“. Sie waren nicht froh, endlich davon befreit zu sein.

Schon weckte eine erste Vogelstimme den neuen Tag, erst noch ein wenig taumelnd, zögernd aus dem Schlafe kommend, als wäre sie nicht sicher, daß der Morgen wirklich angebrochen sei. In dieser Zeit der vielen Tode war jeder Tag ein Wunder.

Nun würden vor den Fenstern, die mit Holzbrettern vernagelt waren, durch die jeder Lichtstrahl aus dem Raum ferngehalten wurde, die Farben der Dinge wieder erstehen und anfangen zu leuchten: das Grün der Böschung, der weiße Schnee der Blüten und der Schimmer eines zarten Rosa um die Krone eines kleinen Mandelbaumes am Zaun.

Dann setzte die Vogelstimme kräftiger an und übte sich in einer schmetternden Kadenz. Im Lärm der Bomben und Artilleriegeschosse war sie verstummt. Aber sie war nicht gestorben. Sie lebte und war nun wieder voller Zutrauen zu einer Welt, in der der Kampf nun endlich vorüber schien. Der erste Vogelschrei am Morgen hat für den Menschen stets etwas Verpflichtendes: er weckt, er kündet einen neuen Tag. Man muß das Leben wieder auf sich nehmen. Das Leben, das jetzt darin bestand, Wasser aus einem Brunnen auf der Straße zu holen und in den Ruinen der Häuser Holz zu sammeln, um in dem Herd ein Feuer anzumachen, um Essen zu bereiten, das Leben, das eben erst gerettet wurde, nun zu erhalten.

Wir hatten es gut. Es war einfach, Holz zu besorgen, denn das Dach unseres Hauses war durch die eigenen deutschen Geschütze getroffen worden und aufgerissen, die Dachbalken geborsten und zersplittert. Sie gaben gutes Kleinholz. Darüber blaute weit der Himmel.

Ein würziger Geruch von heißem Holz stieg von der Erde auf, ein Duft, der die Erinnerung wachrief an sonnendurchglühte nasse Bretter in einer Badeanstalt. Oder wie sollte man diesen Duft beschreiben, der auch wiederum an einen traulichen Kamin gemahnte, in dem Holzscheite lustig knisterten. Vielleicht konnte man aber auch an einen Weihnachtsabend denken, ja, das war es: ein Tannenbaum, von vielen Kerzen erhitzt, strömte seinen harzigen Atem aus. Dann aber wurde es uns, die wir dort oben auf dem Dach standen und durch das riesige Loch über uns in den Himmel sahen, plötzlich klar: dieser Geruch kam von den Wäldern der Umgegend, die brannten, von Bäumen, die in Brand geschossen waren und nun verglimmten. Ein leichter Wind trug ihn in Wolken auf die Stadt zu.

Unten auf der Straße ging ein Pferd, einsam für sich. Von der Höhe des Dachstuhls aus konnten wir es deutlich sehen. So müde ging das Tier, mit hängendem Kopf. Verlassen von den Menschen, die es hielten, vielleicht war es ein Soldat, der nun gefallen war. Oder Menschen haben es verloren auf einem Flüchtlingstreck. Langsam kam das Pferd auf einen Hof zu. Ein Zaun versperrte den Weg. Das Tier wartete geduldig. Es stand und scharrte zuweilen ein wenig mit dem Huf. Die Sonne wärmte sein rauhes Fell. Den ganzen Vormittag verharrte es auf der Straße vor dem Hof. Zwei Männer, die die Straße entlangkamen, bemerkten das Tier, sie blieben bei ihm stehen, berieten miteinander, und dann führten sie den Gaul mit sich fort am Halfter. Das Pferd folgte ihnen ohne Widerstand. Vielleicht froh darüber, daß sich wieder jemand seiner annahm, der es in einen Stall führen würde, wo es Futter gab. Aber vielleicht sollte es auch diesen beiden Männern selbst als Nahrung dienen, wer weiß? Die Menschen hungerten sehr in diesen Tagen.

Der Krieg war zu Ende.

Man mußte ein neues Leben aufbauen.

AAU: Allgemeine Arbeiter-Union, bestand seit August 1919, auf Reichsebene seit Februar 1920. Sie verstand sich als revolutionäre Arbeiterorganisation außerhalb der bestehenden Gewerkschaften, die in ihren Augen reformistisch waren. Anknüpfend an die Räteorganisationen der Pariser Kommune, der russischen Revolutionen von 1905 und 1917, organisierte sie sich, aufbauend auf Betriebsorganisationen, nach Wirtschaftsbezirken, deren oberste Exekutive der Reichswirtschaftsrat war. Führer der Berliner AAU war Dr. Karl Schröder, durch den es zu einer engen Verbindung zwischen AAU und KAP kam.

Jan Appel, geboren in Mecklenburg 1890. Volksschule. Schiffbaulehre. Revolutionärer Agitator. 1918 führend am Rüstungsarbeiterstreik in Hamburg beteiligt. Delegierter der KPD auf dem Heidelberger Parteitag 1919, wo er zur Opposition gehörte. Teilnahme an den Kämpfen im Ruhrgebiet. Nach der Moskaureise mit Franz Jung Redakteur am Düsseldorfer „Klassenkampf". 1923 wegen „Schiffsraubs" verhaftet, 1925 amnestiert. Emigration nach Holland, Kontakt zur holländischen KAP. Widerstandsarbeit. Lebte in Maastricht, wo er 1985 verstarb.

Gründung der *Arbeiterhilfe* für Sowjetrußland am 13.8.21. Erste internationale Konferenz am 12.9.21 im Lehrvereinshaus Berlin.

Mit der Niederschrift der Roman-Triologie *Baumann-Erben* begann Cläre Jung 1936. Die genannten Teile wurden später umbenannt. Das erste Buch, 105 Schreibmaschinenseiten, erhielt den Titel „Der Vater" und den Untertitel „Idyllica". Das zweite Buch, 85 Schreibmaschinenseiten, hieß nun „Die Söhne - Gefallene Engel" und das dritte, 192 Schreibmaschinenseiten, „Die Enkel - Eine Welt entsteht".

BDM, Bund Deutscher Mädel, nationalsozialistische Jugendorganisation.

Johannes R. Becher (1891-1958), expressionistischer Dichter, wurde 1954 Minister für Kultur in der DDR.

Prof. Dr. Carl Benda (1857-1932) leitete ab 1. April 1903 das Pathologische Institut des Städtischen Krankenhauses Berlin-Moabit.

Die durch den Bund Neues Vaterland, den Spartakusbund u. a. Gruppierungen von Kriegsgegnern verbreitete *Denkschrift* des deutschen Botschafters in England, des Fürsten Lichnowsky, „Die Schuld der deutschen Regierung am Kriege. Meine Londoner Mission 1912 bis 1914" (von 1916) enthielt die Botschaft über die ‚Friedensbemühungen der britischen Regierung und über die zum Krieg drängenden Bestrebungen deutscher Militärkreise.

Den jüdischen Arzt *Dr. Ernst Eilenburg,* geb. in Trautenau 1885, kannte Cläre Jung durch Hildegard Krohn. Er war zu der Zeit im Moabiter Krankenhaus tätig. Einer der Verehrer Cläre Jungs, die er „Fürstin" nannte. Er war der Meinung, daß sie nicht heiraten könnten, da er Jude, sie Christin sei. Heiratete eine jüdische Kinderärztin, mit der zusammen er eine Praxis am Savignyplatz hatte. In der Nazizeit war an das Haus ein Judenstern gemalt, unter dem die Namen der beiden Ärzte standen. Über das weitere Schicksal E. Eilenburgs und seiner Frau konnte Cläre Jung nichts erfahren.

Leonhard Frank (1882-1961), erlernte das Schlosserhandwerk, begann mit 28 Jahren zu schreiben. Während des 1. Weltkrieges ging Frank in die Schweiz, nach 1918 lebte er meist in Berlin. Veröffentlichte 1917 „Der Mensch ist gut“. 1933 emigrierte er über die Schweiz nach Frankreich und floh 1940 aus einem Internierungslager in die USA. Kehrte 1950 nach München zurück. Veröffentlichte 1952 „Links wo das Herz ist“.

Prof. Dr. Hans Friedenthal, geb. am 9.7.1870 in Scheitnig bei Breslau. Privatdozent an der Berliner Universität. Über die Tätigkeit Friedenthals auch in: „Illustrierte Geschichte der deutschen Revolution“. Internationaler Arbeiter-Verlag, Berlin, 1929, S. 126 (Nachdruck im Verlag Neue Kritik, 1970). Ergebnis des Futtermittel-Experiments war das Buch: „Die Nährwerterschließung in Heu und Stroh und Pflanzenteilen aller Art“, Leipzig 1915. Friedenthal gelang als erstem der Nachweis der Blutsverwandtschaft von Menschenaffen und Mensch (vgl. Kürschner, 1930).

Georg Fuchs, geb. 1892, ist einem Brief von Max Seydewitz an S. Mierau vom 8.10.1979 zufolge „wahrscheinlich mit Paul Levi aus der KPD zur SPD gekommen.“ Max Seydewitz ist nicht bekannt, daß Fuchs vor seiner Leipziger Zeit, als er ihn kennenlernte - Fuchs war damals Wirtschaftsredakteur an der sozialdemokratischen ‘Leipziger Volksstimme’ - Redakteur an der ‘Roten Fahne’ gewesen ist. Die von Hanno Drechsler in seinem Buch „Die Sozialistische Arbeiterpartei Deutschlands“, Meisenheim am Glan, 1965, aufgestellte Behauptung, Fuchs sei verantwortlicher Redakteur des von Max Seydewitz, Max Adler, Paul Levi, Kurt Rosenfeld und Heinrich Ströbel herausgegebenen ‘Klassenkampfs’, der Zeitschrift der Opposition in der SPD für Leipzig gewesen, treffe nicht zu. In dem Brief heißt es weiter: „Georg Fuchs war Anhänger des linken Flügels der SPD und als solcher schrieb er gelegentlich auch einen Artikel für den ‘Klassenkampf’. Als Kurt Rosenfeld und ich vom SPD-Parteivorstand aus der SPD ausgeschlossen wurden, weil wir im Reichstag mit sieben anderen Abgeordneten gegen einen zwingenden Beschluß der Fraktionsmehrheit gegen den Bau des Panzerkreuzers und die offene Aufrüstung stimmten, folgte Georg Fuchs den Ausgeschlossenen nicht und blieb in der SPD als Redakteur der sozialdemokratischen ‘Leipziger Volkszeitung’. In der Emigration in Prag kam Georg Fuchs wieder mit mir in Verbindung. Er schloß sich der von mir, den Parteivorstandsmitgliedern der SPD Karl Böckel und Aufhäuser gegründeten linken Gruppe der ‘Revolutionären Sozialisten’ an. Da war er mit uns ein Verfechter der Einheitsfront der Arbeiterparteien gegen Faschismus und Krieg. Genaueres darüber können Sie im I. Band meiner unter dem Titel ‘Es hat sich gelohnt zu leben’ erschienenen Lebenserinnerungen lesen.“ In den Erinnerungen, erschienen im Dietz-Verlag 1976, wird mitgeteilt, daß Georg Fuchs zusammen mit Dr. Otto Friedländer, dem ehemaligen Präsidenten der Sozialistischen Studenten-Internationale und Robert Keller, einem Vorstandsmitglied der Jungsozialisten, zur erweiterten Leitung der Revolutionären Sozialisten gehörte. Aus dem Briefwechsel zwischen Cläre und Franz Jung geht hervor, daß er später mit seiner Frau Elisabeth in New York lebte. Georg Fuchs arbeitete in Prag an den sogenannten Grünen Berichten mit; vgl. auch „Ein Leben für den Frieden” von Elsbeth Bruck (unveröffentl. Ms.). Cläre Jung hat dazu ein Nachwort geschrieben, in dem ein Schreiben von E. Bruck zitiert wird, in welchem sie G. Fuchs als Herausgeber der Grünen Berichte bezeichnet, was wohl zuviel gesagt ist. Das Schreiben belegt Cläre Jungs antifaschistische Arbeit, es heißt dort: „Von ihm (G. Fuchs), mit dem ich gut bekannt war, erfuhr ich, daß Cläre Jung aus Berlin für die Grünen Berichte jahrelang Pressematerial geschickt hat, da sie als Herausgeberin der Kulturkorrespondenz Deutscher Feuilleton-Dienst über wichtige politische Informationen verfügte."

Ernst Fuhrmann, geb. am 19.11.1886 in Hamburg, gestorben am 28.11.1956 in New York, war Biologe, Ethnograph, Sprach- und Literaturwissenschaftler, Dichter. Ab Ende 1919 Leiter des Folkwang-Auriga-Verlages, Darmstadt, Harzburg, Friedrichssegen an der Lahn. 1938 Emigration in die USA. In erster Ehe war Fuhrmann verheiratet mit Elisabeth Paulsen. Mit ihr hatte er zwei Söhne: Arend und Thorolf. In zweiter Ehe verheiratet mit Ilse Katz. Cläre Jung kannte E. Fuhrmann aus der Zeit seiner Mitarbeit an der Zeitschrift 'Gegner', 1931-32. Franz Jung gab 1962 in Heidelberg/Darmstadt den Fuhrmann-Sammelband „Grundformen des Lebens - Biologisch-philosophische Schriften" heraus, zu dem er auch das Nachwort schrieb. Eine Sammelausgabe der Schriften Ernst Fuhrmanns in 10 Bänden gibt es im Verlag Wilhelm Arnholdt, Hamburg.

Herman Gorter (1864-1927), Klassiker der modernen niederländischen Literatur. Gorter trat der Sozialdemokratischen Partei der Niederlande (SDAP) bei und gab mit Henriette Roland-Holst die marxistische Zeitschrift 'De Nieuwe Tijd' heraus. 1907 Mitbegründer der linksradikal-oppositionellen Zeitschrift 'De Tribune'. Tritt ab 1920 als Theoretiker der KAP auf. Wird zum Mitbegründer der holländischen KAP. Mit Karl Schröder Nov. 1920 Reise nach Moskau, wo sie die Aufnahme der KAP in die Kommunistische Internationale als sympathisierende Partei bewirkten. Veröffentlichte 1920 den „Offenen Brief an den Genossen Lenin", der die Eigenständigkeit der westeuropäischen Revolution gegenüber dem bolschewistischen Konzept begründet.

F. Jung und *Josef Grabisch,* beide Schlesier, kannten sich seit ihrer Studienzeit in Breslau, 1909. Grabisch übersetzte u. a. einige Erzählungen von Jack London für Jungs Auswahlband „Jack London - ein Dichter der Arbeiterklasse". Wien (-Berlin) (Verlag für Literatur und Politik) 1924. Grabischs Frau, Agathe Bullitt, genannt Ag, stammte aus einer irischen revolutionären Familie. Ihr Bruder, William C. Bullitt, war der erste amerikanische Botschafter in der Sowjetunion.

John Graudenz, vgl. „Deutsche Widerstandskämpfer 1933-1945." Biographien und Briefe Bd. I/II, Dietz-Verlag, 1970. Genauer aber in dem Buch von Heinz Biernat und Luise Kraushaar: „Die Schulze-Boysen/Harnack Organisation im antifaschistischen Kampf", Dietz-Verlag 1972. Demnach ist John Graudenz am 12.11.1884 in Danzig geboren und war der Sohn eines Sattlermeisters. Volksschule. Kellnerberuf. Nach 1900 bereiste er England, Italien, Frankreich, die Schweiz. 1908 Rückkehr nach Berlin. Hier Fremdenführer und Hotelleiter. Seit 1916 Journalist. Beherrschte mehrere Sprachen. Korrespondent der United Press of America, später Leiter ihrer Agentur in Berlin. Erster Sowjetunionbesuch 1921. Ab 1922 zwei Jahre Korrespondent von UP in Moskau. Nach der Rückkehr nach Deutschland Gründung einer eigenen Presseagentur. 1932 Festnahme. Mitglied der KPD. Illegale Arbeit. Während des II. Weltkriegs Mitglied der Schulze-Boysen/Harnack Gruppe. Als Kenner der SU geschätzt. Graudenz wurde am 12.8.42 verhaftet, am 19.12.42 vom Reichsgericht zum Tode verurteilt und zusammen mit Harnack, Schulze-Boysen, Schumacher im Zuchthaus Plötzensee hingerichtet.

Otto Groß wurde am 17.3.1877 bei Graz geboren und starb am 13.2.1920 in Berlin. Schüler Freuds. Veröffentlichte 1909 eine Schrift „Über psychopathische Minderwertigkeiten". Habilitierte sich in München bei Prof. Kraepelin. 1903 Ehe mit Frieda Schloffer.

1907 wurde sein Sohn Wolfgang Peter geboren. Lebte mit seiner Familie in Ascona. 1913 Berlin. Von Franz Jung bei Pfemfert eingeführt. Morphinist. Wegen des Selbstmords der Malerin Sophie Benz auf Veranlassung seines Vaters 1913 in die Landesirrenanstalt Troppau eingeliefert, was eine Protestaktion namhafter Schriftsteller auslöste, die seine Freilassung bewirkte. Im I. Weltkrieg österreichischer Militärarzt, Leiter eines Lazarettes in Ungvar (Karpaten). Versetzung nach Wien. Verkehrte dort in der Familie Kuh. Ende 1919 kam Groß mit Nina, der Schwester von Grete und Mizzi Kuh, nach Berlin. Wohnte mehrere Monate bei Cläre und Franz Jung in Friedenau, Kaiserallee 64-65. Der Arbeiter Knackstedt, der zu der Zeit ebenfalls bei Jung wohnte, mußte, so erzählte es Cläre Jung, Otto Groß oft nachts Kokain besorgen. Groß erschien bei Jungs in Uniform, weil ihm seine Mutter Zivilkleidung verweigert hatte. Er habe den Eindruck eines Menschen gemacht, dem man zehn Pfennig in die Hand drückt, wenn man ihm begegnet. Es kam zum Zerwürfnis mit Franz Jung. Groß mußte ausziehen. Wegen einer Lungenentzündung kam er ins Krankenhaus, wo er nach 3 oder 4 Tagen starb.

Grüne Berichte, so genannt nach der Farbe des Papiers, auf dem sie gedruckt waren. Eigentlich: „Deutschland-Berichte der Sozialdemokratischen Partei Deutschlands (Sopade)". Die Berichte erschienen in hektographischer Form zuerst in Prag (1934-38), danach in Paris (1938-40). Es handelte sich dabei um einen Nachrichtendienst, der in mehreren Sprachen erschienen und Direktinformationen aus dem nationalsozialistischen Deutschland in der Welt verbreitete. „Die Deutschland-Berichte haben es sich zur Aufgabe gemacht", heißt es im Vorspruch,„die Entwicklung in Deutschland auf allen wichtigen gesellschaftlichen Gebieten zu verfolgen. Ihr Beobachtungsfeld erstreckt sich auf: Die Stimmung in den einzelnen Bevölkerungskreisen/ Die Lage in den Betrieben/ Die Wirtschaftslage (Arbeitsmarkt - Preisentwicklung - Lebensmittelversorgung - Rohstoffversorgung - Geld und Kredit)/ Handel und Gewerbe/ Landwirtschaft/ Sozialpolitik/ Lohnpolitik/ Steuerpolitik/ Korruption und Mißwirtschaft/ Terror/ Jugend (Hitlerjugend - Schule - Hochschulen)/ Kirchenfragen/ Kulturpolitik/ NS - Organisationen (NSDAP - SA - SS - Arbeitsfront - KDF)/ Arbeitsdienst/ Verwaltung. Hunderte von Berichterstattern arbeiten unter größten Schwierigkeiten an dieser Aufgabe mit und auf der großen Zahl von Einzelmeldungen, die sie übermitteln, beruht die Zuverlässigkeit und Objektivität der Gesamtberichterstattung, ihre Sicherung gegen Zufälligkeiten und subjektive Verzerrungen. Wir lassen die Berichterstatter nach Möglichkeit selbst zu Worte kommen, um einen unmittelbaren Eindruck von der Stimmung und den Geschehnissen in Deutschland zu vermitteln. Manche solcher Einzelmeldungen gibt, auch wenn der Gesichtskreis des Berichterstatters noch so eng ist, ein deutlicheres Bild von der wirklichen Lage als der wohlabgewogene umfassende Bericht eines sehr urteilsfähigen Beobachters. Den Nachrichten und Berichten in Teil A sind regelmäßig im Teil B kritische Übersichten angegliedert, in denen die Entwicklung auf den einzelnen Beobachtungsgebieten unter größeren Gesichtspunkten zusammenfassend dargestellt wird". Mitarbeiter: Franz Bögel, Hans Dill, Richard Hansen, Waldemar von Knoeringen, Ernst Schumacher, Emil Stahl, Ernst Hamburger, Wilhelm Hoegner, Georg Fuchs, Franz Jung, Helmut Wickel.

Gruppe Tat von Erich Mühsam - Ortsgruppe des von Gustav Landauer 1908 gegründeten Sozialistischen Bundes, die sich am 19.5.1909 in München konstituierte und in der Erich Mühsam Vorträge über Anarchismus hielt. Auf dem Programm stand: Kirchenaustritt, Agitation auf dem Lande, Fluchthilfe für Militärdienstverweigerer u.a.

Max Hermann-Neiße (geb. 23.5.1886, gestorben 8.4.1941 im Exil in London), wie F. Jung aus Neiße stammend und mit ihm von Jugend auf befreundet, war der fleißigste Rezensent der Bücher Jungs. Zwei seiner frühen Gedichte hat er Jung gewidmet: „Wallfahrtschoral der Jungen" und „Es kommen die Stunden, die uns trennen". Eine Werkausgabe des Dichters gibt es im Verlag 2001, Frankfurt/M.

Hugo Hertwig ist am 31.3.1891 in Saalfeld geboren und am 12.4.1959 in Berlin gestorben. Abitur in Remscheid, Studium der Staatswissenschaften, Naturwissenschaften, Philologie und Philosophie in Jena und Göttingen. Bis zum I. Weltkrieg vorwiegend literarisch interessiert. Gehörte zum Kreis von Stefan George und Richard Dehmel. Kriegsfreiwilliger. Durch die Kriegserfahrung Anschluß an die sozialistische Bewegung. Teilnahme an den Novemberkämpfen in Schwerin, Bremen, Düsseldorf. Linker Publizist. Als solcher vertreten in der Malik-Anthologie „30 neue Erzähler des neuen Deutschland". Nach 1920 Gründung von Siedlungen an der Nord- und Ostsee. In seiner praktischen und literarischen Tätigkeit Verbindung von Soziologie und Biologie. Zahlreiche Schriften zur gesunden Lebensweise und Ernährung. Ab 1934 wohnhaft in Berlin-Schlachtensee. Lebte dort als freier Schriftsteller. In den 50er Jahren erschienen im Verlag Das neue Berlin seine Ärztebiographien: „Ärzte von Gottes Gnaden" (üb. den Volksarzt Ernst Ludwig Heim) und „Der Arzt, der das Leben verlängerte" (üb. Christoph Wilhelm Hufeland). Nach letzterem entwarf Cläre Jung ein Filmszenarium. Mit seiner Frau Maria hatte H. Hertwig zwei Kinder, Arite und Jorn.

Die Schwester von Hugo Hertwig, Friedel Hertwig, geb. 22.7.1896, gest. 13.2.1978, war Zeichenlehrerin und freischaffende Malerin. 1919 beteiligte sie sich an den Siedlungsprojekten ihres Bruders. Lange Jahre war sie die Leiterin des Schriftstellerheims in Jena. Nach ihrer Heirat mit dem österreichischen Schriftsteller Anton Maly ging sie nach München. Ihr Sohn ist Robert Peter Hertwig.

Das folgende Bruchstück eines Briefes von *Georg Heym* an Hildegard Krohn, aus dem Besitz von Cläre Jung, soll, da es wohl versehentlich bisher unveröffentlicht geblieben ist, hier abgedruckt sein: „Gewöhnliche Menschen können sich nicht vorstellen, welche tiefen, neuen Freuden der Strahlenkranz des Ruhmes, und sei er auch nur blass und oder gar falsch, der Liebe hinzufügt. Ein unbekannter Geliebter und besässe er die Kraft des Herkules, d. Schönheit des Hipolyt, und die Anmut des Hylas, vermag d. Geliebten niemals die Wonne zu verschaffen, d. d. Künstler vielleicht ganz unwissentlich, im Uebermasse in d. ehrgeizigen Seele d. Weibes ergiesst. Es muss für die Eitelkeit einer Frau unendlich süss sein, sich sagen zu können: in jedem der Briefe, die er mir schreibt, brennt vielleicht die reinste Flamme seines Geistes, und ich allein erwärme mich daran. In jeder Liebkosung verliert er einen Teil seines Willens und seiner Kraft an mich. Und seine höchsten Ruhmesträume fallen in die Falten meines Gewandes, in den Umkreis, den mein Atem berührt! Luft D'Annunzio". Datierung, Anrede und Unterschrift fehlen. H. Krohn pflegte Cläre Jung Ausschnitte aus ihren Briefen von G. Heym abzuschreiben.

Max Hoelz (1889-1934). Geb. in Moritz bei Riesa. Sohn eines Schneidemühlenarbeiters. Anfangs Tagelöhner, dann Aufenthalt in England. Dort Besuch des Polytechnikums. 1909 Rückkehr nach Deutschland. Vorbereitung auf ein technisches Studium in Dresden.

Gelegenheitsarbeiter. 1914 Kriegsfreiwilliger. Okt. 1918 als Kriegsbeschädigter entlassen. In Falkenstein (Vogtland) 1919 zum Führer des Arbeitslosenrates gewählt. Begründer der Ortsgruppe der KPD(S) in Falkenstein. Führer der Vogtländischen Roten Armee. Zugehörigkeit zur KAPD. 1921 Festnahme. Verurteilung zu lebenslänglichem Zuchthaus. 1928 amnestiert. Hoelz ging in die SU und ist dort unter bisher ungeklärten Umständen in Gorki ertrunken.

Genosse J., geb. 1888, auch der „Dicke", James, Thomas, James Thomas, oder Jakob Reich genannt, eigentlich Jakob Reichenberg, legal unter dem Namen A.A. Rubinstein lebend, war von Lenin, der ihn in der Schweiz kennenlernte, als sowjetischer Propagandist für Westeuropa eingesetzt worden. Er leitete von 1919 an das Westeuropäische Sekretariat (WES) der Komintern in Berlin. Hier gründete er den Verlag für Literatur und Politik (aus Gründen der Tarnung stand im Impressum der Bücher: Wien) und gab die Zeitschrift Arbeiter-Literatur und die Russische Korrespondenz heraus. Im Neuen Deutschen Verlag Willi Münzenberg als J. Thomas zusammen mit W. Aetrow und A. Slepkow 1928 Herausgabe der „Illustrierten russischen Revolution", zu der John Heartfield den Einband entwarf. Er konnte polnisch, russisch, deutsch, englisch und französisch. Während der Naziherrschaft ging er zuerst in die Tschechoslowakei, dann in die USA, wo er 1959 starb.

Franz Jung, am 26. November 1888 als Sohn des Uhrmachers und Stadtrats Franz Jung in Neiße/Oberschlesien (heute Nysa) geboren, verbrachte seine Kindheit und Jugend in seiner Vaterstadt. Danach Studium der Volkswirtschaft, Sozialpolitik, Rechtwissenschaften, Literatur in Leipzig (1907/08), Jena (1908), Breslau (1909) und München (1911), wo er mit Erich Mühsam und dessen Gruppe „Tat" und mit dem Psychoanalytiker Otto Groß zusammentraf. Lebte als freier Schriftsteller und Wirtschaftsjournalist in Berlin. Teilnahme am Novemberaufstand 1918. Gründungsmitglied der Kommunistischen Arbeiter-Partei Deutschlands (KAPD) 1920. Beteiligung an den Kämpfen in Mitteldeutschland 1921. 1921-1923 in der Sowjetunion. Dort Arbeit in der Internationalen Arbeiterhilfe (IAH) und Mithilfe beim Aufbau von Fabriken. In Berlin 1931/32 Herausgabe der Zeitschrift Gegner. In der Nazizeit Widerstandsarbeit. Mehrmalige Verhaftung. 1936 Emigration über Prag, Wien, Paris, Genf nach Budapest. In Budapest 1944 von den Pfeilkreuzern zum Tode verurteilt. Zuletzt KZ Bozen, wo er von den Amerikanern befreit wurde. Bis 1948 in Italien. Danach USA. 1960 Rückkehr nach Europa. Starb am 21.1.1963 in Stuttgart. In erster Ehe war F. Jung mit Margot Hader verheiratet. Ihre beiden Kinder: Franz (geb. 1911) und Dagny (geb. 1916). In zweiter Ehe mit Cläre Oehring, geb. Otto. Die Ehe war kinderlos. In dritter Ehe mit Harriet Scherret, geb. Frida Lipinski, mit ihr hatte er einen Sohn: Peter. Biographie und Werk F. Jungs siehe: Fritz Mierau, „Leben und Schriften des Franz Jung", Hamburg 1981, sowie seine Autobiographie „Der Weg nach unten", Hamburg 1985.

Jungs Eltern: Der Vater, Franz Jung sen. (1853-1926), einem schlesischen Bauerngeschlecht entstammend, war Uhrmacher und Stadtrat in Neiße. 1905 gab er die Uhrmacherei auf und leitete eine Genossenschaftsbank. Die Mutter, Clara Jung, geb. Döhring, (1859-1921), war die Tochter eines Journalisten und Astronomen (Autodidakt) aus Breslau.

Margot Jung, geb. 29.11.1887 in Dresden, ist die erste Frau Franz Jungs. Jung lernte die Tänzerin Margot Hader im Mai 1909 in Breslau kennen. Sie hatten zusammen zwei Kinder. Franz, geb. 1911 und Dagny, geb. 1916. Nach der Scheidung von Jung heiratete M. Jung den Maler Fritz Rhein.

KAPD, Kommunistische Arbeiter-Partei Deutschlands. „In der KPD kam es (nach der Ermordung Rosa Luxemburgs und Karl Liebknechts) zu Differenzen zwischen ultralinken Gruppen und der neuen Parteiführung unter Paul Levi, die damit endeten, daß die ultralinken Kreise, die die Mehrheit der 100.000 Mitglieder hinter sich hatten, die KPD verließen und im April 1920 die KAPD gründeten." (aus: Hermann Weber (Hg), Völker hört die Signale)

Prof. Dr. *Emil Kraepelin* war der Leiter der Königlich Psychiatrischen Klinik in München, zu deren Eröffnung am 7.11.1904 er die Einweihungsrede gehalten hatte. Otto Groß war bei ihm Assistent.

Hildegard Krohn, geb. im April 1892, entstammte einer jüdischen Fabrikantenfamilie. Ihr Vater, Ludwig Krohn, hatte in Berlin-Reinickendorf eine Lackfabrik (Möbel-, Metall-, Lederlacke usw.). Zur Zeit der Bekanntschaft mit Cläre Jung, damals Klara Marie Otto, wohnte sie mit ihren Eltern in Alt-Moabit, Rathenowerstr. 4. Klassenkameradinnen, besuchten H. Krohn und C. Jung das private Lyceum am Monbijouplatz, die Ollmannsche Höhere Töchterschule. H. Krohn wurde Kindergärtnerin. Die Umstände ihres Todes in der Hitlerzeit sind nicht bekannt.

KV: Kriegsverwendungsfähig.

Rudolf Leonhard, (1889-1953), Schriftsteller, ging 1927 nach Frankreich, wo er nach dem deutschen Einmarsch im Untergrund tätig war. Lebte seit 1950 in Ost-Berlin.

Mosse-Haus, eine während des sog. Spartakus-Aufstandes 1919 im Berliner Zeitungsviertel besetzte Druckerei.

Das *Neopathetische Cabaret* - erste Veranstaltung 1. Juni 1910 - war Bestandteil des 1909 gegründeten Neuen Clubs, der aus einer schlagenden Verbindung der Berliner Studentenschaft hervorgegangen war. Auf Nietzsche fußend, wurde ein neues Pathos verkündet, dessen Träger Jakob van Hoddis, Ernst Blass, Robert Jentzsch, Georg Heym, Erwin Loewenson (Ps. Golo Gangi), Wilhelm Simon Guttmann, John Wolfsohn, Erich Unger und Kurt Hiller waren. Die herrschenden Namen der Vortragsabende waren überdies: Max Brod, Carl Einstein, Gustav Meyrink, Else Lasker-Schüler, Frank Wedekind. Die letzte Veranstaltung des Cabarets, zum Gedächtnis Georg Heyms, fand am 3.4.1912 statt.

Richard Oehring, Cläre Jungs erster Mann, ist am 16.6.1889 in Düsseldorf geboren. Er lebte als Wirtschaftsjournalist und freier Schriftsteller inBerlin. 1915-1917 Mitherausgeber der im Verlag Die Freie Straße herausgegebenen Zeitschrift, die, da sie jeweils mit anderem Titel erschien, der Einfachheit halber 'Die Freie Straße' genannt wird. In zweiter Ehe war R. Oehring mit Margarete Kuh verheiratet, der Schwester des Wiener Schriftstellers Anton Kuh, mit der er eine Tochter hatte. 1922 Reise in die Sowjetunion. Danach in der sowjetischen Handelsvertretung in Berlin tätig. Mitarbeiter der 'Räte-Zeitung' von Alfons Goldschmidt und der IAH, dort der Filmorganisation. Nach 1933 verließ Oehring Deutschland und arbeitete in der sowjetischen Handelsvertretung in Holland. Beim Einmarsch der deutschen Truppen, 1940, nahm er sich das Leben. In der 'Aktion' ist Oehring vorwiegend mit Gedichten vertreten - seit 1912.

Paul Guttfeld, genannt *Pegu,* ist in der Königstraße in Berlin am 16.1.1893 als jüngster Sohn eines Wirkwarenfabrikanten geboren. Lehre im Mehlhandel. Kriegsfreiwilliger. Schwer verwundet bei Dixmuiden. 1915 Verbindung zum Bund Neues Vaterland und linken sozialistischen Jugendgruppen. Bei dem Versuch, die Lichnowsky-Broschüre in München drucken zu lassen, verhaftet (vgl. auch „Wir sind Gefangene" von Oskar Maria Graf). Mit Titus Tautz bei den 'Münchner Neuesten Nachrichten'. Einige Jahre illegale Arbeit in linken Gruppen zwischen Rostock und Eßlingen. Unter dem Einfluß von Ernst Fuhrmann in den 20er Jahren Beschäftigung mit der Biologie. 1916 Ausreise nach Palästina. Dort als landwirtschaftlicher Instrukteur tätig. Gegen Chemie im Pflanzenanbau. Diesbezügliche Aufsätze und Broschüren in hebräischer Sprache.

Franz Pfemfert, geb. 20.11.1879 in Lötzen (Ostpreußen), seit 1904 politischer und literaturkritischer Schriftsteller, seit 1911 Herausgeber der 'Aktion, Wochenschrift für Politik, Literatur, Kunst'. Pfemfert wird der wichtigste Verleger und Förderer der expressionistischen Literatur zwischen 1914 und 1918. Er gehörte zur linkskommunistischen Majorität des Gründungskongresses der KPD, war 1920 Gründungsmitglied der KAPD, verfocht in der folgenden Zeit konsequent eine Kritik der Arbeiterparteien im linksradikalen Sinn, war 1926 an der Bildung eines „Spartakusbundes Nr. 2" beteiligt. 1932 stellte die 'Aktion' ihr Erscheinen ein, nach 1933 Flucht Pfemferts aus Berlin in die Tschechoslowakei, 1936 nach Paris, 1940 über Lissabon nach New York, seit 1941 in Mexico City. Starb dort am 26.5.1954.

Pg, Verkürzung für: Parteigenosse. Floskel für Mitglieder der NSDAP.

Das *Proletarische Theater* bestand von 1920-21. In der Zeit wurden sechs Stücke aufgeführt: „Die Kanaker" und „Wie lange noch?" von Franz Jung, „Prinz Hagen"von Upton Sinclair, „Die Feinde" von Maxim Gorki und das kollektiv geschaffene Stück „Rußlands Tag". Von Karl August Wittfogel wurde nicht „Die Roten Soldaten" gespielt, sondern „Der Krüppel". Das Schauspiel „Judas" von Erich Mühsam war keine Inszenierung des Proletarischen Theaters, sondern wurde im März 1921 im 'Mannheimer Volkstheater' uraufgeführt, 1922 in der 'Proletarischen Tribüne Nürnberg' gespielt und 1928 vom Studio der 'Piscator-Bühne'.

Die Konstituierung des *Rates geistiger Arbeiter* in Berlin erfolgte im Dezember 1918. Ihm gehörten u.a. an: Lou Andreas-Salomé (Hannover), Lucian Bernhard, Bund der geistig Tätigen (Wien), Graf Coudenhove, Dr. Kurt Dankel, Kasimir Edschmid (Darmstadt), W. E. Axel von Fielitz, Dr. Hans Fischer (Hamburg), Otto Flake (Zürich), Dr. Alfred Fried (Bern), Dr. Manfred Georg, Dr. Alfons Goldschmidt, Prof. Albert Görland (Hamburg), Willi Handl, Wilhelm Herzog, Werner Richard Heymann, Dr. Kurt Hiller, Dr. Magnus Hirschfeld, Arthur Holitscher, Dr. Rudolf Kayser, Dr. Heinrich Klapper, Annette Kolb (Bern), Rudolf Leonhard, Dr. Leo Matthias, Dr. Walter Meckauer (Breslau), Ludwig Meidner, Moritz Melzer, Carlo Nierendorff (Darmstadt), Alexander Moissi, Robert Müller (Wien), Hans Natonek (Leipzig), Heinrich Nienkamp, Dr. Kurt Peschke, Dr. Kurt Pinthus, Politischer Rat geistiger Arbeiter München (Vorsitzender Heinrich Mann), Walther Rilla (Breslau), René Schickele (Bern), Egmont Seyerlen (Konstantinopel), Dr. Hugo Sinzheimer, Dr. Martin Sommerfeld (München), Dr. Friedrich Sternthal (Dresden), Dr.Helene Stücker, Bruno Taut, Dr. Frank Thieß, Fritz von Unruh, Dr. J.M. Verweyen (Bonn), Gustav von Wangenheim, Carl M. Weber (Koblenz),

Prof. Dr. Eduard Wechssler (Marburg), Dr. Armin T. Wegner, Dr. Johannes Werthauer, Prof. Dr. Leopold v. Wiese (Köln), Kurt Wolff, Willi Wolfradt, Gustav Wyneken, Paul Zech.

Bernhard Reichenbach, geb. 1888 in Berlin, gest. 1978 in London. Wuchs in Hamburg auf. Bühnentätigkeit. Studium der Geschichte und Nationalökonomie. Aktiv in der Jugendbewegung. Vorstandsmitglied der Freien Studentenschaft in Berlin. Mitherausgeber der Zeitschrift 'Aufbruch'. 1915-1917 Kriegsdienst. 1917 Gründungsmitglied der USPD. Bis 1919 im Pressedienst des Auswärtigen Amtes tätig. 1920 Mitbegründer der KAPD. Teilnahme am Dritten Weltkongreß der Kommunistischen Internationale. 1922 zur Essener Richtung der KAP gehörend. 1924 Übertritt in die SPD, 1931 in die SAP. In der Weimarer Republik publizistisch tätig. Grundsätzliche Analysen zur deutschen Arbeiterbewegung (vgl. seine Schrift: „Zur Geschichte der Kommunistischen Arbeiter-Partei Deutschlands". Wirtschafts- und sozialpolitische Artikel für die 'Wissenschaftliche Korrespondenz', Berlin, und die 'Kontinent-Korrespondenz', Berlin. Mitarbeiter am 'Berliner Tageblatt'. Ab 1934 Berufsverbot als Journalist. Bis 1935 Widerstandsarbeit. 1935 Emigration nach England. Bis zum Krieg journalistisch tätig für die damals noch freie deutschsprachige Presse in Wien, Prag, Paris. Wirtschaftliche Analyse der Schachtschen Finanzpolitik zur Finanzierung von Hitlers Kriegsvorbereitung (engl.) im 'Banker'. In den Nachkriegsjahren Chefredakteur der 'Wochenpost', Zeitschrift für die deutschen Kriegsgefangenen in England. Seit 1949 Korrespondent des Süddeutschen Rundfunks und Mitarbeit an der bundesdeutschen Gewerkschaftspresse. Gelegentlich Mitarbeit am BBC.

Felix Scherret, geboren am 30.6.1895 in Praust, Kr. Danziger Höhe, gestorben am 16.12.1950 in Berlin, arbeitete von 1923-25 als Literatur- und Theaterkritiker und als Feuilletonist für die Danziger Rundschau und die Danziger Volksstimme (Ps. Alfred Arna) und von 1925 bis 1932 beim Berliner 'Vorwärts'. Danach freier Schriftsteller und Mitarbeiter des Deutschen Feuilleton-Dienstes. Ab 1932 Lebensgemeinschaft mit Cläre Jung bis zu seinem Tode.

Harriet Scherret, geb. Frida Lipinski (1903-1950). Journalistin. In erster Ehe verheiratet mit Felix Scherret, in zweiter mit Franz Jung, mit dem sie 1936 nach Wien, später nach Budapest ging. Nach Jungs Verhaftung durch die Pfeilkreuzer Rückkehr nach Wien, wo sie den Hauptmann Wisser heiratete, von dem sie 1948 wieder geschieden wurde. Sie lebte zu der Zeit mit ihrem Sohn Peter in Bad Nauheim. 1948 Antrag auf Übersiedlung in die USA mit der Begründung, sich mit Franz Jung, dem Vater ihres Kindes, wiederverheiraten zu wollen. Sie starb jedoch vor der Realisierung des Planes an Krebs. Peter Jung ging zu seinem Vater in die USA und studierte dort Agrarwissenschaften.

Elsa Schiemann, Malerin, war die Frau des Übersetzers und Malers Eduard Schiemann, den F. Jung wohl aus seiner Münchner Zeit kannte. Sie wohnte zuerst von 1914/15 bis 1918 bei Cläre Jung, erst in Wilmersdorf, wo 1916 ihr Sohn Heinrich geboren wurde, dann in Friedenau.

In dem Fragment mit dem Arbeitstitel „Abenteuerliche Fahrt zu Lenin - Nach den Geschehnissen aus den Jahren 1920" (10 maschinengeschriebene Seiten) vom 7.11.1956 hat Cläre Jung die *Schiffsraubaffäre* ihrerseits festzuhalten versucht. Nach der Anklageschrift vom April 1920 ergibt sich aus der Aussage Hermann Knüfkens folgendes Bild:

Am 21.4.1920 verließ der Fischdampfer „Senator Schröder" den Fischereihafen Cuxhaven, um Kurs auf Island zu nehmen. Knüfken forderte den Kapitän unter einem Vorwand auf, in den Mannschaftsraum zu kommen. Dort erwarteten ihn drei Fremde, die Delegierten Appel und Jung und ein Seemann namens Klahre. Knüfken sagte zu dem Kapitän: „Der Dampfer geht unter meiner Führung anstatt nach Island nach dem Weissen Meer, um den Sowjet-Kourier Jung und den Hamburger Kommunistenführer Appel dort zu landen." Die Fahrt dauerte zehn Tage. Ankunft in Murmansk am 1. Mai 1920. Der Matrosen H. Knüfken sagt weiter aus, Jung habe das Schiff völlig ahnungslos betreten, er habe vom Hamburger Bezirk seiner Partei die Auskunft erhalten, daß in Cuxhaven Matrosen bereit seien, wichtige Schriften und Personen nach Rußland zu bringen. Von Knüfken hätten er und Appel erfahren, daß der Fischdampfer „Senator Schröder" ins Weiße Meer ausliefe. - Das Verfahren gegen Jung wurde laut Schreiben des Hamburger Amtsgerichts vom 30. Juli 1928 aufgrund der sog. Hindenburg-Amnestie eingestellt.

Georg Schrimpf (1889-1938), Pförtners Monographie zufolge war Schrimpfs Vater Kaufmann und starb nach der Geburt seines Sohnes. Die Mutter entstammte einer Hugenottenfamilie, die sich in Halle an der Saale angesiedelt hatte. Nach seinen Wanderungen 1914 Anschluß an die Schwabinger Bohème. Vorübergehend Aufenthalt in Ascona, wo er als Zuckerbäcker tätig war. Wegen Rheuma im I. Weltkrieg Garnisonsdienst in München. 1915 Berlin. Arbeit in einer Schokoladenfabrik. Büroarbeit. Ehe mit der Malerin Maria Uhden, die 1918 starb. Schrimpf ging zurück nach München. 1920 Ausstellung seiner Bilder in der Neuen Sezession, deren Mitglied er war. In der Zeit heiratete er seine zweite Frau, Hedwig, mit der er bis zu seinem Tode zusammenlebte. 1922 Italienreise: Venedig, Rom, Florenz, Fiesole, Assisi. 1924 Monographie über Schrimpf von Carlo Carra im Verlag Valori Plastici. 1927 Lehrer an der Meisterschule für Dekorationsmalerei in München. Seine Fächer: Aktzeichnen und Raumgestaltung. In Lochhausen bei München baute sich Schrimpf ein Haus. 1932 Freiplatz der Deutschen Akademie in Rom. 1937 an die Hochschule für Kunsterziehung in Berlin berufen. Im Januar 1938 entlassen. Schrimpf starb überraschend am 19.4.1938. Ein ausführlicher Katalog: Wolfgang Storch (Hg), „Georg Schrimpf und Maria Uhden - Leben und Werk" erschien 1985 in der Charlottenpresse in Berlin-W. (Nach Auskunft von Cläre Jung wurde das Bild *'Kameraden'* 1915 in Berlin gemalt und im gleichen Jahr im Sturm ausgestellt. Seit 1916 befindet es sich in ihrem Besitz.

Hermann Schüller wurde als Sohn eines praktischen Arztes am 6. Mai 1893 in Sundhausen (Elsaß) geboren. Studierte Theologie und Naturwissenschaften in Marburg und Berlin. Krieg, weltanschauliche und soziale Bedenken entfernten ihn vom Beruf des Theologen. Wandte sich der Jugendbewegung zu. Pazifistische und sozialistische Bestrebungen. Mitbegründer der Freien Hochschulgemeinde Berlin. Gab die Schriftenreihe 'Der Aufbau' heraus. Mitarbeit an den Jahrbüchern 'Das Ziel', 'Die Erhebung' und anderen Gemeinschaftspublikationen antimilitaristischer und sozialer Art. Vorträge im In- und Ausland. Schüller hatte einen Presseverlag, der sich immer mehr auf wissenschaftliche Berichterstattung spezialisierte. In der Nazizeit Verbot des Presseverlages, wiederholt Verhaftung durch die Gestapo und politische Überwachung bis zum letzten Kriegstag. Mehrere populärwissenschaftliche Publikationen: „Am Pulsschlag der Welt. Robert Mayer entdeckt die Energie". Berlin, 1942; „Forscher zwischen Traum und Tat". Berlin-

Ulm (Verlag Ebner & Ebner) 1942. Im Verlag Ebner & Ebner auch Herausgeber der Schriftenreihe Forschung und Humanität. Gestorben 1948.

Harro Schulze-Boysen (1902-1942). 1931 Jurastudium in Berlin. Englandreise. Erlebnis des Kohlenarbeiterstreiks. Mitglied des Jungdeutschen Ordens. Seit Sommer 1932 Herausgeber des 'Gegner'. 1933 Verhaftung. Danach Arbeit im Reichsluftfahrtministerium. Aufbau einer antifaschistischen Widerstandsgruppe mit Harnack. 1942 zum Tode durch den Strang verurteilt. Mit ihm wurde auch seine Frau Libertas hingerichtet.

Alexander Schwab (1887-1943), geboren in Stuttgart als Sohn eines Opernkapellmeisters, studierte Philosophie, Germanistik, alte Sprachen, Nationalökonomie, Soziologie und Staatsrecht in Rostock, Jena, Heidelberg, Freiburg. Lehrer an der Freien Schulgemeinde Wickersdorf und führende Tätigkeit in der Freideutschen Jugend. 1919 mit Karl Schröder Führer der linken Gruppierung in der KPD, 1920 Gründungsmitglied der KAPD. 1921 Leiter der KAPD-Delegation zum 3. Weltkongreß der Kommunistischen Internationale in Moskau unter dem Pseudonym Sachs. 1922 Rückzug aus der Parteipolitik. Lebte als Wirtschaftsjournalist. Von 1928 bis 1933 Pressechef der Reichsanstalt für Arbeitsvermittlung und Arbeitslosenversicherung. 1933 verhaftet. Nach seiner Entlassung Aufbau der illegalen Organisation Rote Kämpfer. 1936 erneut verhaftet. 1937 vom Volksgerichtshof zu acht Jahren Zuchthaus verurteilt, die er in Börgermoor, Sonnenburg, Brandenburg, Zwickau verbrachte. In Zwickau nach Angaben der Zuchthausleitung angeblich an Lungenentzündung gestorben.

Semmelweis, Ignaz Philipp (1818-1865), ungarischer Arzt. Erkannte vor den Entdeckungen Pasteurs den ansteckenden und übertragbaren Charakter des Kindbettfiebers und die antiseptische Wirkung der Kalksalze. Er starb verkannt in einer Irrenanstalt. Der französische Arzt Louis Ferdinand Destouches, bekannt als Schriftsteller Céline, widmete ihm seine Doktorarbeit.

Über *Titus Tautz'* Antikriegstätigkeit berichtet Elsbeth Bruck in ihrer Autobiographie „Ein Leben für den Frieden“ (ungedrucktes Manuskript), in der sie die Antikriegsbemühungen des Bundes Neues Vaterland, dessen Sekretärin sie zeitweilig war, schildert. Sie zitiert aus dem Bericht des Oberreichsanwalts in Leipzig an den Staatssekretär des Reichsjustizamtes vom 12. Juni 1918, in dem der „Schriftsteller und Redakteur Titus Tautz aus Charlottenburg, geb. am 15. April 1899 in Charlottenburg, Dissident“ und „die frühere Schauspielerin, jetzige Vortragskünstlerin und -lehrerin Elsbeth Bruck aus Berlin, geb. am 17. November 1874 in Ratibor, freireligiös“, des Landesverrats angeklagt sind. Das Verfahren wurde am 23.12.1918 eingestellt.

Adrien Turel, geb. 1890 in Petersburg, gest. 1957 in Zürich. Stationen seines Lebens: Berlin, Paris, Zürich. Turel studierte Soziologie und Psychoanalyse. Lebte zweieinhalb Jahre bei Cläre Jung und Felix Scherret. Er kam zu ihnen, nachdem er sich von seiner Frau getrennt hatte und ohne Existenzmittel war. Auf Grund spinaler Kinderlähmung war er rechtsseitig gelähmt. In der Berliner Zeit befaßte er sich hauptsächlich mit den psychischen Auswirkungen der Massenarbeitslosigkeit.

Volk unterm Kreuz ist identisch mit dem Roman „Gequältes Volk - Ein Oberschlesischer Industrieroman“. - Entstehungszeit 1927. Erstausgabe aus dem Nachlaß: Franz Jung, Gequältes Volk, Hamburg 1987 (=F.J. Werke 10).

W.T.B. – Wolffs Telegraphenbüro.

Der Ruf des andern

I.

Er war neugierig als die Schutzleute ihn aufforderten, mitzukommen, fühlte sich von einer gewissen Wichtigkeit und bürstete seinen Anzug ab. Auf dem Gericht sagte man ihm, daß er des Mordes an zwei Frauen verdächtig sei. Er brauchte sehr lange, bis er den Sinn des Verdachtes faßte, dann wurde er totenbleich. Seine ungelenke Zunge redete viel Worte fließend und laut, seine gewaltigen Hände beteuerten ihre Unschuld, er stieß mit dem Kopfe, der sehr rot war, wie ein Tier. Man zuckte die Achseln, er wurde in Untersuchungshaft gebracht. Wie betäubt war er, schwer traurig – sah die Sonne in einem kleinen Viereck auf den Steinen und fühlte die Muskeln seiner starken Arme, die ganz hart wurden, wenn er die Drahtseilstricke ziehen mußte ho – hupp ... Er wurde vernommen: wo waren Sie am Montag vor acht Tagen? „Det weeß ick wirklich nich mehr." Viele Fragen, die er nicht beantworten konnte. Blicke gingen über ihn hinweg, um ihn herum, spannen ihn in ein Netz. Am Schluß war er heiß, rot und verwirrt. Dann dachte er lange darüber nach, was man eigentlich von ihm wolle, die strengen Herren sagten alle, er hätte zwei Frauen ermordet. Er sucht gequält in seinen Erinnerungen, kramte angstvoll in seiner Vergangenheit – schüttelte mutlos den Kopf. Am nächsten Tage führte man ihn zum Tatort: er kam voller Neugier in ein ganz fremdes Haus, in ein kleines Zimmer, sah sich überall um – und fühlte wieder alle Blicke. Zwei entsetzlich verstümmelte Leichen wurden ihm gezeigt. Er wandte sich ab voll Grauen, schrie auf. Man führte ihn ab. Als der Wärter in seine Zelle kam, wimmerte er kläglich: „Aber ick wart doch janich!" Fiel ins Knie, „Bitte, bitte, ick kann doch janischt davor!" Der Gefängniswärter warf die Hände empor – hilflos: „Ja, ick weßt ja ooch nich" – murmelte, rannte ungeschickt hinaus. Draußen blieb er stehen – verlegen, heiß. Plötzlich brüllte er verzweifelt – voll Wut – tobte, schlug, raste. Männer kamen mit kalten, strengen Augen, die sagten höhnisch: „Aha, das kennen wir." Da wurde er stumpf und ergab sich. Man verurteilte ihn zu lebenslänglichem Zuchthaus. Unablässig versuchte er aus der zähen Masse seiner Erinnerungen irgendeinen Gedanken heraufzuholen aus jenen Mordtagen, der ihn gerettet hätte ... umsonst. Er sank immer tiefer in eine tierisch dumpfe Ergebenheit, dachte: Vielleicht habe ich doch ... es ist am Ende besser so. Ich weiß nichts mehr.

Nach einigen Jahren war seine Unschuld bewiesen, er wurde entlassen. Er ging durch große helle Straßen: wenn ich nur nicht wieder jemanden ermorde. Nein, nein, ich war's doch gar nicht ... Aber wer weiß. Vielleicht war's auch der andere nicht ... Ging lange Chausseen durch dunkle Wälder: wenn ich nur nicht wieder jemanden ermorde. Wie war es doch, oh, so furchtbar, so schrecklich ...

II.

Eine große starke, sehr blonde Frau kam die Straße entlang, Isabella entgegen. Hinter der ging ein Mann, der weiß und fett war. Isabella zwischen beiden. So verwirrend war ihr Schreck über das Lächeln der Frau. Glühende Schwere. Und Flammen in ihr Gesicht. Die verleitende Stimme stach spitzig Isabella mit kleinen Nadeln. Rasende Neugierde und ein Gefühl peinigender Demut zog sie an einem Seil hinter den beiden Menschen her. Zwang sie quälend. Ein Nichtverstehen fragte in ihr und grub eine ungeheure Scham auf. Und die qualvolle Pein einer Verschmähung: am furchtbarsten durch das freundwillige Lächeln der Frau, mit dem sie immer noch über die Straße zu ihm sah. Der ging trotzdem mit einem lauwarmen fettigen Grinsen. – Isabella fühlte einige Angst für den sehr finsteren Mann, auf den die Frau zuging mit einer etwas ärgerlichen Geste. Wie schön er war. Ganz von ferne kam eine Ahnung von Leid. Das etwas schrille Lachen der Frau bedrückte sie. Ein Unbekanntes sank in das Herz. Sie konnte die Schwere beim Auf- und Niederatmen fühlen. Man weiß nicht den Grund, aber es scheint, daß nichts in der Welt es je wieder auslöschen kann. Wen darf man alles fragen? – Isabella stand ganz lange ohne Bewegung. Sie sah nach dem Himmel: so viel Sonne. Der Schutzmann ging wie immer an der Ecke auf und ab. Kinder spielten lachend. Das alles weckte fast einen kleinen Neid. Scham, deren Ursache man kaum kennt: wie soll man ganz gut sein? Dabei ist doch ein unaufhörliches Hinziehen zu jenem Bangen. Dumpfes Spüren einer herrlichen Freude. – Isabella machte ganz kleine Schritte. Sie wußte nicht, woran sie denken sollte. Plötzlich fühlte sie, daß sie die ganze Zeit gelächelt hatte.

III.

Fühlen den Körper nicht senkrecht stehen auf den Beinen. Immer eine Rechtsdrehung. Und diese dumpfpochende Angst, gegen die man sich nicht wehren kann. – Herrgott ja. Die Straße ist so seltsam flach, daß man wie eine Nadel darauf gesteckt ist mit spitzigem Kopfe. Wie schön ist die Welt: man muß alles ganz genau ansehen, auf einem Seil über der Erde gehen können. Vögelein fliege. Meine lieben Kinder. Ach, euer Lachen. Euer süßes Lachen. Mutti geht nicht von euch. Wir laufen zusammen über grüne Wiesen. Haare im Wind wie Fahnen. Wenn Mutti mit euch spielt ... Die Nachbarinnen sahen sie an mit Augen, die wie auf Stielen saßen und mit nachsichtigem Lächeln: aber man kann doch nicht auf einem Seile gehen ... Ihr Mann hatte schon recht ... man sollte sie doch ... Da wurde sie unsicher: Wie, wie?? ... Tuscheln: „Was sagt sie? Was meint sie damit?" Wieder Blicke – Augen. Die kleine Frida dachte: ich möchte einmal einen Finger auf ihre Stirne legen, die muß ganz heiß sein. Sie sah die Frau an. Etwas bang. Ganz groß. Die faßte ihre Hand, als sie allein da war: Man müßte immer nackt gehen. Es gibt doch gute Menschen ... Natürlich, sagte Frida ... Dann ist alles gut. Ach, meine Kinder – ja – Mutti ... Sie murmelte unverständlich.

Die Lehrerin sagte: „Ihr müßt euch heute sehr still und artig verhalten. – Unsre liebe Schülerin Grete ist gestorben." Viele Kinderaugen ganz weit. Ein Mädchen sagte: „Warum?" Aus hastigen, ganz unnötigen Handbewegungen wurde ein Taschentuch. Räuspern und etwas heiser: „Seht mal, Gretchens Mutter war so krank. Dachte sie müßte sterben ... Wollte ihre Kinder zum lieben Gott mitnehmen ... Hat sie ..." Frida schrie: „Aber warum, Fräulein, warum?" Sah vor sich das Zimmer von Gretes Eltern. Die roten Vorhänge. Und dachte an die Frau, der sie einmal den Finger auf die Stirne legen wollte. Und Grete?? Die beiden Kleinen? Was war da? Wie konnte? Wie denn? Auf der Straße sah sie sich immerfort um. Rannte zuletzt. Wagte nicht nach Hause zu gehen stundenlang. Ihre Mutter sagte: „Wenn du nochmal zu der verrückten Frau gehst, schlag ich dich, daß du genug hast." Zu Hause saß Frida in einer Ecke, sah immer scheu ihre Mutter an, die so laut sprach und schrie, daß man es nicht anhören konnte. – – Gretes Mutter war doch auch umher gegangen, lächelte und sprach – – Wenn die nun auch ... Ein Messer – – o Gott, o Gott ... Der Begriff Mutter wuchs ungeheuer. Beschattete. Mutterliebe hatte etwas furchtbar Bedrückendes. Frida sah wieder ihre Mutter an: diese starke Frau. Wenn sie krank würde ... Weil sie stirbt, muß ich auch ... Liebt mich ...?

Liebe ist ein unermeßlich immer Reicher- und Stärker- und Besserwerden. Einfach so sein, wie man ist.

Cläre Otto

Blonde Frau

Die Anna Bauer schaute zum Fenster hinaus: zarte Birkenästel vor weißem Himmel – wie kann man traurig sein – und eine lange Straße – sie bohrte ein kleines spitzes Glasrohr in die weiche Fläche der Hand, bis eine rote Stelle blieb. – Weit hinten war die Starrheit der Wolken gelöst, zerflatterte, ließ Sonne ahnen – weichen Wind. Man mußte sich von neuem einstellen, es galt. Die Anna Bauer steckte die Hände in die Taschen und machte ein finsteres Gesicht, als sie sich umwandte. Sie sah interessiert in kleinen Gläsern eine leuchtend blaue Flüssigkeit orangegelb werden, winzige Stäbchen als rote Strichel glänzen und legte geschickt ein gallartiges Etwas in eine Schale. Eine Atmosphäre von starken leicht berauschenden Gerüchen spann ein. Und schloß nach außen ab. Wenn die Anna Bauer durch den dunklen Hausflur ging, waren ein paar Stunden fern von allen – abgetrennt. Selbst die Nächsten sind hier nicht. War irgendeine kleine Befriedigung dabei? Die Bauer war etwas unruhig: sie fühlte nach einem Brief in ihrer Tasche, der ihr nah war. Der Hof war ein Kasernenhof, und die Anna dachte wieder: Nie könnte ich, selbst wenn ich wollte – und sah auf die Reihen der Soldaten hinab, die marschierten und stampften und rannten. Die vielen anderen Frauen sprachen schnell und mit vielen Gebärden untereinander und wollten die Anna Bauer mit hineinziehen. Nein, dachte sie – bitte, jeder wie er es will – ich will nicht. Ein Mann steht jetzt vielleicht und strengt sich sehr an, und einer fährt durch eine weite Landschaft und etwas Ungewisses ist um ihn. Und ein Kleiner ... Ein Fräulein Seidel zuckte die Achseln und lachte, indem sie laut über den Tisch rief, und ein Fräulein Winter wurde sehr rot über das Lachen oder die Worte, oder vielleicht auch, weil ein Fräulein Lenz wiederum die Augenbrauen in die Höhe zog. Und während sie alle im Kreise standen, schrie ein kleines Tier vor Schmerz. Das Fräulein Seidel aber legte ihren Arm um die Schulter des buckligen Fräulein Hoffmann und tätschelte sie. Während die Soldaten mit einem starken Marsch auf die Straße hinauszogen. Die Bauer war etwas erregt, ohne den Grund dafür zu kennen. Einmal hatte sie eine Frau erwartet, die sie gar nicht kannte – sie klopfte an das Zimmer, in dem die Frau dann wohnen sollte, wenn sie kam – und sprach hinein, als ob schon jemand darinnen wäre.

Manchmal wurde die Isolierung sehr schwer, sie konnte doch auch lachen. Und wollte plötzlich. Einmal sah das kleine Fräulein Schäfer sie mit einem großen Blick an, und die Anna fühlte plötzlich: sie hat gute Augen. Und die war ganz erstaunt, als die Anna dann mit ihr sprach in einer so heftigen Weise und mit der Hand durch die Luft schlug. Fühlte sich aber doch schon ganz vertraut und erzählte von sich und fragte die Anna. Daß die Bauer ganz überrascht war: Herrgott, es ist ja alles so begreiflich, fast einfach. Am liebsten hätte sie alles in die Hand genommen und wäre mit der Kleinen gewesen. Dann redete sie überstürzend viele Worte, bewies ganz sicher, wurde wütend, prahlte und lachte dann plötzlich froh. Und währenddes waren die Augen der anderen strahlend und bewundernd auf ihrem Gesicht. Das hüllte wie in eine wohltuende Wärme ein. Durfte man denn? Es kamen Zweifel. So einfach ging es doch nicht. Eine Ungeduld befiel sie.

Später legte dann das Fräulein Seidel ihren Arm auch um die Hüften des Fräulein Bauer und streichelte sie. Aber die Stimme des großen hageren Doktor Sternheim war beruhigend tief und das Gesicht der Anna Bauer streifte seine starren schwarzen Haare, als sie zusammen die Kurbel der großen Zentrifuge andrehten.

Der schwere weiche Duft füllte den Raum. Ließ versinken, zog hinein. Auf den leichten Stoffen blühten die leuchtenden Farben zu Blumen, wucherten üppig ein Tropenwald – überschatteten, bedeckten. Es war ein fremdes Land. Es war die Welt einer anderen Frau. Eine blonde Frau, die ein Kind trug. Man mußte so unendlich zart sein, sich hüten. Und durfte einen Weg bahnen. Und ein werdendes Leben sehen und mitfühlen: es war ja so sehr beglückend.

Die Sommerabende waren wieder so weit und hoch, daß es fast schmerzte. Und die Türme und Dächer zackten auf und ab in den grünen Himmel. So daß sie nur ganz langsam gehen konnte und schwer. Sich fühlen wie eine Pflanze in der Sonne, sich öffnen dürfen und trinken und leuchten und fruchtbar sein. Sie ging wie von einem Berg hinunter viele Straßen tief in die Stadt. Krampfte die Hände: ich will alles tun, gutmachen, noch muß ich alles ertragen – aber die Kraft wird frei werden und strömen. Ich werde es können. Ein unendliches Glück. Sie umklammerte geliebte Hände: Du, glaube doch – nur noch eine kleine Zeit. Ich will mich ganz auf dich verlassen. Aber ein anderes Gesicht wurde finster. Und sie senkte den Kopf. Doch die Augen blickten schon weicher und ließen eine Freude ahnen, die befreite. So weit der Horizont, der alles in sich schließt und berührt. Ein Rhythmus so stark und brausend, und der alles Leben trägt. Sie fühlte sich gleichschwingend.

Sie suchte die Frau. Ließ die Hand auf das Herz legen: Fühlst du? Und war doppelt froh. Einmal war sie mit einem Mädchen einfach nackt über die Heide gelaufen: ein weißer Körper mit blonden Haaren und ein brauner mit wehenden schwarzen.

In einem Lichtstreif des Zimmers stand sie und sprach lange Stunden, aber die blonde Frau auf dem Bett hörte nur eine dunkle Stimme, die wunderbar beruhigte. Später wußte sie, daß sie auf etwas gewartet hatte. – Der weiche

Duft legte sich schwer über alles. Die Frau konnte stundenlang über das Wasser sehen, träge und atmete nur mit dem ganzen Körper. Ringsum ging alles unter in diesem Atmen, wurde langsam erdrückt. Da bäumte sie sich auf, zappelte und blieb in starrer Ohnmacht. Es war unerträglich. Alle Fibern zuckten, wollten anspringen. Doch die blonde Frau zog ihre linke Schulter in die Höhe und lehnte zärtlich ihren Kopf daran. Da erinnerte sie sich: man muß all die feinen Vasen und Bilder zerschlagen. Es gibt keine Verstecke, komm hervor. Nicht einfach in der Sonne liegen wollen und ausruhen, ein Paradies. Faß mit an!

Manchmal war es, als ob sie ein kleines weiches Kinderhändel in ihrer Hand fühlte, wenn sie die Straßen ging. Und dann lachte sie und sprach mit einem Kinde, das sie Maria nannte.

Cläre Oehring

Die beiden Texte von Cläre Jung wurden erstveröffentlicht in:

Der Ruf des andern: „Dem Anderen in Dir", Dritte Folge der Vorarbeit, Verlag Freie Straße, Berlin 1916;

Blonde Frau: „Die Technik des Glücks", Sechste Folge der Vorarbeit, Verlag Freie Straße, Berlin 1917.

Die beiden Holzschnitte sind von Georg Schrimpf und waren den Texten in den Zeitschriften zugeordnet.

DIE KAMERADIN
Brief mit Briefen

Liebe Cläre, ich denke nicht daran, ein Hehl daraus zu machen, daß ich Deine Bücher gedruckt sehen möchte: den „Tscherwinsky"-Bericht (1932), die Erinnerungen (1955), den Nachkriegs-Briefwechsel mit Franz Jung (1947 – 1962). Sie gehören zu den verpaßten Gelegenheiten unserer Literatur, ja unseres Lebens, und der Verlust wird beträchtlicher von Jahr zu Jahr. Aber eins ist auch gewiß. Deine Bücher werden von Jahr zu Jahr besser. Obwohl Du sie nicht änderst?

Weil Du sie nicht änderst.

Denk an die Vorschläge, die Ende der sechziger Jahre zu Deinen Erinnerungen gemacht wurden. Man maß sie an Heinrich Manns „Ein Zeitalter wird besichtigt": Wenn Du von Deiner Zeit sprechen wollest, sei es uninteressant, auch von sehr Persönlichem zu berichten, unwichtig Vater und Großvater ebenso wie Hund und Katze. Harte Worte fielen über die mangelnde Prominenz Deiner Freunde. Daß Du das Leben einer Berliner Revolutionärin in den ersten fünfzig Jahren unseres Jahrhunderts erzählst, ist den Rezensenten gar nicht aufgegangen. Sie jagten einem Phantom von Schriftstellermemoiren nach und übersahen, daß das Buch einer Frau vor ihnen lag, die schreibend ihr Leben erforscht und damit anderen Gesetzen folgt. Es ist wahrscheinlich das einzige Buch seiner Art: Weder Lu Märten noch Frida Rubiner noch die Schwestern Ramm – Alexandra Pfemfert und Maria Einstein – haben so ein Buch über ihr Leben geschrieben. Was mag die Leser stutzig gemacht haben? Dein Buch ist überraschend durch und durch, aber wer hat Angst vor Überraschungen? Es sei denn, es ist der Ton, dieser beherzte, unabhängige, edle Ton, der aus dem Ganzen kommt, völlig ohne Herausforderung und noch in den furchtbarsten Augenblicken des Schmerzes nicht ins Schrille schlagend. Der Ton einer Kameradin. Mit einem Satz von Dir: „Man kann sich das Leben nicht aussuchen, das man retten muß."

Sicher ist es dieser Ton. Er läßt die Leute gelten, er bevormundet nicht, begleitet neue Umgangsformen und bezweifelt die gängigen Begriffe von Erfolg: „Man hat mir oft den Vorwurf gemacht, ich sei zu 'weich' oder zu nachgiebig, ich sei keine 'kämpferische' Natur. Ich bestreite das. Mein Leben war immer Kampf. Nur jedes Wesen hat seine eigenen Waffen, biologisch bedingte. Meine Form des Kampfes ist die der erhöhten Leistung."

Unsere Sprache ist so unvorbereitet auf den Ton einer Kameradin, daß sie für alle Deine Helden, da sie keins der bekannten Zeichen von Gedeihen tragen, nur ein Wort besitzt: Erfolglos. Für den Expressionisten Richard

Oehring, für den Psychoanalytiker Dr. Otto Groß, den Biosophen Ernst Fuhrmann, die Journalisten Alexander Schwab und Bernhard Reichenbach, den Schriftsteller Felix Scherret, den Maler Georg Schrimpf, den Dramatiker Wolfgang Goetz, den Schauspieler Eberhard Leithoff, die jüdischen Schulkameradinnen, denen Du in der Nazizeit Deinen Paß geliehen hast, die Rundfunktechniker, mit denen Du 1949 das Buch vom Aufbau „Die sieben Nachtwachen" schriebst, für den Philosophen Adrien Turel, dessen Lebensbuch eben in der Schweiz erschienen ist: „Bilanz eines erfolglosen Lebens". Und natürlich Franz Jung.

Deine Bücher, die ungedruckten wie auch „Aus der Tiefe rufe ich" (1946) und „Bilder meines Lebens" (1971/72), setzen hier ganz neu an. Sie erzählen einen bislang namenlosen Vorgang. Sie erzählen das Entstehen eines Zusammenhangs zwischen den Leuten, der ganz anderen Gesetzen unterliegt als denen des Erfolgs, und der, einmal gelebt, nicht mehr aus der Welt zu schaffen ist. In Deinen Erinnerungen zitierst Du Franz Jung, der von den Gesetzen dieses Zusammenhangs sagt: „Nach diesen Gesetzen, die wir unserem Leben gegeben haben, war es von wesentlicher Bedeutung, immer wieder von neuem anzufangen, keine Reserven anzulegen, sich nicht auf eine Reserve zu stützen, nicht mit Gepäck anzutreten von Verdiensten und gutem Willen, wenn der Kampf beginnt."

Das ist es: Reserven, Gepäck und Verdienste (=„Erfolg") legen fest. Der Zusammenhang, den Du erzählst, entsteht in jedem Augenblick neu. Man braucht nur an Dich zu denken, Dich zu besuchen, um ihn zu spüren, um ihn herzustellen. Bei Dir herrscht eine Vertrautheit besonderer Art, die nie den Kredit des Alters bemüht, kein Kreis von Eingeweihten, Erwählten ist je entstanden, kein Zirkel, Salon noch Kränzchen, und Dein Entgegenkommen hat weder die unverbindliche Umgänglichkeit von Empfängen noch die seelische Erpressung der Barmherzigkeit.

Bei Dir herrscht, könnte man sagen, ein analytischer Geist, wenn das für Dein Erzählen und Dein Leben nicht viel zu abstrakt gesagt wäre. Wie Du in Deinem Dutzend Berliner und noch einmal soviel Moskauer, Petrograder, Permer Wohnungen wohnst, immer umgeben von vielen Menschen und von Hund und Katze, das schafft eine in Deutschland seltene Häuslichkeit des Daseins, die dann alle Deine Texte auszeichnet. Sieglinde sagt, in Deiner Wohnung unterscheide man deutlich zwei Kurven Deiner Häuslichkeit: die Kurve der Gastlichkeit – von Deinem Platz am kleinen Fenstertisch zwischen den Grünpflanzen im Wohnzimmer hinaus durch den Flur rechts an den Wandschränken vorbei in die Küche, wo der Kaffee nach Wiener Rezept gemacht wird, der selbst mich überzeugten Teetrinker bezwang; und die Kurve der Zeit – von Deinem Platz am Fenster durch den Flur links in das Bibliotheks-, Archiv- und Telefonzimmer, in dem die laufenden und die längst vergangenen und die kommenden Dinge sich begegnen. Du gehst die Kurven mit unglaublich leichtem Schritt, und wenn Du sie nicht gehst, rauchst Du nach nur Dir bekannter Regel Zigarette, Zigarillo, Zigarre, Zigarillo, Zigarette. Und aus Gehen und Rauchen und Erzählen, aus der Kurve der Gastlichkeit und der Kurve der Zeit entsteht der eigentliche Raum Deiner Wohnungen, ein imaginärer Raum, wie ihn Georg Schrimpf auf dem Bild „Kameraden" malte, das in allen Deinen Wohnungen hing. Du schreibst selber, daß das Gespräch mit neuen Bekannten meist mit dem Bild begann, mit dem Eintritt in den Raum der „Kameraden", auch das mit mir vor zwanzig Jahren: Fünf Figuren, zwei gelb, drei rosa vor rot, blau, lila, grün gegliederter Landschaft aus Himmel, Bergen, Wiese, Baum und Wasser. Eine der drei rosa Figuren rufend, die beiden anderen mit offenen Gesichtern von rechts anschreitend, die zwei gelben links erwachend, sie bedecken ihr Gesicht noch mit dem Arm. In diesem Raum hast Du gearbeitet, wie es am Anfang der Erinnerungen steht: „Mutig und gläubig haben wir uns daran gemacht, die Sehnsüchte und Programme, die uns aus der Vorkriegszeit hinterlassen wurden, die uns weitergegeben worden waren, in der Gegenwart zu erfüllen und zum Leben zu bringen."

Vielleicht ist einer, der sich mit sowjetischem Leben und sowjetischer Literatur befaßt, viel leichter empfänglich für den Geist der Häuslichkeit. Eben bekam ich aus Moskau einen Brief, in dem mir ein Altphilologe schreibt: „... eine dreibändige Übersicht der Geschichte des Altertums und hat mir vorgeschlagen, das Kapitel über das alltägliche Leben in Rom im 1. – 2. Jahrhundert zu schreiben. Da ich überzeugt bin, daß die Geschichte in der Küche, im Badezimmer, kurz im Alltäglichen beginnt, sich konzentriert und sich konkretisiert, war es mir wichtig ..." Und abends lese ich den neuen historischen Roman von Bulat Okudshawa „Die Reise der Dilettanten", in dem es ein atemberaubendes Kapitel über die Familien-Teestunde des Zaren Nikolai I. gibt, des „Gendarmen Europas", der den Dekabristenaufstand 1825, den polnischen Aufstand 1830/31 und die ungarische Revolution 1848/49 niederschlug. Von Früherem gar nicht zu reden: Tynjanow, Mandelstam, Achmatowa.

Wer weiß, ob nicht in zweitausend Jahren ein künftiger Altphilologe gerade aus Deinen Texten das Gebaren seiner fernen Vorfahren rekonstruieren wird. Also, Verleger! Streicht weder Großvater noch Vater noch Hund und Katze. Es ist ja so, daß wir jetzt schon – fünfzig, sechzig Jahre danach – den Alltag des Oktober staunend neu ausgraben wie andere den Alltag des ersten und zweiten nachchristlichen Jahrhunderts. Cläre, Dein „Tscherwinsky"-

Bericht über das Leben der Genossen von der Internationalen Arbeiterhilfe ist da ein bislang nicht erschlossenes Dokument. Darüber haben wir uns im Gespräch ausführlich unterhalten. Worüber wir aber nicht weiter geredet haben, das ist Dein Briefwechsel mit Franz Jung.

Ich halte ihn für ein Schlüsselereignis der vierziger und fünfziger Jahre. Ihr erörtert mit den dichter werdenden Erfahrungen des Nachkrieges, Du in der DDR, Franz in den USA, noch einmal die vergangenen Versuche. Dieser Briefwechsel ist Vorgeschichte und Umfeld Eurer beider Autobiographien und steckt voller Beispiele für das, was Franz Jung die Entwicklung der Denktechnik genannt hatte. Natürlich ist Jung kein leichter Partner. Gelegentlich scheint es sogar, er sei der schwierigste deutsche Autor des zwanzigsten Jahrhunderts. Aber was heißt schon schwierig! Er hat das ganze Literaturmachen um- und umgewälzt. Er ist der einzige geblieben, der nicht nur über Rußland schrieb, sondern es praktisch – als Werkleiter – mit aufbaute. Er hat Bücher und Stücke geschrieben, die einander scheinbar ausschließen: Das Trottel-Buch. Kameraden...! Der Fall Groß. Die Geschichte einer Fabrik. Die Kanaker. Heimweh. Hausierer. Der Weg nach unten. Er ist aufgeteilt in den Expressionisten und Dadaisten, den Funktionär, den proletarischen Erzähler, den Widerstandskämpfer, den skeptischen Autobiographen. Meist wird er innerhalb eines kaum bezweifelten traditionellen Literaturraums behandelt, in dem er sich meiner Ansicht nach von den ersten Geschichten an nie befunden hat. Wenn es gelänge, in einem Buch die unterschiedlichen Schritte zu vereinen, vom Trottel-Buch bis zu dem Nachkriegs-Briefwechsel, wie das der Leipziger Reclam-Verlag vorhat, wäre sofort klar, was für einen Weg da einer gegangen ist.

Ich vermute ja, daß Franz eine deutsche Antwort auf den Typ des Sergej Tretjakow ist. Die ständige Überschreitung der Grenzen des je Erreichten, die Ausbildung der Denk-, ja Glücks-Technik, das Autobiographisch-Operative seines Schreibens, der Fourierismus seiner Theorie der Leidenschaften – alles erinnert an den Russen, nur daß es in anderem Amalgam vor uns tritt, z.B. ohne die ambivalente Orthodoxie Tretjakows. Ich werde mich freilich hüten, das meinerseits zu literarisch zu sehen und einen regelrechten Vergleich anzustellen. Es geht mir nur um die Richtung, in der zu denken, vielleicht zu entwerfen, weiterzubauen wäre. Darauf komme ich noch zurück.

Als ich darüber nachdachte, wie ich den Brief an Dich schließe, liebe Cläre, schien es mir plötzlich, daß ich ihn mit Briefen schließen muß: mit Deinem Brief an Jung und Jungs Antwort vom Juli 1915. Weil hier der Ton der Kameradin und der Kampf der Kameradin und der Raum der „Kameraden“ mit den Sinnen zu erfahren sind.

Lieber Jung 19 VII 15

Ich will versuchen alle Hemmnisse in mir niederzubrechen. Alles zu Ihnen zu sprechen: Sie haben uns allen so unendlich viel geholfen. Sind so voll Kraft und Güte. Alles was wir ersehnten, zu dem wir zu kommen suchten, war durch Sie geschehen und bestätigt. Bei Ihnen die Qualen und Verzweiflung zu fühlen, muß mich sehr belasten und quälen im Gefühl meiner Ohnmacht und Hilflosigkeit. Da Sie reden von Verschwinden, Erschießen, Zum-Militärgehen. Wir sehen uns so ohne Mittel. Und in mir ist immer noch die Furcht den andern zu vergewaltigen, wenn ich doch nur ganz einfach hart meine ganze Kraft einsetzen will, etwas für ihn oder mit ihm zu tun.

Ich weiß, daß Sie an alle glauben. Und wir müssen viel tun uns zu beweisen. Aber wenn Sie mit Literaten umherlaufen anstatt zu Oehring zu gehen. Sie wissen doch alles. Müssen fühlen, wie er darauf wartet. Gehen Sie am Mittwoch Abend zu ihm. Augusta-Kaserne Tempelhof, Eingang Friesenstraße. Um ½ 8 Uhr.

Was ist das Gemeinsamkeit, wenn einer nach Transvaal will, einer zum Militär rennt und wiedereiner sich überhaupt versteckt.

Ich habe Ihren Roman gelesen.

Lieber Lieber Kamerad. Cläre

Ich hätte Sie gern gesprochen.

Liebe Frau Claire,

außer daß die Gemeinsamkeit nicht in einem auf Angst u. Unsicherheit gegründeten Beieinander*hocken* besteht, das Eintreten u. Einsetzen einer Kraft für jemanden erst *gefordert* sein muß *oder* aus der klaren überschüssigen *Freude* sich zu verschenken entsprungen sein muß – woraus sich die notwendige sichere glatte u. erforderliche atemlose Abwicklung des Verkehrs zueinander ergibt, trifft mich der nur zu oft gehörte Vorwurf eines Umherlaufens mit Literaten wie nur wiederum zu oft auch diesmal nicht; er hängt völlig und absolut in der Luft.

Ich habe nicht den Eindruck, daß mich jetzt Richard braucht und fordert – er hätte sonst nicht mich an dem an entscheidende Taktlosigkeit grenzenden Essen teilnehmen lassen (ich schalte die Angelegenheit an sich in Bezug auf die anderen ganz aus), andererseits hätte er mich für Sonntag bestellt, oder mich aufgesucht – und: der zweite Fall – der des Verschenkens – trifft für meine momentane psychische Situation wahrheitsgemäß nicht zu, wobei ich bereit bin alle sich daraus ergebenden Konsequenzen ruhig auf mich zu nehmen.

Ferner: nunmehr lediglich von mir aus gesehen: Ist meine Lage nicht derart, daß *ich* jemanden um Hilfe, Wärme etc. bitten darf, müßte oder könnte. Ich weiß: dieser Brief ist gerade keine Leistung. Immerhin liegt irgendwo auch außer mir ein kleiner Teil Schuld, daß eine Verständigung in dieser Form notwendig ist. Ich muß sogar das *Paradox* sagen, daß noch zuviel Theorie Ihrerseits in die Dinge hineingetragen wird. Soweit diese Sache.

Ich könnte mich Mittwoch nur in einem fest bezeichneten Lokal oder Café einfinden, da es unsicher ist, wann ich mit der Correspondenz fertig bin und es gerade Mittwoch auch gut bis nach 8 Uhr werden kann.

Herzlichen Gruß
Franz Jung

Der Brief ist viel zu lang geworden. Damit Du Deine Augen schonst, kommen Sieglinde und ich am Sonntag, 27. März, zu Dir und lesen ihn Dir vor. Eigentlich dürfte ich Dir überhaupt, weil Du die schlechten Augen Deines Großvaters geerbt hast, keinen Brief schreiben, aber es gibt Dinge, die man bisher nur im Brief sagt. Herzlich Fritz. Berlin, 23. März 1977.

(Dieser Text von Fritz Mierau wurde erstveröffentlicht in „Sinn und Form", Beiträge zur Literatur, Berlin/DDR 1978, 2. Heft.)

Über Cläre Jung

Wahrscheinlich sollte „man“ objektiv über Cläre Jung schreiben können – aber für jemanden, der sie gekannt hat, ist das sehr schwer, wenn nicht unmöglich. Ich wäre so ein jemand.
An sie könnte ich schreiben, mit ihr; aber über sie – vom Anekdotischen abgesehen –, das wäre so sehr „für“ sie, daß „Objektivität“ nicht gewährleistet wäre. Ich habe mir oft überlegt, woran das liegen mag.

Dem Leser dieser Erinnerungen wird aufgefallen sein, daß er die Person Cläres dort, wo sie vielleicht für sich selbst mißmutig, verzweifelt oder auch nur auf ihren eigenen Vorteil bedacht gewesen wäre – oder hätte sein müssen – nicht zu packen bekommt. Ein „privates“ Profil gewinnt diese Schreibende nicht; zumindest schreibt sie nicht, um es zu gewinnen. Sie schreibt um ihr Leben, aber das ist nicht allein ihres. Es ist vor allem das Franz Jungs, und dann das ihres „Clans“. Sie ist überall dabeigewesen, vom Aktionsball über die Internationale Arbeiterhilfe bis zur „Stimme des Kulturbundes“, hat vieles ermöglicht, manches initiiert – aber sie selbst hat es scheinbar nicht gegeben. Sie steckt voller Geschichte und Geschichten, gibt sich selber aber nicht zu erkennen; und wenn, dann in urmütterlichen, versorgenden, lebenserhaltenden Setzungen. So bleibt sie Metapher: „Mutter“ – und der untröstliche Weg dorthin.

Ihre „Männer“, – die, die meinen, sie überhaupt erwähnen zu müssen – Franz Jung, Adrien Turel zum Beispiel – sprechen in ihren Autobiographien auf die merkwürdigste Weise über Cläre: sie geben ihr eine Bezeichnung, einen Namen: „Frau Cläre Jung“, so, als wollten sie geradezu magisch ein Phänomen festhalten, das ihnen sonst entgleiten würde. Franz Jung gleich doppelt: „Ich habe (...) später Cläre Jung noch einmal vor dem Standesamt geheiratet“[1]. Cläre Jung war bei all den Personen, die sie namentlich nennt, immer präsent – eben selbstverständlich, und gerade deswegen nicht besonders erwähnenswert. Die Spuren ihres eigenen, persönlichen Lebens gewinnt man weder aus ihren eigenen Erinnerungen noch aus denen ihrer näheren und ferneren Zeitgenossen; sie ist eine spezielle „Anmerkungsfrau“. Noch einmal die Frage: Wie ist das möglich?

* * *

Jetzt müßte eine Analyse kommen. (Ich versuche sie.) Cläre Jung schreibt 1948 an Franz Jung, daß sie eine kleine Erzählung vorhabe, in der Art von Vercors' „Das Schweigen des Meeres“ – die Vorstufe ihrer Erinnerungen –

„deren Inhalt in etwa besagt, vor 30 Jahren sind wir dafür eingetreten, daß die Zukunft eine bessere wird, und heute gilt unsere Arbeit wiederum dem gleichen Ziel. Und doch ist eine gewisse Erfüllung darin gegeben."[2] Sie setzt voraus, daß Franz Jung weiß, wovon sie spricht – und doch haben sie sich ihr ganzes Leben lang mißverstanden. Cläre knüpft an das an, was sie etwa seit 1913 von den neuen Lebensentwürfen der Männer für sich verstanden hat: an das „schöpferische Glück der Elternhaftigkeit, Verantwortung und den Mut zur Veränderung der Welt"[3] – das ist eben das, was sie befähigt, Waffen und Munition für den Klassenkampf (privat) zu lagern. Franz Jung: „Schließlich hatte Cläre Jung ein Landhaus im Erbener Seengebiet, in Grünheide, gemietet, und dort einen Teil der Chemikalien untergebracht, die Schußwaffen wurden auf einzelne Laubenkolonien verteilt"[4]. Cläre selbst erwähnt diese Episode gar nicht erst, so selbstverständlich ist sie ihr; oder dazu, was sie „eine Wohnung vertauschen" nennt, wobei es sich, nach Turel, um eine – noch in den 70er/80er Jahren dieses Jahrhunderts erst zu legalisierende – Besetzung handelt; der „Samtvorhang, der die Betten verbarg" oder die „Palme von Halensee" – ein Privatleben hat diese Cläre Jung offensichtlich kaum nötig gehabt, um sich als Mensch mit anderen Menschen zusammen verantwortlich zu fühlen. Das ist weniger, oder mehr, als man von den raren Biographien emanzipierter Frauen sagen kann. Es ist ein Drittes.

Mit den Worten von Cläre, 1917 in der „Freien Straße": „Marie glaubte an die Gemeinschaft... Sie nahm ohne weiteres jeden Menschen auf, war mit ihnen mit der Selbstverständlichkeit, wie sie zwischen Geschwistern ist, zusammen". Franz Jung analysiert diese Auffassungen später, cartesianisch, glasklar als „Charismata": „materialistisch: die Sucht zu helfen, mit negativen und positiven Kennzeichen, woraus sich das eigene Erleben und dessen Auswirkung herausschält"[5]. Er hat vor einer solchen Haltung dann doch die Flucht ergriffen – ohne jemals ganz auf sie verzichten zu können, jedenfalls nicht auf die Person, die sie vertrat. Dieses Experiment am eigenen Leibe erschien ihm, anders als seine eigenen, als „Erlebensform" in ihrer Selbstlosigkeit nicht gut verallgemeinerbar.

Cläre glaubte an die Gemeinschaft: wenn sie die Kinder Franz Jungs, seine schwangeren Frauen, seine Freunde, alle Revolutionäre und zuletzt die SED als „Garant der Zukunft" nach 1945 adoptierte. Sie hatte den Mut zur Veränderung der Welt unter völliger Verkennung der „Tatsachen". Sie lebte intensiv ein Modell von Solidarität und war zugleich im traditionellen, auch im traditionell linken, Sinn völlig unpolitisch.

* * *

Wir haben Cläre kennengelernt als Leute, vor denen Franz Jung sie in einem Brief vom 6.6.58 beizeiten gewarnt hatte: als „Lumpen und Schmarotzer, die sich billig Material für irgendeinen Aufsatz erschleichen wollen“[6]. Nicht ganz, natürlich – wir waren, viel später, studentenbewegt und voller Hoffnung in eine erst noch zu etablierende politische Germanistik, auf den Spuren Franz Jungs auf Cläre gestoßen. Auf unsere höchst formelle Frage, ob sie nicht eventuell einige schriftliche Auskünfte bezüglich der politischen Vita Jungs geben könne, antwortete Cläre: „Herzchen, kommt doch gleich lieber selbst.“ So war es dann auch, um eine von Cläres Verknappungen zu reproduzieren – sie hat auch uns adoptiert, diese – äußerlich – kleine Person voll großer, selbstauferlegter Güte.

Wir sind bis zuletzt, die Beantwortung der „Schmarotzerfragen“ war nur eine Durchgangsphase, zu Cläre an den Prenzlauer Berg (in Berlin/DDR) gereist, zu Cläre und ihrem „Clan“, der sich umso mehr verjüngte, als ihre praktizierte „Gemeinschaftsidee“ nicht altern wollte.

Und ich bin mir immer noch nicht darüber klar geworden, wer oder was mir da gegenübertrat: ein archaisches mütterliches Prinzip oder ein Vorschein kommender Möglichkeiten. – So hat sie, unmerklich, sich selbst in die Waagschale geworfen, um unser abstraktes Politikverständnis zu konkretisieren und das abstrakte Menschenverständnis in Frage zu stellen: als Experiment, als Vorarbeit.

Helga Karrenbrock

1 Franz Jung: Der Weg nach unten. Hamburg 1985, S. 264
2 Franz Jung: Der tolle Nikolaus. Hrsg. C.M. Jung und F. Mierau. Leipzig 1980, S. 344
3 Ebenda S. 375
4 Jung: Der Weg nach unten S. 161f
5 Jung: Der tolle Nikolaus S. 327
6 Ebenda S. 391

PERSONENREGISTER

INHALT